# 走读墨西哥名胜古迹

Conocer de Cerca los Sitios Turísticos e Históricos de México

谢沛江　张志红　编著

SPM 南方传媒 | 广东省地图出版社
·广州·

**图书在版编目（CIP）数据**

走读墨西哥名胜古迹 / 谢沛江，张志红编著 . — 广州 : 广东省地图出版社，2024.8（2025.4 重印）

ISBN 978-7-80721-875-3

Ⅰ . ①走…　Ⅱ . ①谢…　②张…　Ⅲ . ①名胜古迹 - 介绍 - 墨西哥　Ⅳ . ① K973.17

中国国家版本馆 CIP 数据核字（2023）第 228706 号

**责任编辑：**张超荣
**责任校对：**陶雪红
**封面设计：**黄子岸
**装帧设计：**友间文化

**走读墨西哥名胜古迹**

Zoudu Moxige Mingsheng Guji

谢沛江　张志红　编著

| | | | |
|---|---|---|---|
| **出版人** | 李希希 | | |
| **出　版** | 广东省地图出版社 | **电　话** | 020-87768354（发行部） |
| **地　址** | 广州市水荫路 35 号（510075） | **印　刷** | 佛山市剑桥印刷科技有限公司 |
| **发　行** | 广东省地图出版社 | **字　数** | 310 千字 |
| **开　本** | 889 毫米 ×1194 毫米　1/32 | **版　次** | 2024 年 8 月第 1 版 |
| **印　张** | 10.75 | **印　次** | 2025 年 4 月第 2 次印刷 |
| **书　号** | ISBN 978-7-80721-875-3 | **定　价** | 68.00 元 |

# 前言

FOREWORD

距今3万多年前，居住在亚洲北部的游牧民族徒步穿越冰封的白令海峡到达美洲，他们是被哥伦布称作印第安人的美洲最早原住民。考古发现墨西哥古印第安人已会用火和制造石器用于打猎等，他们靠打猎和采集果实为生，虽然仍处于石器时代，但已经开始建立初步文化体系。由于年代久远，现在对墨西哥古印第安人的了解不多，已发现的史前岩画是他们留给后人的历史痕迹，是墨西哥宝贵的古文化遗产。

大约在前2000年，墨西哥出现了最早期的印第安文化——奥尔梅卡文化，后陆续出现了玛雅文化、特奥蒂瓦坎文化、阿兹台克文化等诸多印第安文化。这时的印第安人从游牧或半游牧社会进入农耕社会，他们建造城池，在城内建造金字塔、神庙、神殿、部落首领和贵族的陵墓、球场和民居。至16世纪初西班牙殖民者到墨西哥为止的3000多年间，印第安人在墨西哥建了数千座城镇。今天这些城镇大多已变成遗址，其中不少遗址经发掘保护，成为后人凭吊和了解印第安璀璨文化的历史古迹。

从1519年开始成为西班牙殖民地至1821年宣布独立，墨西哥经历了300年左右的殖民历史。殖民者带来欧洲的思想、宗教、建筑等文化，中断了印第安人按照自己轨道发展的进程。西班牙人在墨西哥建造了很多欧洲风格的城镇，这些城镇的广场、市政大楼、教堂、修道院、传教所和博物馆等都极具西班牙殖民时期风格，不少建筑至今保存完好，成为墨西哥独有的人文景观。

为集中财力物力打造、宣传和推介墨西哥旅游业，2001年墨西哥旅游部推出“魔幻小镇”计划。说到魔幻小镇必须提到拉美文学史上轰动一时的魔幻现实主义。魔幻现实主义是20世纪60年代以来流行于拉丁美洲的文学流派，其特点是拉美作家用近似神话般的魔幻手法，表现拉美人民的现实生活。把魔幻和现实两者高度完美结合在一起的是后半生定居墨西哥城的哥伦比亚作家加西亚·马尔克斯（Gabriel García Márquez），其代表作是《百年孤独》。但拉美魔幻现实主义的鼻祖却是本书后面介绍的墨西哥作家胡安·鲁尔福（Juan Rulfo），其代表作是《佩德罗·巴拉莫》。因为墨西哥是拉美文学魔幻现实主义的发祥地，墨西哥人喜欢用“魔幻”赞美事物。当墨西哥旅游部推出振兴国家旅游业计划时，理所当然用“魔幻”冠名该计划了。魔幻小镇由墨西哥旅游部和各州政府共同评选决定，首批选出111个，2018年又评选出10个，两次评选共选出121个。它们是从全国31个州（不含墨西哥城）的2446个市（2019年统计）和上万个乡镇中精选出来的，既有市一级的城市、市政府所在镇，也有市属镇，其共同特点极具墨西哥本土特色：有印第安土著风格小镇，有西班牙殖民建筑风格小镇，有丰富自然景观小镇，有悠久人文历史小镇等。墨西哥旅游部每年举办魔幻小镇博览会，今后墨西哥旅游部还会继续推介更多的魔幻小镇。

我们俩在墨西哥生活了近30年，看过很多墨西哥名胜古迹，深知墨西哥有很多优美的大自然景色和悠久的文化历史。近年来，许多中国人到墨西哥旅游经商工作学习，需要积累这方面的知识，但我们发现目前为止，国内尚没有通过编译墨西哥名胜古迹来介绍墨西哥文化和历史的书籍，为此我们收集了有关西班牙文资料，整理编译了本书，试图通过介绍墨西哥的500多处名胜古迹，使我国人民了解墨西哥悠久的历史、璀璨的文化和多元化的社会。由于墨西哥的自然和人文景观不胜枚举，本书只能选重点介绍。

需要特别指出的是，西班牙文地名在国内翻译习惯用合译，如（San Cristobal de las Casas）译成圣克里斯托瓦尔德拉斯卡萨斯，本书分译为圣克里斯托瓦尔·德·拉斯·卡萨斯。若地名只由冠词和名词组成则合译，如（Los Cabos）译为洛斯卡沃斯。

西班牙文人名在国内翻译习惯是前置词、冠词和姓合译，如（Francisco Montoya de la Cruz）译成弗朗西斯科·蒙托亚·德拉克鲁斯，本书分译为弗朗西斯科·蒙托亚·德·拉·克鲁斯。

本书印第安语译名按不同印第安语音翻译，如玛雅语的（h）发（j）音，（Hochob）译霍乔普；（xa）发（xia）音，（Xaman-Há）译夏曼–哈；纳瓦语的（h）不发音，（huejotzinca o toco）译韦霍钦卡人；有撇号（'）和单引号（’）的词合译，如（Val'Quirico）译瓦尔基里科，（X’tacumbilxuna’an）译斯塔昆维尔苏纳安。

为使懂西班牙语的读者查找原文，本书大部分地名和人名译名附有西班牙文或见于附录。地名绝大部分只翻译专名的西班牙文，也有部分翻译了地名的专名和通名，以便读者检索。人名的翻译统一在附录中体现。由于我们能力有限，加上部分西班牙文资料可能不准确，或引用的历史资料在学术上有争议，书中难免有疏漏和不妥之处，敬请读者提出宝贵意见，以便进一步完善。

再者，史前史是指有文字记载之前的历史，史前岩画是指文字出现前古人在岩石或石壁上刻或涂的画，奥尔梅卡人3000年前的图形文字被公认是迄今墨西哥发现的最早的印第安文字。因此，本书以前3000年为分界，之前的印第安人岩画译为“史前岩画”，之后的译成“岩画”。

考古发现，墨西哥不少印第安种族都有文字，但形成初步文字体系的只有玛雅人和阿兹台克人的文字。他们的文字被称作signos gráficos 或 glifos pictográficos，字面翻译是图形符号或象形文字。我们认为，尽管阿兹台克文字已开始向象形文字转变，墨西哥印第安文字仍处于原始图形文字阶段。墨西哥印第安石刻文字用图画表示，即利用图形符号作文字使用，这些文字与所代表的东西在形状上很相像。印第安文字跟中国夏朝图形符号一样，属刻符文字，但是应该没发展到商殷甲骨文那样的象形文字阶段。因此，我们把墨西哥印第安文字译成图形文字，而不是译成象形文字。

本书在编译过程中得到中国国家一级文学编辑、广东广播电视台资深编导谢衍良，广东外语外贸大学西班牙语教授何仕凡和墨西哥华人律师、西班牙语翻译专家陈辉博士的大力帮助，在此表示衷心感谢！

谢沛江　张志红

2023年10月

# 概 况
GENERAL

墨西哥位于北美洲南部，北同美国接壤，南面和西面临近太平洋，东接墨西哥湾，东南濒临加勒比海，并与伯利兹和危地马拉接壤，面积约为196万平方千米（据墨西哥有关部门统计），位列世界第14位和拉美地区第3位。墨西哥地大物博，地理环境优越，海岸线长1.15万千米，北部海拔 800 ~ 1000 米，中部有沉积盆地，大部分地区全年分旱雨两季，雨季集中了全年75%的降水量，沿海和东南部平原属热带气候。海拔2000 ~ 2500 米的中部高原终年气候温和，冬无严寒，夏无酷暑，四季常青。中部高原南部为火山山脉，有300多座火山，其中的西特拉尔特佩特（奥里萨瓦）火山海拔5610米，为全国最高峰。墨西哥主要河流有布拉沃（Bravo）河、巴尔萨斯（Balsas）河和亚基（Yaqui）河等，湖泊多分布在中部高原的山间盆地，最大淡水湖是查帕拉湖，面积1116 平方千米。北部的沙漠，中部的墨西哥高原，纵横交错的东、西、南马德雷山脉，南方的热带雨林，漫长的海岸线和众多的岛屿，使墨西哥拥有极为丰富的自然景观，包括美丽的海滩、宏伟的瀑布、奇形怪状的山洞与地洞和令人叹为观止的天然井，等等。

## 政体

墨西哥为联邦制国家，设31个州和墨西哥城，各州和墨西哥城有自己的宪法，但受联邦《墨西哥合众国政治宪法》约束，墨西哥的政体实践中更接近共和制。墨西哥法律体系完善，属大陆法系，因毗邻美国，受英美体系影响较深，立法为民商分立模式，分别有《民法典》和《商法典》。墨西哥国名源于阿兹台克人的墨西卡人自称。1519年西班牙殖民者到墨西哥，1810年9月16日米格尔·伊达尔戈神父发起独立运动，1821年墨西哥独立，1824年10月成立联邦共和国，1910年爆发资产阶级民主革命，1917年改称墨西哥合众国并颁布新的资产阶级民主宪法《墨西哥合众国政治宪法》，这部宪法经多次修改仍在使用。墨西哥行政管理是联邦（federación）、州（estado）和市（municipio）

三级政府管理。墨西哥城是联邦区，辖16个区（alcaldía），区下面是社区（colonia）。各州辖市下面是社区和镇（poblado o población）；镇下面是村（pueblo）、农业村社（ejido）、农业合作社（comunidad de propiedad de socios）、农庄（rancho）和庄园（hacienda）等。

## 国徽和国花

墨西哥国徽为一只嘴叼着一条蛇的展翅雄鹰，鹰的一只爪抓着蛇身，另一只爪踩在从湖中岩石上生长出的仙人掌上。仙人掌是墨西哥国花，象征着墨西哥民族顽强的斗争精神。国徽描绘的是阿兹台克人在神的指引下迁居墨西哥城的传说。

## 国旗

墨西哥国旗从左至右由绿、白、红三个平行相等的竖长方形组成，白色部分中间绘有墨西哥国徽。绿色象征独立和希望，白色象征和平与宗教信仰，红色象征国家的统一。

## 经济

墨西哥是拉美经济大国，实行工业和农业并重发展的方针，矿藏资源丰富，主要有石油、天然气、金、银、铅、锌、铜、铀、锑、钼和石墨等。石油工业是其国民经济支柱，主要工业有矿产、石化、钢铁、电力、汽车制造、食品和水泥等。农林牧渔业依然在经济中占有重要的地位，主要农产品有玉米、小麦、高粱、大豆、水稻、棉花、甘蔗和龙舌兰等。墨西哥是玉米的故乡，玉米是墨西哥人的主要粮食。

## 人口

墨西哥人口1.2亿多人，其中印欧混血种人约占60%，印第安人约占30%，西班牙后裔约占10%；90%的人口信奉天主教，5%的人口信奉基督教（新教），其余5%的人口信奉其他宗教或无宗教信仰。墨西哥有1200多万人生活在国外，占墨西哥总人口的10%，其中超过1000万人生活在美国。

## 印第安人起源

美洲印第安人的来源是历史上最大疑问之一，历史学家说法不一，有大洋洲起源说，有西北欧起源说，有亚洲起源说，甚至还有中国殷人东渡说。亚洲起源说是历史学家的主流看法，权威的墨西哥国家人类博物馆也采用此说法。在距今3万多年前，地球气候变冷，冰河来临，海面下降了130～160米，水深只有几十米的白令海峡露出海面，形成一座陆桥，连接起亚洲东北部和美洲西北部，成为亚美两洲的陆路通道。这时居住在亚洲北部的亚洲人（一说是蒙古人），步行穿越白令海峡到达阿拉斯加，然后再由北向南，逐渐扩散到美洲其他地区。

## 印第安人种

按生活习惯、服饰、语言和宗教等文化特征，墨西哥学术界把墨西哥现有的印第安人划分为数十个种族。因印第安人散居或混居和认定种族标准不同，学术界没有统一的分类方法，且分类较乱较多，如有学者认为恰帕斯州拉坎东地区的拉坎东人是单独的人种，也有学者把拉坎东人归到玛雅族。本书附表《墨西哥印第安种族分类表》统计了62个印第安种族的名称、自称、语言、人口和主要分布地区，虽然是众多分类之一，但代表了墨西哥学术界的主流观点。

## 印第安文化

墨西哥是美洲大陆古印第安人文化中心之一，其印第安文化分为三个时期：前古典时期（Periodo preclásico）为前2000—公元250年，代表是奥尔梅卡文化；古典时期（Periodo clásico）为250—900年，代表是玛雅文化；后古典时期（Periodo posclásico）为900—1521年，代表是阿兹台克文化。过去4000多年，生活在墨西哥的印第安人创造了一个又一个璀璨文化，突出代表是五个太阳世纪，它们分别是奥尔梅卡人的第一太阳世纪、特奥蒂瓦坎人的第二太阳世纪、玛雅人的第三太阳世纪、托尔特卡人的第四太阳世纪和阿兹台克人的第五太阳世纪。本书附表《墨西哥印第安文化一览表》简单介绍了墨西哥主要的印第安文化。

## 印第安语言

根据墨西哥印第安语言国家研究院（INALI）公布的《墨西哥全国印第安语目录》，墨西哥共有11个印第安语系（Familia Lingüística），68种印第安语言

（Agrupación Lingüística）和364种印第安语变体（variante lingüística）。

（1）阿尔希卡语系（Álgica）：基卡普（kickapú o kikapoo）。

（2）尤托–纳瓦语系（Yuto-nahua）：科拉（cora）、皮马（pima）、瓜里希奥（guarijío）、塔拉乌马拉（tarahumara）、维乔尔（huichol）、北部特佩瓦诺（tepehuano del norte）、马约（mayo）、南部特佩瓦诺（tepehuano del sur）、纳瓦（náhuatl）、亚基（yaqui）、帕帕戈（pápago）。

（3）科奇米–尤马纳语系（Cochimí-yumana）：库卡帕（cucapá）、基利瓦（kiliwa）、库米埃（kumiai）、库亚尔（ku'ahl）、派派（paipai）。

（4）塞里语系（Seri）：塞里（seri）。

（5）奥托–曼格语系（Oto-mangue）：阿穆斯戈（amuzgo）、伊斯卡特科（ixcateco）、帕梅（pame）、奎卡特科（cuicateco）、马特拉钦卡（matlatzinca）、波波洛卡（popoloca）、查蒂诺（chatino）、马萨瓦（mazahua）、特拉维卡（tlahuica）、奇奇梅科–霍纳斯（chichimeco jonaz）、马萨特科（mazateco）、特拉帕内科（tlapaneco）、奇南特科（chinanteco）、米斯特科（mixteco）、特里基（triqui）、乔乔或乔乔尔特科（chocho o chocholteco）、奥托米（otomí）、萨波特科（zapoteco）。

（6）玛雅语系（Maya）：阿卡特科（akateko）、哈卡尔特科（jacalteko o jacalteco）、坎霍瓦尔（q'anjob'al o kanjobal）、阿瓦卡特科（awakateko o aguacateco）、卡克奇克尔（kakchiquel o kaqchikel）、凯克奇（q'eqchí' o kekchí）、塔巴斯科州琼塔尔（chontal de Tabasco）、基切（kiche' o quiché）、特科（teko）、丘克（chuj）、拉坎东（lacandón）、托霍拉瓦尔（tojolabal）、乔尔（ch'ol o chol）、芒（mam）、泽尔塔尔（tseltal）、瓦斯特科（huasteco）、玛雅（maya）、措兹尔（tsotsil）、伊西尔（ixil）、卡托克（qato'k）。

（7）托托纳科–特佩瓦语系（Totonaco-tepehua）：特佩瓦（tepehua）、托托纳科（totonaco）。

（8）塔拉斯科语系（Tarasca）：塔拉斯科（tarasco）。

（9）米塞–索克语系（Mixe-zoque）：阿亚帕内科（ayapaneco）、米塞（mixe）、奥卢特科（oluteco）、山脉波波卢卡（popoluca de la Sierra）、萨尤尔特科（sayulteco）、特西斯特佩克尼奥（texistepequeño）、索克（zoque）。

（10）瓦哈卡州琼塔尔语系（Chontal de Oaxaca）：瓦哈卡州琼塔尔（chontal de Oaxaca）。

（11）瓦韦语系（Huave）：瓦维（huave）。

## 奥尔梅卡文化（Cultura Olmeca）

奥尔梅卡文化发祥于前2000年前后，前400年前后消失，鼎盛时期为前1200—前400年，主要分布在墨西哥中部，中心是特万特佩克地峡北部，即韦拉克鲁斯州和塔巴斯科州，面积约1.8万平方千米，考古发现少量奥尔梅卡人到前31年才彻底消失。奥尔梅卡人消失的原因至今仍是个谜，有说奥尔梅卡人内部发生激烈斗争导致种族灭绝，有说因气候变化，奥尔梅卡人被迫迁移到墨西哥中部和东南方向的恰帕斯州，并逐渐跟其他印第安种族混合。

奥尔梅卡人

奥尔梅卡人的自称已无从考究，“奥尔梅卡人”是阿兹台克人对他们的称谓，其在纳瓦语中意为“橡胶地的居民”。由于年代久远，被发现的奥尔梅卡文化遗址不多，三大遗址分别是韦拉克鲁斯州的特雷斯·萨波特斯古城遗址和圣洛伦索古城遗址，以及塔巴斯科州的拉文塔古城遗址。大多数遗址建筑残缺不全，使后人难以了解奥尔梅卡人的历史，已知奥尔梅卡人主要种植玉米、马铃薯等农作物；奥尔梅卡人已经形成阶级社会，主要分上层贵族和下层平民百姓，贵族掌握政治、经济和宗教权力，负责管理城镇，跟诸神对话，收受平民缴纳的粮食，控制手工艺品生产，指派下层人从事公共劳作，分配贸易所得等。

奥尔梅卡人把美洲豹视为神祇，豹身人面怪兽是他们的主神和图腾。奥尔梅卡人信奉诸神，很多与大自然有关的太阳、水、植物、山洞和动物等都是他们信奉的神。奥尔梅卡人的建筑宏伟，他们喜欢在大土台上建金字塔和神庙，后来的玛雅人、阿兹台克人等印第安人的建筑深受其影响。

特雷斯·萨波特斯古城遗址出土的玄武岩石碑最多，有40多块。1939年出土的C石碑，正面刻着一尊豹身人面人像，背面刻着奥尔梅卡人的图形文字。石碑雕刻时间约为前900年，这些3000年前的图形文字被认为是迄今整个墨西哥发现的最早的印第安文字。

奥尔梅卡人被称为中美洲最早的艺术家，其雕刻工艺非常精湛。他们根据石料的大小和纹路，制作出各种雕像。猴子、美洲豹、妇人、小孩、祭师、武士和贵族等都是他们刻画的对象。

提到奥尔梅卡文化，人们马上就会想到人头石像，这些巨型人头石像也称作奥尔

巨型人头石像

梅卡头像，至今在各地的奥尔梅卡文化遗址共出土了17尊巨型人头石像。这些石像最轻6吨，最重50吨，高3米多。它们看上去像是戴着头盔的武士，嘴唇肥厚，鼻子扁平宽大，看上去不像现在的印第安人，而更像非洲黑人。头像都是用图斯特拉斯（Los Tuxtlas）山脉的火山石雕成。石像被深埋在地下，第一个石像是1862年出土的，它的重现于世轰动了整个墨西哥考古界，成为奥尔梅卡文化研究史上的里程碑。奥尔梅卡人用什么工具把巨石运来？石像为什么被深埋于地下？人像是否就是奥尔梅卡人的真实写照？奥尔梅卡人为什么要雕刻这些石像？这些都有待考古专家研究。

奥尔梅卡文化虽然消失，但影响了众多中美洲文化，许多文化特征成为后来中美洲各文化的共同点。学术界普遍认为奥尔梅卡文化是玛雅文化、萨波特卡文化、特奥蒂瓦坎文化等众多文化的来源，也有学者认为奥尔梅卡文化和其他文化是同时期的不同文化，没有传承，只有相互影响。但事实上墨西哥的很多古印第安文化，包括金字塔、宫殿、神庙、民居和球场的建筑风格，各民族信奉的羽蛇神等人兽合一的众神，以及太阳、月亮、雨、水、植物等大自然神，还有石碑上的雕刻图案和图形文字，都深受奥尔梅卡文化影响。

## 特奥蒂瓦坎文化（Cultura Teotihuacán）

特奥蒂瓦坎文化发祥于墨西哥中部，时间为前200—公元750年，特奥蒂瓦坎文化的发祥与奥尔梅卡文化的消失几乎发生在同一时间。“特奥蒂瓦坎”是阿兹台克人对他们的特奥蒂瓦坎城的称谓，其在纳瓦语中意为“诸神之城”。600年前后是特奥蒂瓦坎城的鼎盛时期，人口10万～20万人。750年，古城被遗弃，特奥蒂瓦坎文化消失，但给后人留下了丰富的文化遗产，其中最有名的当属特奥蒂瓦坎古城的太阳金字塔和月亮金字塔。

特奥蒂瓦坎古城

图拉古城遗址

## 托尔特卡文化（Cultura Tolteca）

托尔特卡文化年代为700—1200年，“托尔特卡人”在纳瓦语中意为“图拉的居民”。511年，居住在大奇奇梅卡地区，操纳瓦语的韦韦特拉帕扬（Huehuetlapallan）部落的印第安人，在7位首领的带领下，向南迁徙到墨西哥中部高原北部地区。“韦韦特拉帕扬”在纳瓦语中意为“老红土地”。整个迁移持续了100多年，直到他们在伊达尔戈州定居，并在今天的图拉·德·阿连德市建立托扬·西科科蒂特兰（Tollan Xicocotitlán）古城，史称小图拉（Tula Chico）城。20年后他们放弃了小图拉城，在离小图拉城14千米远的地方建了大图拉（Tula Grande）城，即人们现在看到的图拉古城遗址。图兰辛戈·德·布拉沃（Tulancingo de Bravo）市的瓦帕尔卡尔科（Huapalcalco）古城是托尔特卡人的另一座古城。托尔特卡人通过贸易等方式建立了一个庞大王国，鼎盛时期人口有5万多人，几乎整个中美洲都是他们的贸易范围。12世纪中叶，由于阿兹台克人的入侵和内乱，托尔特卡文化逐渐败落，最终消失。

## 阿兹台克文化（Cultura Azteca）

纳瓦人亦称纳奥亚人（nahoa）、纳瓦尔特卡人（nahualteca）或纳瓦塔尔克人（nahuatalque），阿兹台克人是纳瓦族的最大分支，有学者认为阿兹台克人原是今天美国新墨西哥州或墨西哥北部靠狩猎和采集为生的游牧民族，有人认为他们来自圣路易斯波托西州和瓜那华托州的大奇奇梅卡地区，也有人认为他们来自墨西哥北部纳亚里特州墨斯卡尔蒂坦岛。所以他们究竟来自何方，至今仍是个谜。

阿兹台克人自称墨西蒂人（mexitin）或墨西卡人（mexica），意为“墨西的人”（gente de Mexi），“墨西”是维兹洛波茨特利战神，他指引阿兹台克人向墨西哥南部进发，去寻找新的定居点。根据太阳神启示，阿兹台克人要离开原住地向南进发，见到鹰叼着蛇站在仙人掌上，就在那地方定居下来。1111年，阿兹台克人从植物水产丰富的阿斯特兰（Aztlán）岛出发，在战神维兹洛波茨特利指引下，向墨西哥南部进发，寻找新的定居点。他们在几个地方暂住后，1325年到达特斯科科湖。他们看到了太阳神启示的情景，于是决定在湖中央的沼泽地建城，并把新建的城称为特诺茨蒂特兰（Tenochtitlán），其在纳瓦语中意为“石头上的仙人掌”。1521年西班牙殖民军占领特诺茨蒂特兰时，阿兹台克王国约有10万人。当时的特诺茨蒂特兰是一座规模宏大的现代化都市，分成四个大区，下属108个小区。每个大区有贸易中心和广场、神庙、管理机构、学校和球场等。城内街道广场设置整齐，全城有10余千米长的防水堤，并有2条石槽从陆地引淡水入城。城中心是大神庙，即现在的索卡洛广场，从大神庙有3条主要大道辐射城市四周。

关于阿兹台克文化的存在时间有多种看法，一般认为是1000—1521年。特诺茨蒂特兰城的大神庙是阿兹台克人的政治和宗教中心，供奉维兹洛波茨特利战神和特拉洛克雨神。阿兹台克人信奉的主神是克察尔科亚特羽蛇神，他也是墨西哥中部高原地区的印第安人信奉的主神。阿兹台克人信奉诸神还有埃赫卡特风神、托纳蒂乌太阳神、奥梅特奥特创造神等。

阿兹台克王国等级分明，社会结构是金字塔式：顶层是国王（Huey Tlatoani），其在纳瓦语中意为“伟大的王”或“王中王”，国王是太阳神的代表，是军事统帅；第二层是王族及继承人、祭司（负责宗教、天文历法和文化）、有战功的军事将领（负责打仗、掠夺土地和物产）、贵族；第三层是武士，他们可以通过立战功升为贵族；第四层是农民、手工业者、商人和平民百姓；第五层是奴隶，他们因犯罪或欠债等原因被迫给他人做长工。

特诺茨蒂特兰城

阿兹台克王国经济初具规模，有比较发达的农业，主要作物有玉米、豆类、南瓜、马铃薯、棉花、龙舌兰、辣椒和番茄等，手工业相当发达。阿兹台克人会饲养鸡、鸭、狗等禽畜，也会制作纺织品和陶器等，还能用草药治病和用菌类麻醉。

阿兹台克人主要生产工具仍为石器，多数石器用黑曜石等石头制成，他们在各自小区的贸易市场易货交易，有时用可可豆当作货币。阿兹台克人有精确历法，他们使用两种日历：一种是太阳历或民间历（calendario solar o civil），18个月为一年，每月20天，计360天，另5天为凶日或废日（días nefastos o demasiados y sin provecho），一年365天；另一种是祭祀历或占卜历（calendario ritual o adivinatorio），20个月为一年，每月13天，一年260天，祭祀历由祭师掌握使用。两个历法的最小公倍数为18980天，即太阳历或民间历的52年为一个纪元，祭祀历或占卜历的73年为一个纪元，两个纪元结束重合后轮回计算。1790年出土、现存墨西哥国家人类博物馆的太阳历石刻着的是他们的太阳历。

阿兹台克人重视教育，学校分成两类：一类是贵族学校，专收贵族子弟培养成军事政治人才；另一类是平民学校，供平民百姓子弟学习。阿兹台克人讲标准的纳瓦语，纳瓦语是墨西哥印第安语言中使用人数最多的一种，很多词汇被吸收到西班牙语之中，如可可（coco的纳瓦语是cocoliztli）、巧克力（chocolate的纳瓦语是xocolatl）、辣椒（chile的纳瓦语是chilliy）、西红柿（tomate的纳瓦语是tomatl）和牛油果（aguacate的纳瓦语是ahuacatl）等。

西班牙人到墨西哥时，阿兹台克人的图形文字已经开始向象形文字进化。早期的图形文字刻在石碑和陶片上，后期的象形文字写在兽皮（羊皮等）和布片上，后期阿兹台克人学会用树皮等植物纤维造纸，或用羊皮制作羊皮纸，并开始有手抄书本。现存巴黎国立图书馆的手抄本《索洛特》（Códice Xolotl）是仅存为数不多的阿兹台克人手抄古籍之一。该书用牛皮纸写成，共10页，记载了1086—1429年特斯科科城和特诺茨蒂特兰城的历史。阿兹台克人的文字数量有待专家考究，语言专家安东尼奥·佩尼亚费尔在1885年出版的《墨西哥地名》一书中，已经破译出462个阿兹台克文字。

## 玛雅文化（Cultura Maya）

玛雅文化是美洲古印第安人文化之一，分布在墨西哥尤卡坦半岛的坎佩切州、尤卡坦州和金塔纳罗奥州以及邻近的恰帕斯州和塔巴斯科州，还有中美洲的伯利兹、萨尔瓦多和洪都拉斯等国家，分布面积达32万平方千米。墨西哥玛雅文化发祥于前1650年前后，此时玛雅人开始建城集居，初期城市规模不大，有几百到数千居民不等。鼎盛时期约为250—900年，玛雅人在上述地区的热带雨林中建造了上百座城镇。玛雅人种植玉米、蚕豆、南瓜、可可、甘薯、辣椒、烟草、棉花和番茄等农作物。玛雅人没有青铜器和铁器，没有牛马等载重牲畜，完全依靠人力，建成了市政功能齐全的城池。城内有金字塔、神庙、宫殿、民居和给排水系统等，有的城镇还有天文观象台、纪念石碑等，证明玛雅人有很强的组织能力和建筑工艺。

墨西哥玛雅人算数采用20进制，发现并使用了“零”的概念。玛雅人掌握一定的天文历法和数学知识，玛雅历法把一年分为18个月，每月20天，另有5天为禁忌日，其和正好是地球绕太阳公转一周的时间。世界各国的语言学者一致认为，玛雅文字的书写法和图形与美洲其他印第安文字完全不同，不过他们对玛雅文字的属性看法很不一致，有学者认为玛雅文字是图表文字或图形文字，而有学者认为玛雅文字是纯表意文字。20世纪，美籍俄罗斯学者塔蒂安娜·普罗斯科亚科夫、俄罗斯学者尤里·科诺罗佐夫等玛雅文化和语言专家，经过不懈努力，最终发现，玛雅文字不是图表文字或图形文字，也不是表意文字，而是一种表音和表意相结合的混合文字，他们的观点得到学术界的一致认同。他们发现，跟西方语言只有20多个字母的字母表不同，玛雅文字有

玛雅金字塔

800多个符号（signo），每个符号代表一个音节，但一个音节可以用一个或几个符号表达，音节表（silabario）包括辅音和元音符号，一个历史时期通常使用250～400个符号。目前学术界对玛雅文字的词汇量看法不一致，有学者认为，玛雅文字的词（texto）约有5000个，也有学者认为约有3万个，多数学者认为约有1.5万个。玛雅人镌刻书写文字的地方包括石碑、祭坛、门楣、窗框、石棺、石板、神龛、宝石、海螺、贝壳、兽骨、墙面和榕树皮纸手抄本等，这些文字主要表达数目、方位、颜色以及诸神名称。随着考古和不断发掘，相信会有越来越多的玛雅词汇面世。玛雅文化历经3000多年，玛雅人一直处于各部落分割分治的状态，始终没有建立过一个统一的王国。10世纪前后，玛雅文化走向衰落，城镇被遗弃，其原因至今仍然是历史之谜。16世纪初西班牙人来到玛雅地区时，由于瘟疫等自然疾病，以及干旱造成的粮食失收等，玛雅人口锐减，管理上也处于四分五裂状态，结果是西班牙人没费多大力气就征服了玛雅人。至今该地区仍居住着众多玛雅人的后代，他们仍操着玛雅语，穿着传统玛雅人服饰，继续繁衍生息在这片土地上。

墨西哥玛雅古城建筑有十几种不同地区的风格，但主要为以下四种风格：

（1）普乌克风格（Estilo Puuc）：普乌克地区的古城集中在尤卡坦州西南部和坎佩切州东北部，特点是多楼层和间隔，正面石柱装潢，墙面石刻雕纹，几何式布局，神面具雕刻装饰等。

（2）佩腾风格（Estilo Petén）：佩腾地区的古城分布在尤卡坦半岛佩腾地区，特点是阶梯式金字塔，房角多为圆形，正面雕画巨型面具，围墙和台阶用巨石砌成。

（3）切内斯风格（Estilo Chenes）：主要分布在切内斯地区（Región de los Chenes），即琴人（chen）居住的地区，chen一词源于玛雅语che’en，语为“水井或水池”（pozo o cueva de agua）。切内斯地区古城特点是建筑物镶嵌有类似国际象棋盘图案的石板，神庙和神殿正面是丰富的灰浆装饰物，入口有奇特的装饰，如象征神灵、形状怪异的大嘴。

（4）贝克佩尔特纳森河风格（Estilo Río Becpertenecen），简称贝克河风格（Estilo Río Bec）或贝克风格（Estilo Bec）。贝克佩尔特纳森河地区的古城特点是一个或多个高高耸立的金字塔在一起，塔顶是神庙。

其他建筑风格还有玛雅托尔特卡（Maya Tolteca）风格、乌苏马辛塔（Usumacinta）风格、东海岸（Costa Oriental）风格、莫塔瓜（Motagua）风格、恰帕斯高原（Altos de Chiapas）风格、西北（Noroccidental）风格、西北平原（Planicies Noroccidentales）风格和太平洋海岸（Costa del Pacífico）风格等。

# 目录

CONTENTS

第1章

## 墨西哥城

第2章

## 墨西哥州

第3章

# 索诺拉州

第 4 章
## 科阿韦拉州

第 5 章
## 杜兰戈州

第6章
# 瓦哈卡州

第7章
# 塔毛利帕斯州

第8章

## 哈利斯科州



第9章

## 萨卡特卡斯州

第 10 章
# 下加利福尼亚州



第 11 章
# 南下加利福尼亚州



第 12 章
# 韦拉克鲁斯州

## 第13章

# 恰帕斯州



## 第14章

# 新莱昂州

第15章
## 格雷罗州



第16章
## 圣路易斯波托西州

第17章
# 米却肯州



第18章
# 坎佩切州

第19章

# 尤卡坦州



第20章

# 金塔纳罗奥州

第21章
## 普埃布拉州



第22章
## 奇瓦瓦州

第23章

# 伊达尔戈州

第24章

# 克雷塔罗州

第25章
# 瓜纳华托州



第26章
# 莫雷洛斯州

第27章

## 纳亚里特州



第28章

## 锡那罗亚州

第29章
# 科利马州



第30章
# 塔巴斯科州

## 第31章 阿瓜斯卡连特斯州

## 第32章 特拉斯卡拉州



## 附录

# 第1章 墨西哥城

Ciudad de México

## 墨西哥城（Ciudad de México）

墨西哥城位于墨西哥山谷，面积1495平方千米，四周青山环绕，海拔2230米，冬无严寒，夏无酷暑，四季花开，常年披绿，风光秀丽。墨西哥城原名联邦区（Distrito Federal，简称 D.F.），2016年改称墨西哥城，现在的墨西哥城比过去拥有更多的自主权，如与其他州一样有自己的《政治宪法》和议会。墨西哥山谷聚集着墨西哥城16个区和墨西哥州59个市以及伊达尔戈州1个市共计76个区市，并组成大首都区。墨西哥城集中了全国约一半的工业、服务业和金融机构，是全国政治、经济和文化中心。1325年阿兹台克人在特斯科科湖填湖建城、修筑水道，建起了一座座宏伟壮丽的神庙和宫殿，开启了阿兹台克文化的兴盛时期，西班牙殖民者到来之前，特诺茨蒂特兰（Tenochtitlán）已是当时世界的大都市之一。1521年起西班牙人在特诺茨蒂特兰古城原址上修建了很多宫殿、教堂、修道院等欧洲风格建筑，墨西哥城成为殖民时期新西班牙总督辖区的政治、经济和文化中心。现在的墨西哥城是一座绚丽多姿的文化都市，有50多个博物馆和40 多个艺术画廊。墨西哥城有“壁画之都”的美誉，集中了全国80%以上的壁画，壁画以画面大、色彩鲜艳、题材广泛著称，富有浓郁的民族风格，墨西哥国立自治大学图书馆主楼四壁光彩夺目的壁画是墨西哥壁画的代表作。漫

墨西哥城改革大道

步在墨西哥城，色彩鲜艳、气势恢宏的壁画不时映入眼帘。壁画已成为墨西哥城人们日常生活中不可或缺的组成部分，也成为吸引游客的亮丽风景。

## 国家宫（Palacio Nacional）

国家宫位于墨西哥城中心索卡洛（Zócalo）广场东侧，原为阿兹台克国王莫克特苏马的宫殿，1522年西班牙人在宫殿原址修建为西班牙远征军首领埃尔南·科尔特斯的行宫，后一直是历代墨西哥总督的宫殿，1692年被大火烧毁后重建，1821年墨西哥独立至1935年拉萨罗·卡尔德纳斯总统搬到查普尔特佩克区的松林总统府期间一直是总统府。现在国家宫仍承担很多国事安排：总统主持独立节阅兵仪式，宴请外国领导人和接受外国使节递交国书等。每年9月16日独立节前夜，民众聚集在宪法广场，举行庄严的敲钟仪式，国家宫中心阳台悬挂着墨西哥独立之父米格尔·伊达尔戈神父当年在多洛雷斯市教堂号召独立而敲响的大钟。午夜12时墨西哥总统敲响大钟，挥舞国旗向集合在广场的民众高呼“伊达尔戈万岁！”“独立万岁！”“墨西哥万岁！”。次日，总统在国家宫阳台阅兵和观看民众游行。

国家宫占地面积2.5万平方米，建筑面积1.8万平方米，主建筑是一座三层大楼，有14个庭院，集印第安和西班牙殖民时期建筑风格于一体，中央庭院每边有10个高大拱门与旁边庭院走廊相连，带翅青铜马矗立在中央庭院喷泉。马里亚诺庭院立着墨西哥民族英雄贝尼托·华雷斯总统的青铜雕像。国家宫一至二层楼梯正面是墨西哥著名壁画家迭戈·里维拉于1929—1951年作的大型壁画，壁画名为《穿越世纪的墨西哥》（México a través de los siglos），也称作《墨西哥人民史诗》（Epopeya del

国家宫

壁画《穿越世纪的墨西哥》

pueblo mexicano）。壁画高6米，长数十米，整幅画气势磅礴，描绘了从印第安时代到20世纪40年代的墨西哥历史，包括印第安文化发展、西班牙殖民者入侵和印第安人英勇反抗、1810—1821年墨西哥独立运动、1847年反抗美国入侵、1862年战胜法国占领军和推翻外国强加的费尔南多·马克西米利亚诺皇帝的武装斗争，以及1910—1920年的墨西哥资产阶级民主革命。画中人物近千人，库奥特莫克、米格尔·伊达尔戈、贝尼托·华雷斯、艾米利亚诺·萨帕塔和潘乔·维亚等墨西哥民族英雄的形象栩栩如生，跃然墙上。里维拉以广博题材、斑斓色彩、锋利画风再现了墨西哥传奇般的历史，热情歌颂墨西哥人民，鞭挞了外国侵略者和出卖祖国的叛徒。这幅史诗般的壁画是墨西哥壁画艺术的瑰宝，也是里维拉艺术生涯的最高杰作。在国家宫二楼走廊东侧与北侧，里维拉还画了一组题为《克察尔科亚特羽蛇神传说》（Legendario Quetzalcóatl）的壁画，描绘了殖民前印第安人的生活场景。国家宫曾是议会所在地，现二楼北侧是原众议院议会大厅，大厅庄严肃穆，保留了历史原貌供游客参观。

## 墨西哥城大教堂（Catedral metropolitana de la Ciudad de México）

墨西哥城大教堂全称墨西哥城教区圣母玛利亚升天大教堂，位于索卡洛广场北侧，是墨西哥最老的天主教教堂，1573年始建，1813年竣工，历时240年建成。漫长的修建时间使教堂融合了三种建筑风格：文艺复兴、巴洛克和新古典风格。教堂主体由两侧高耸的钟楼和宽阔的主殿构成，主殿南北长128米，东西宽59米。中殿的大祭坛由文艺复兴风格的圆形拱顶覆盖，拱顶上有许多装饰华丽的拱架及各种浮雕绘画，与中殿呈十字形交叉的侧殿设有16个小教堂和14座小祭坛。主殿大型壁画《升天圣母》是著名画家胡安·科雷亚的代表作。主殿中央正面一组漂亮的雕刻是著名画家曼努埃尔·托尔萨所作，反映了天主教的理想、道德、信心、希望和仁慈；正面墙上还有几组大型的浅浮雕，表现门徒彼得接受钥匙等情景。皇家小教堂是整个教堂中最漂亮的建筑，始建于1718 年，1837 年竣工，仿

墨西哥城大教堂

照西班牙塞维利亚大教堂的皇家祭坛修建，装饰精美，属楚利盖拉（Churriguera）建筑风格中的珍品；顶穹镶嵌各种金银珠宝和高贵华丽的雕饰，半圆形壁龛上布置精美的雕塑。皇家小教堂的20幅宗教绘画是著名画家胡安·罗德里格斯的杰作，祭坛有一尊耶稣受难象牙雕塑和银十字架。皇家小教堂两侧高耸的钟楼可容纳56个大钟，现有35个，最大的钟是瓜达卢佩圣母玛利亚钟，1791年铸成，底部直径3米、高5米、重13吨，钟声可传至10千米外；最古老的钟是升天圣母玛利亚钟，1578年铸成，重7吨。两座塔楼的顶部，各有一个巨型的石十字架。

## 墨西哥瓜达卢佩圣母玛利亚国家大教堂

（Insigne y Nacional Basílica de Santa María de Guadalupe de México）

1532年的一天，印第安人胡安·迭戈在墨西哥城北部的特佩亚克（Tepeyac）山行走，一个黑色头发、褐色皮肤、浑身放射着光芒的长着印第安人模样的圣母，突然出现在他的面前，圣母要迭戈转告墨西哥城大主教，要他在特佩亚克山建一座教堂，以庇护墨西哥人民。迭戈把这个信息告诉大主教时，大主教不相信，但当圣母显灵出现在大主教面前，震惊的大主教才相信她就是这个新大陆的守护神，带来上帝接纳印第安人成为信徒的旨意，于是着手在圣母显灵的地方修建教堂，并命名为墨西哥瓜达卢佩圣母玛利亚国家大教堂。“瓜达卢佩”的意思有多种解释，其中一个解释是西班牙埃斯特雷马杜拉大区一个叫瓜达卢佩的地方有一尊失踪了600年的圣母像，因圣母显圣重现人间，墨西哥人借此传说称在特佩亚克山显灵的圣母为瓜达卢佩圣母。瓜达卢佩旧教堂建在特佩亚克山顶，由于朝圣者日益增多，教堂不堪重负，1974年墨西哥天主教会决定在特佩亚克山脚下修建新教堂，新教堂为拱圆形建筑，寓意在沙漠行进中存

墨西哥瓜达卢佩圣母玛利亚国家大教堂

放约柜的帐篷。新教堂比旧教堂大10倍，建筑面积2万平方米，可容纳2万人。圣母原始画像悬挂在祭坛正中，画像长2米、宽1.1米，用由金、银、铜三种材料制成的镜框镶嵌。瓜达卢佩圣母节是墨西哥最重要的宗教节日，每年这天，墨西哥瓜达卢佩圣母玛利亚国家大教堂举行盛大宗教仪式，全国约1000万信徒扶老携幼、长途跋涉，从各地赶来朝圣。印第安人在教堂前大广场表演传统民间舞蹈，载歌载舞祭祀瓜达卢佩圣母。大教堂被罗马教廷列为天主教三大奇迹教堂之一。

## 墨西哥独立纪念碑（Monumento a la Independencia de México）

墨西哥独立纪念碑坐落在墨西哥城改革大道，为纪念墨西哥独立100周年而建，1902年动工，1910年落成，它是墨西哥人民独立精神的象征，也是墨西哥人民反对外来侵略、争取民族独立的胜利标志，因碑顶竖立着一座展翅欲飞的胜利天使像，墨西哥独立纪念碑又被称为独立天使碑。纪念碑为大理石圆柱造，柱高36米，连底座高45米。顶端天使像高6.7米，重7吨，为镀金铜像。天使右手举着一顶用橄榄枝编织成的桂冠，象征自由与和平，左手握着三节锁链，表示历时300多年的西班牙殖民统治的枷锁被彻底打破。白色大理石基座的上层四角分别是四位为争取墨西哥独立而献身或做出重大贡献的民族英雄，他们是何塞·玛利亚·莫雷洛斯 、马丁·弗朗西斯科·哈维尔、尼古拉斯·布拉沃·鲁埃达和比森特·拉蒙·格雷罗 。上层正中是手持绘有瓜达卢佩圣母像的起义军旗的米格尔·伊达尔戈雕像，他面前是手持桂冠为他加冕的祖国女神和手持笔书的历史女神。纪念碑底座下层四角分别是四尊象征和平、法律、战争与正义的青铜女神像。为独立献身的民族英雄伊达尔戈等人的遗骨原存在纪念碑的底层，2010年被送到查普尔特佩克城堡的国家历史博物馆整理，之后移到国家宫供人们瞻仰。

墨西哥独立纪念碑

## 查普尔特佩克城堡（Castillo de Chapultepec）

查普尔特佩克城堡位于墨西哥城查普尔特佩克公园查布林山顶，始建于1785年，面积1万平方米，原是墨西哥总督贝尔纳尔多·德·加尔韦斯的行宫。“查普尔特佩克”在纳瓦语中意为“蝗虫山”。1841年城堡改为军校，1864—1867年是法国傀儡

查普尔特佩克城堡

皇帝奥地利大公马克西米利亚诺的皇宫，1884—1935年是总统官邸，现为国家历史博物馆。阿兹台克人曾在查普尔特佩克公园建造庙宇和王宫，他们认为查布林山的山洞可以通往地下世界。城堡经多次扩建和改造，最大的一次改建是在1864年，马克西米利亚诺和卡洛塔皇后把城堡改建成皇宫，改建由胡利乌斯·霍夫曼等欧洲名设计师负责，城堡原有的新古典风格和当时的风格融为一体，庭院重叠，树木成荫，花园宽阔，从城堡可眺望墨西哥城。城堡的历史博物馆有19个展厅和9万多件藏品。

## 墨西哥革命纪念碑（Monumento a la Revolución de México）

1897年波菲里奥·迪亚斯总统决定在墨西哥城改革大道旁兴建议会大楼，法国建筑师亨利·让·埃米乐·贝纳尔将其设计成一座文艺复兴风格的大楼，1910年议会大厅主体框架建成时，墨西哥革命爆发，迪亚斯下台，工程终止。1932年，根据建筑师卡洛斯·奥夫雷贡建议，政府决定在议会大厅主体框架基础上建墨西哥革命纪念碑。1938年竣工的纪念碑身由石头和火山石建造，顶部由18块巨型铜板构成，整个建筑包括纪念碑、共和国广场和墨西哥革命国家博物馆。纪念碑的四根方形柱子上端有四组雕塑，分别象征墨西哥革命的四面旗帜，即独立、改革法、土地法和劳工法。四根柱子的顶部相连，形成四个面向东南西北四个方向的高大拱门。四根柱子底层分别安放着墨西哥革命领袖维努斯蒂亚诺·卡兰萨、农民领袖潘乔·维亚、弗朗西斯科·伊格纳西奥·马德罗总统和拉萨罗·卡尔德纳斯总统的遗骨。游客可乘电梯上碑顶眺望墨西哥城风光。

墨西哥革命纪念碑

## 墨西哥国家人类博物馆（Museo Nacional de Antropología de México）

墨西哥国家人类博物馆位于查普尔特佩克公园，建于1963年，是墨西哥最大的博物馆，占地面积达7.97万平方米，建筑面积4.5万平方米，展出面积3万平方米，有24个展厅和3个会议厅，藏品包括在全国出土的6万多件印第安文物。博物馆旨在介绍墨西哥人类和文化起源，以及印第安人的种族、艺术、宗教和生活，展示墨西哥的古老历史和民族多样性。博物馆建筑将印第安传统风格与现代艺术风格融为一体，表现了墨西哥人民深厚的文化内涵。中央大院的混凝土结构伞形喷泉的伞面长84米，宽54米，伞柱铜雕塑由墨西哥名雕塑家何塞·恰维斯·莫拉多所作，水从伞顶向四周喷出，寓意水在墨西哥文化发展中发挥重要作用。博物馆的镇馆之宝是阿兹台克太阳历石，历石直径3.6米，厚1.22米，重24吨。这块玄武岩历石刻于1479年，1790年出土后存放在墨西哥大教堂，1964年被博物馆收藏。历石中部刻有托纳蒂乌太阳神像，头上方框记载的时间为1479年，被认为是历石雕成的时间。历石的第二圈周围有四个方框，里面的图案分别代表风日、火雨日、水日和豹日，分别代表：364年的风时代在风日那天结束，风日这天飓风摧毁了世界，人类变成猴子；312年的火雨时代在火雨日那天结束，火雨日这天世界在一片火雨中消失；676年的水时代在水日那天结束，水时代的最后52年，世界被洪水淹没，人类都变成鱼类；676年的豹时代在豹日那天结束，豹日这天人类被野兽吃光，人类灭绝。托纳蒂乌太阳神是阿兹台克人信奉的最后一位神，陨落之时是宇宙末日。历石的最外圈刻着花鸟狗等20种图案，代表每个月20天。日历将一年分为18个月，每月20天，再加5天凶日，共365天，天数和西方国家的公历一样。但也有专家有不同的解读，认为太阳历不是日历，而是阿兹台克人用来表示诸神创造和毁灭时间的图案，表达了阿兹台克人对宇宙的理解，历石只是一块祭石，用俘虏的血

墨西哥国家人类博物馆中央大院

特拉洛克雨神石像

来拜祭时间，让时间延续。博物馆藏品还有特奥蒂瓦坎（Teotihuacán）碑石、巴卡尔（Pakal）墓、托尔特卡（Tolteca）人像石柱和守护在博物馆大门的高8.5米、重168吨的特拉洛克雨神石像等。

## 里维拉和弗里达故居博物馆（Museo Casa de Diego Rivera y Frida Kahlo）

壁画《控制宇宙的人》

墨西哥近代有三位杰出壁画家，他们是迭戈·里维拉、戴维·阿尔法罗·西格伊罗斯和何塞·克莱门特·奥罗斯科，这三人中，里维拉最负盛名。

1886年，里维拉出生在瓜纳华托市，1922年，里维拉结束在国外游学回到墨西哥，应墨西哥教育部部长邀请在政府和教育机构的建筑物内外创作壁画，题材多是普及教育、民俗、历史和工农群众。他的壁画多以浓墨重彩、重笔勾勒，并结合欧洲技法，来表现生命力旺盛的美洲传统风格。20世纪30年代，他应聘在纽约等地绘制壁画，对美国壁画运动影响很大，不少作品被视为范本。1933年，他在纽约洛克菲勒中心大楼画的《十字路口的人》（El hombre en el cruce de caminos）壁画引起轩然大波，因画作表现革命理想，出现苏联早期领导人列宁和托洛茨基的形象，画作最终被毁。次年他在墨西哥城艺术宫重新创作了壁画《控制宇宙的人》（El hombre controlador del universo）。1947年，他在墨西哥城布拉德旅馆大楼画了《中央大街的周日下午之梦》（Sueño de una tarde dominical en la Alameda Central），1985年因大地震画作受损，现收藏在里维拉壁画博物馆。

里维拉的妻子弗里达·卡洛是墨西哥画坛女杰，她6岁时得了小儿麻痹症，治愈后右腿比左腿短。1925年，她乘公共汽车出车祸，脊椎等全身受伤，一节铁管贯穿臀部，后经无数次手术，饱受车祸造成的伤痛折磨。车祸后她为康复开始学画。从第一幅画到最后的画作，她始终用画作来表达她对生命的理解和感受。1927年她加入墨西哥共产党，1928年她邂逅里维拉，1929年两人成婚。1937—1939年，托洛茨基流亡墨西哥时寄居他们家。托洛茨基被刺后，他们曾被墨西哥当局逮捕。1954年，弗里达写下“我愿高兴地离去，永远不再回来”后去世。去世后她的骨灰安放在她的故居。弗里达的画多数是自画像或人物肖像画，出于对病痛的感受，她的作品常充满隐喻。她

里维拉和弗里达故居博物馆

经常用明亮的热带色彩，将写实主义和象征主义完美结合。

里维拉和弗里达故居博物馆位于墨西哥城最古老的科约亚坎（Coyoacán）区，故居因外墙涂成蓝色，也称蓝房子，这里是弗里达的出生地，现在的故居由他们后来买的两块邻地扩建而成。他们的密友画家胡安·奥戈尔曼主持了故居设计和扩建。1957年里维拉去世后，他的女儿露丝·里维拉把故居捐给了墨西哥国家艺术研究所。故居主体建筑分为展览厅和生活区两个部分。展览厅部分展出里维拉和弗里达的画作，以及他们的亲笔书信、照片、藏品等文物资料。生活区包括他们生前居住的全部场景：从具有墨西哥传统风格的厨房，到弗里达的画室和卧房。里维拉一生在故居画了3000多幅画，他的卧室摆放着他用过的画笔、颜料、工艺品等。在树木葱郁的故居庭院中，历经沧桑的古木生机勃勃，阳光从树叶间斑驳垂下，使人仿佛看到里维拉和弗里达仍在树荫下研究绘画的场面。

## 墨西哥国立自治大学（Universidad Nacional Autónoma de México）

墨西哥国立自治大学（以下简称UNAM），前身是1551年成立的墨西哥皇家大学，后改为墨西哥皇家大主教大学。UNAM是墨西哥历史最悠久和规模最大的综合性大学，也是世界著名高等学府之一。UNAM有3万多名学生，7万多名教师和研究员，22个学院，44个人文及科学研究中心，138个图书馆，30多个剧院、博物馆、音乐厅和影院，以及2个植物园。UNAM有芭蕾舞团、话剧团、现代舞团和足球队等。300年前后，位于墨西哥城南部的西特莱火山（Volcán Xitle）爆发，火山熔岩覆盖了周围几十平方千米的地区，包括今天大学城所在的圣安赫尔区。1948年，米格尔·阿莱曼总统下令在墨西哥城南部这片火山石遍布的地方建造大学城，将原分散在墨西哥城的各学院集中起来。UNAM特地在校园内修建了一处火山岩公园，人们可在岩石上行走或攀援，近距离观看火山岩形成的特殊地貌。毕业于UNAM的建筑师和画家胡安·奥戈尔曼在1949—1951年主持建造了UNAM的中心图书馆大楼和制作大楼四壁的壁画。壁画面积达4000平方米，全部由原石雕磨成的马赛克构成。奥戈尔曼和他的助手们走遍了全国各地，寻来各种颜色的石头。壁画描绘了古印第安人和近代墨西哥人民的生活，充分展示了墨西哥几千年的历史和文化。其中，北墙壁画表现的是殖民前墨西哥城和附近地区的印第安人生活；南墙壁画表现的是西班牙殖民时期的墨西哥，包括殖民者使用的枪炮，远征军首领埃尔南·科尔特斯的画像等；东墙壁画表现的是墨西哥现代社会，画中有原子，它是宇宙万物的基础，代表社会主义的闪闪红星和一本代表文化的书也在画中，画中还有工人、工业等现代化元素，与画中的传统保守世界形成对照；西墙壁画表现的是UNAM，画面包括墨西哥国立自治大学的校徽、学生学习、娱乐和运动等场景。中心图书馆壁画不但是UNAM的标志，也是墨西哥壁画的代表作之一。UNAM值得参观的地方还有植物园，植物园在1959年由UNAM生物研究所建立，主要种植龙舌兰、仙人掌和兰花，还有从全国收集来的1800多种植物，其中有300多种稀有或濒临灭绝的植物。

墨西哥国立自治大学

## 索玛雅博物馆（Museo Soumaya）

索玛雅博物馆是墨西哥首富卡洛斯·斯利姆的私人博物馆，以其妻索玛雅·多米特的名字命名。博物馆位于波兰科（Polanco）区，由斯利姆的女婿费尔南多·罗梅罗设计，为钢架结构，外形为拔地而起的凝固漩涡，设计理念是通过不同高度的楼层、阳台、坡道和楼梯，以及采光和空间布局，把参观者和艺术及建筑融为一体。斯利姆收藏了6万多件艺术品。其中6000多件收藏在博物馆。博物馆共5层，建筑面积6500平方米，展品包括古印第安文物、殖民时期徽章、钱币等文物。镇馆之宝是法国雕塑家奥古斯特·罗丹的雕塑《思想者》和《地狱之门》。展品还包括墨西哥壁画家迭戈·里维拉和鲁菲诺·德尔·卡门·阿雷亚内斯的画作，以及梵高、达·芬奇、毕加索、马蒂斯和格雷科等世界名画家的作品，甚至包括中国的象牙和木雕刻品，索玛雅博物馆是除法国外收藏罗丹作品最多的博物馆。

索玛雅博物馆

## 阿兹台克文化遗址

### 大神庙（Templo Mayor）遗址

大神庙遗址

大神庙遗址位于索卡洛广场东北侧，是特诺茨蒂特兰古城的政治、经济和宗教中心，面积约25万平方米，包括神庙、祭坛和金字塔等78座建筑。主建筑是高45米的大神庙，是阿兹台克人祭祀维兹洛波茨特利战神等诸神、为庆祝战争胜利、祈求风调雨顺举行仪式的地方，也是阿兹台克人举行宗教节日活动和国王登基典礼的地方。大神庙遗址的卡尔梅卡克（Calmecac）原为阿兹台克人培养祭司和武士的贵族学校。大神庙遗址考古始于1914年，1987年建成的博物馆收藏有数千件遗址出土文物。1978年出土的科约尔绍基月亮女神像是博物馆的镇馆之宝，这尊石像是阿兹台克文化少有的女性裸体雕像。博物馆藏品包括2006年出土的特拉尔特库特利土地女神石像。

## 艺术宫（Palacio de Bellas Artes）

艺术宫始建于1904年，由意大利著名建筑师阿达莫·博亚里设计，为纪念墨西哥独立100周年而建，1913年因爆发资产阶级民主革命停建。1932年由墨西哥建筑师费德里科·马里斯卡尔主持续建，并于1934年建成。艺术宫为大理石结构，建筑融合了新艺术和装饰艺术，是墨西哥文化艺术的标志性建筑之一。正门中央上端的浮雕——维纳斯女神正中站立，神态安详；维纳斯女神左侧是寓意仇恨的男子半卧在地，露出痛苦神态；维纳斯女神右侧则是一对恋人拥抱在一起，象征爱情。在弓形窗框上面，一群小天使在欢庆维纳斯女神的诞生。正门

艺术宫

顶上，两群象征音乐和灵感的寓言神像，展翅飞翔，表示文化艺术的不断发展。艺术宫剧场可容纳2257名观众，舞台宽24米，有由100多万片玻璃马赛克拼成的24吨重玻璃幕。墨西哥国家交响乐团、墨西哥国家舞蹈团、墨西哥国家歌剧团、墨西哥国家话剧团等一流文艺团体定期在艺术宫演出。艺术宫以拥有众多墨西哥知名壁画家的作品而闻名，先后有7位壁画家在艺术宫作画， 他们是迭戈·里维拉、戴维·阿尔法罗·西格伊罗斯、何塞·克莱门特·奥罗斯科、鲁菲诺·德尔·卡门·阿雷亚内斯、曼努埃尔·罗德里格斯·洛萨诺、豪尔赫·冈萨雷斯·卡马雷纳和罗伯托·蒙特内格罗。作品包括鲁菲诺·德尔·卡门·阿雷亚内斯的《今日墨西哥》（México de hoy）与《我们民族的诞生》（ Nacimiento de nuestra nacionalidad）、迭戈·里维拉的《控制宇宙的人》、戴维·阿尔法罗·西格伊罗斯的《新民主主义》（ La nueva democracia）和何塞·克莱门特·奥罗斯科的《宣泄》（Katharsis）等。艺术宫展厅常年举行各种展览，墨西哥国家建筑博物馆设在艺术宫内。

## 女猎人戴安娜喷泉（Fuente de la Diana Cazadora）

女猎人戴安娜喷泉坐落在墨西哥城改革大道，是城市的标志性建筑之一，建于20世纪40年代，由著名建筑师比森特·门迪奥拉设计，雕塑家胡安·费尔南多·奥拉吉韦尔雕塑，灵感来自古罗马神话中的狩猎女神戴安娜，它的正式名称为北极星女射箭手喷泉（Fuente de la flechadora de las estrellas del norte）。神话中的戴安娜用弓箭在森林中追杀野兽，雕塑中的戴安娜手持弓箭射向北极星。当时16岁的墨西哥女孩埃尔维亚·马丁内斯·贝尔达耶斯是塑像原型。奥拉吉韦尔的作品还有瓜纳华托州的埃尔皮皮拉纪念碑、墨西哥城的石油源泉塑像（Fuente de Petróleo）等。

女猎人戴安娜喷泉

## 少年英雄纪念碑（Monumento a los Niños Héroes）

1836年，在美国的支持下，墨西哥原得克萨斯地区宣布独立。1845年，美国正式宣布得克萨斯为美联邦第28个州，同年墨西哥与美国断绝外交关系。1846年，美国对墨西哥宣战并派兵越过边界，占领了墨西哥北部大片土地。1847年5月13日，美军在韦拉克鲁斯港登陆，向西面的墨西哥城推进，很快兵临城下。同年9月13日，查普尔特佩克战役打响，查普尔特佩克城堡是通往墨西哥城的最后据点，美军四个师7000多兵力攻城，驻守城堡的墨西哥部队为5000人，墨西哥军队顽强抵抗，浴血奋战，最终全军覆没。少年英雄纪念碑位于查普尔特佩克森林公园，是为纪念查普尔特佩克战役中牺牲的6位查普尔特佩克军校的士官生所建，他们是奥古斯丁·梅尔加尔、费尔南多·蒙特斯·德·奥卡、弗朗西斯科·马克斯、胡安·德拉·巴雷拉、胡安·埃斯库蒂亚和比森特·苏亚雷斯。纪念碑由建筑师恩里克·阿拉贡·埃切加拉伊设计，1952年落成。纪念碑由代表6位小英雄的6根柱子组成，他们的遗骸分别存放在柱子下方。纪念碑中央是祖国祭坛，祭坛下方安放着费利佩·圣地亚哥·西科腾卡特的遗骸。西科腾卡特时任查普尔特佩克城堡守备营营长，在旗手牺牲后，他手擎军旗鼓舞士兵战斗，数次受伤倒地又重新站起指挥战斗，直至牺牲。每年9月13日是墨西哥少年英雄纪念日。这一天，总统在纪念碑前主持纪念仪式，纪念这6位为墨西哥献身的小英雄和其他在墨美战争中牺牲的墨西哥战士。

费利佩·圣地亚哥·西科腾卡特

少年英雄纪念碑

## 库奥特莫克雕像（Monumento a Cuauhtémoc）

1521年5月，在8万特拉斯卡尔特卡人的帮助下，埃尔南·科尔特斯带领西班牙远征军进攻特诺茨蒂特兰城，阿兹台克人在新国王库奥特莫克带领下顽强抵抗，终因饥饿、疾病和力量悬殊告败，库奥特莫克国王被俘。在随后的三年半时间里，库奥特莫克一直被关押。为使库奥特莫克说出藏黄金的地方，科尔特斯对库奥特莫克使用酷刑，用油烧他的双脚和双手，但库奥特莫克坚贞不屈，他把手伸向科尔特斯的短刀说道：“我已尽我所能去保护自己和我的人民，我的责任是不让我的人民落到我今

库奥特莫克雕像

天的地步，现在你们随便处置我好了，最好是把我杀了。”1525年，科尔特斯部下克里斯托瓦尔·德·奥利德在洪都拉斯反叛，科尔特斯带兵讨伐。讨伐部队征用了不少阿兹台克人，为安抚他们，科尔特斯把库奥特莫克带去出征。当讨伐部队到了坎佩切州坎德拉利亚（Candelaria）市，有人告发库奥特莫克谋反，科尔特斯早有意杀掉库奥特莫克，于是1525年2月28日，他下令绞死库奥特莫克。库奥特莫克不屈不挠的抗争精神和宁死不投降的英勇气概，使他成为墨西哥印第安人的骄傲和民族英雄。今天墨西哥不少地方和人都用他的名字命名，他的塑像在墨西哥随处可见，最有名的雕像是位于墨西哥城改革大道的雕像，雕像建于1887年，高4.93米，重4.2吨，是墨西哥城重要的标志性建筑。

## 奎奎尔卡文化遗址

### 奎奎尔科（Cuicuilco）古城遗址

奎奎尔科古城遗址位于墨西哥城特拉尔潘（Tlalpan）大区，离索奇米尔科（Xochimilco）湖4千米，年代约为前800—公元250年。古城面积约4平方千米，具备现代城市功能，有祭祀建筑、民居、广场、街道和给排水系统，人口约2万人，是迄今为止在墨西哥山谷发现的最早的印第安古城，也是高原中美洲最大的古城。“奎奎尔科”在纳瓦语中意为“有歌舞的地方”。300年前后西特莱火山爆发，古城被火山熔岩覆盖，奎奎尔科人被迫迁去墨西哥山谷其他地区，部分人迁往特奥蒂瓦坎城。遗址现存8座民居，以及祭祀建筑和供水系统，出土文物包括祭石、陶器等。奎奎尔科人信奉高原中美洲第一位火神——韦韦特奥特（Huehuetéotl）火神。

奎奎尔科古城遗址

# 第2章 墨西哥州

Estado de México

特奥蒂瓦坎武士

## 墨西哥州（Estado de México）

墨西哥州位于墨西哥中部，北、东、西三面毗邻墨西哥城，南接莫雷洛斯州，面积22352平方千米，原住民先后有特奥蒂瓦坎人、托尔特卡人、奥托米人、马萨瓦人和马特拉钦卡人，“马特拉钦卡人”是阿兹台克人对他们的称谓，在纳瓦语中意为“会织网的人”。墨西哥州是特奥蒂瓦坎文化、阿兹台克文化、托尔特卡文化等印第安文化的发祥地，古文化遗址遍布各地，其中的特奥蒂瓦坎古城遗址以太阳金字塔和月亮金字塔闻名天下。墨西哥州自然资源丰富，境内的大山、火山、山谷、水库、森林和湖泊适合人们进行野外和极限运动。墨西哥州有多个市镇被墨西哥旅游部列为魔幻小镇，是墨西哥魔幻小镇最多的州之一。这些小城镇或历史悠久，或风光旖旎，是不可多得的旅游胜地。

### 托卢卡（Toluca）市

托卢卡市是墨西哥州州府，位于托卢卡山谷，海拔2639米，莱尔马（Lerma）河流经此地。托卢卡市群山环绕，四季如春，是墨西哥工业重镇之一。原住民有马特拉钦卡人、奥托米人、马萨瓦人、马利纳尔卡人和奥奎尔特科人。托卢卡市文化设施齐全，有超过10个图书馆、博物馆和文化中心，老教堂有卡门圣母教堂、托卢卡大教堂、施恩圣母教堂等。

卡门圣母教堂

## 阿尔科·德·西蒂奥水渠（Acueducto de Arco de Sitio）

阿尔科·德·西蒂奥水渠

阿尔科·德·西蒂奥水渠位于特波措特兰（Tepotzotlán）市，“阿尔科”在西班牙语中意为“拱门”，“西蒂奥”在西班牙语中意为“包围”，1864—1867年的法国傀儡皇帝费尔南多·马克西米利亚诺在逃向北方途中曾在此地附近的一个庄园被墨西哥军队包围，此地因此得名。为从奥罗（Oro）河引水到哈尔帕（Xalpa）庄园和附近地区，1760年，圣地亚哥·卡斯塔尼奥神父带领众修士建造水渠，后因墨西哥驱逐西班牙传教士而停工。100年后，哈尔帕庄园主曼努埃尔·罗梅罗伯爵出资续建，1854年建成，水渠因此亦称哈尔帕水渠。水渠长428米，有43个拱门，最深拱门高61米，建筑石块用石灰、沙、仙人掌磨浆混成的黏土黏合。水渠区现为生态公园，可露营、爬山、登吊桥和攀岩。

## 圣马丁·金字塔（San Martín de las Pirámides）市

圣马丁·金字塔市原为特奥蒂瓦坎人的内特奥蒂洛杨（Neteotiloyan）古城，内特奥蒂洛杨在纳瓦语中意为“崇拜之地”。该市盛产黑曜石（Obsidiana），是墨西哥最大的黑曜石产区。黑曜石亦称黑曜岩、十胜石或龙晶，是火山熔岩快速冷却凝结后形成的天然玻璃，富含二氧化硅和铝元素，有人称之为“火山石”。考古发现，早在1万多年前，古印第安人就用黑曜石制作各种生产工具和工艺品。特奥蒂瓦坎人和后来的托尔特卡人开始大量开采黑曜石，并把黑曜石制成的成品销售到墨西哥和中部美洲其他地区。阿兹台克人延续了开采和使用黑曜石的传统，贵族、武士、祭司会佩戴黑曜石项链、耳饰、唇饰等，阿兹台克人还用黑曜石做成骨灰罐和各种雕像。

圣马丁·金字塔市的中心公园

圣马丁·金字塔市有不少黑曜石加工场，生产和出售各种黑曜石工艺品。该市中心有一尊印第安人雕像，他手持的仙人掌代表友谊，掌叶的7个仙人掌果代表该市的7个镇，手持的玉米棒代表土地肥沃，手持的箭代表丰收。该市的老教堂有圣马丁·图尔主教教堂、痛苦耶稣教堂、圣地亚哥使徒教堂和特松帕教堂。

## 维亚·德尔·卡尔翁（Villa del Carbón）市

“维亚·德尔·卡尔翁”在西班牙语中意为“木炭村”，因过去当地人以烧木炭为生而得名。该市经济以皮具产业和旅游业为主，老城中心的伊达尔戈广场树木成荫，露天剧场常有文艺演出；奥非之家（Casa del Recuerdo de Ofe）展馆介绍当地历史文化；弗朗西亚石山圣母教堂有一尊18世纪从西班牙萨拉曼卡运来的黑色圣母雕像，是当地人供奉的保护神。郊外的布法山（La Bufa）海拔3600米，适合登山和攀岩。布法山附近有莫林尼多斯（Molinitos）水库、亚诺（Llano）水库和塔西迈（Taxhimay）水库，在库区可钓鳟鱼（Trucha）、划船和露营。西班牙阿拉贡人把猪小肚称为“布法”，他们把山顶像猪小肚那样突兀的圆石块的山都称作布法山，因此墨西哥不少地方有布法山。

布法山

## 特莫阿亚（Temoaya）市

特莫阿亚市原住民是奥托米人，他们至今保留着龙舌兰纤维编织工艺。全市有数百家纺织作坊，手工编织印第安传统图案的布袋（ayate）、腰带（faja）、披风（sarape）和女上衣（chincuete）等。老建筑有布埃纳维斯塔庄园、帕特（Pathé）庄园教堂、科尔德罗农庄、月亮农庄、莱尔马河大桥和波菲里奥·迪亚斯大桥。奥托米文化遗址希基皮尔科·埃尔别霍（Jiquipilco El Viejo）有古神庙及出土的箭头、容器等。奥托米典礼中心（Centro Ceremonial Otomí）建于1980年，占地面积50公顷，海拔3200米，是奥托米人祭天和祭诸神的地方。每年3月18日，奥托米人在典礼中心祭拜他们的第五个太阳。

奥托米典礼中心

## 阿科尔曼（Acolman）市

圣奥古斯丁教堂

圣马特奥·奇皮尔特佩克生态区

特佩斯潘史前历史博物馆

阿科尔曼市是一座历史古城，建于1560年的圣奥古斯丁教堂被墨西哥政府列为国家历史遗产。圣马特奥·奇皮尔特佩克（San Mateo Chipiltepec）生态区游乐设施完备，可野营、爬山和骑山地车。特佩斯潘史前历史博物馆（Museo Prehistórico de Tepexpan）藏有墨西哥盆地出土的古生物学和石器时代的文物，包括1947年出土的一个约1万年前的古印第安人头盖骨，因其在特佩斯潘镇出土，被命名为特佩斯潘人头盖（Hombre de Tepexpan）。友谊谷生态公园位于帕特拉奇克山脉（Sierra Patlachique）国家公园内，娱乐设施齐备，有足球场、自行车道、滑索、棕榈叶屋、烧烤区、游泳池、水上乐园和野营区。圣安东尼奥庄园建于19世纪，是墨西哥保留最完好的庄园之一。

## 特奥蒂瓦坎文化遗址

### 特奥蒂瓦坎（Teotihuacán）古城遗址

太阳金字塔

特奥蒂瓦坎古城始建于100年前后，600年前后人口超过10万。700—800年，古城被弃，特奥蒂瓦坎文化从此消失。“特奥蒂瓦坎”是阿兹台克人对古城的称谓，在纳瓦语中意为“诸神之城”。古城面积2.64平方千米，宫殿、金字塔、神庙和民居等沿亡人大道而建，亡人大道呈南北走向，长2.5千米，宽40米，当年西班牙人以为金字塔是陵墓，便称通向金字塔的大道为亡人大道。古城主建筑有太阳金字塔、月亮金字塔、羽蛇神金字塔、亚亚瓦拉（Yayahuala）宫殿、萨夸拉（Zacuala）宫殿以及四处民居群，即特蒂特拉（Tetitla）、阿特特尔科（Atetelco）、特潘蒂特拉（Tepantitla）和拉文蒂亚（La Ventilla）。太阳金字塔位于亡人大道东侧，建于2世纪，是古城最大的建筑。太阳金字塔为梯形结构，坐东朝西，塔基东西宽225米，南北长222米，塔高66米，共5层。塔正面有数百级台阶直达顶端，塔顶曾建有太阳神庙，现已毁没。金字塔用250万吨泥土和砂石堆成，台阶用石板砌成，石板上雕刻着各种图案。1971年考古发现，塔西面有地下通道连接金字塔中心的大洞穴，洞穴有石水管组成的排水系统。月亮金字塔位于亡人大道北端，建于4世纪，塔基长150米，宽120米，塔高46米，共4层。月亮金字塔用100万吨泥土和砂石堆成，规模虽小，但建造精美，200多级台阶每级倾斜角度皆不相同，是祭祀农业女神的祭坛。羽蛇神金字塔在亡人大道西面，为方形结构，建于2世纪，周边有13座神庙和宫殿，其建筑群位于羽蛇神金字塔广场，广场呈四方形，长宽各400米，塔顶是祭祀羽蛇神祭坛，现已毁没。1987年特奥蒂瓦坎古城遗址被联合国教科文组织列为世界文化遗产。

## 魔幻小镇

### 巴列·德·布拉沃（Valle de Bravo）市

巴列·德·布拉沃市原为马特拉钦卡人的特马斯卡尔特佩克（Temazcaltepec）古城，“特马斯卡尔特佩克”在纳瓦语中意为“有蒸汽浴池的山头”。近郊的布拉沃水库，又称米格尔·阿莱曼水库，于1947年在巴尔萨斯（Balsas）河筑坝而成，面积21.1平方千米，深40米，可乘游船环游或划艇、骑水上摩托、滑水和钓鱼。市中心的三棵树广场有很多殖民时期建筑，其中的圣弗朗西斯科·德·阿西斯教堂有墨西哥名壁画家伊斯马埃尔·拉莫斯的壁画。市考古博物馆收藏了500多件马特拉钦卡人的文物，包括石像、浮雕、纺锤和容器。新娘面纱（Velo de Novia）生态园离市区15千米，生态园有落差40米的新娘面纱瀑布和磨坊（Molino）瀑布，这两个墨西哥州落差最大的瀑布形成于1.5亿年前，瀑布宏伟壮观，飞流直下，瀑布区树木繁盛，风景宜人。

新娘面纱瀑布

布拉沃水库

## 马利纳尔科（Malinalco）市

库奥廷昌古城遗址

库奥卡利神庙

马利纳尔科市原住民是马特拉钦卡人和阿兹台克人，古文化遗址有小魔鬼（Los Diablitos）史前岩画、红灰狼（El Coyotito Rojo）史前岩画、阿兹台克文化遗址库奥廷昌（Cuauhtinchan）古城遗址等。老建筑有查尔马耶稣教堂（查尔马是镇名）、圣萨尔瓦多教堂、路易斯·马里奥·斯切内德尔博士大学博物馆。库奥廷昌古城坐落在特斯卡尔特佩克（Texcaltepec）山上，建于15世纪，原为阿兹台克人的祭祀中心，主建筑为库奥卡利（Cuauhcalli）神庙，神庙由一块巨石雕琢而成，是墨西哥独一无二的独石神庙。

马利纳尔科市最早原住民是马利纳尔卡人，马利纳尔卡人称谓源自阿兹台克人的马利纳尔索奇特（Malinalxochitl）女神的名字，马利纳尔索奇特女神是维兹洛波茨特利战神的妹妹，她是巫神和占卜神。马利纳尔卡人建的最大古城是650年前后建的库奥廷昌古城，后来被阿兹台克人占领。“库奥廷昌”在纳瓦语中意为“坚强勇敢的人住的地方”，源自后来住在古城的阿兹台克鹰和美洲豹武士，这些武士负责收取南部印第安人的进贡并运到特诺茨蒂特兰城。

## 伊斯塔潘·德·拉·萨尔（Ixtapan de la Sal）市

星星溶洞

伊斯塔潘·德·拉·萨尔市温泉

伊斯塔潘·德·拉·萨尔市以温泉出名，原住民是马特拉钦卡人，女猎人戴安娜喷泉是城市的标志性建筑之一，老教堂有升天圣母教堂等。星星溶洞（Gruta de la Estrella）位于市郊，溶洞经千万年滴水形成，矿物盐和碳酸氢盐沉淀成造型各异的钟乳石和石笋。穿过小路，踏过450级台阶进入溶洞，可看到形似大象、飞鹰、油灯和十字架等的奇石。近郊的伊斯塔潘水上公园可泡温泉、游泳和泛舟。

## 魔幻小镇

### 梅特佩克（Metepec）市

梅特佩克市

梅特佩克市原住民马特拉钦卡人以种植玉米、辣椒、大豆和南瓜等农作物和打猎捕鱼为生。梅特佩克市以精湛制陶工艺出名，有数百个家庭式陶器作坊，产品远销墨西哥各地。“梅特佩克”在纳瓦语中意为“在龙舌兰山上”。老教堂有圣胡安·包蒂斯塔教堂和耶稣受难教堂。

### 圣胡安·特奥蒂瓦坎（San Juan Teotihuacán）镇

无玷始胎圣母教堂

圣胡安·特奥蒂瓦坎镇是特奥蒂瓦坎市政府所在镇，因邻近特奥蒂瓦坎古城而得名，老教堂有救世主耶稣教堂和无玷始胎圣母教堂。每年6月24日的圣胡安·包蒂斯塔节是印第安人祭祀特拉洛克雨神的日子。该镇的仙人掌植物园囊括当地所有植物，包括仙人球、仙人掌、野黑樱、油梨、无花果、柠檬、杏树、李子树、樱桃、芦荟、龙舌兰和刺菜。

## 特奥蒂瓦坎文化遗址

### 圣塞西莉亚·阿卡蒂特兰（Santa Cecilia Acatitlán）古城遗址

阿卡蒂特兰金字塔

圣塞西莉亚·阿卡蒂特兰古城遗址位于特拉尔内潘特拉·德·巴斯（Tlalnepantla de Baz）市，“阿卡蒂特兰”在纳瓦语中意为“芦苇荡”。古城存于100—800年，主建筑是阿卡蒂特兰金字塔，金字塔长17米，宽27米，高8米，顶部是祭坛。

## 魔幻小镇

### 埃尔奥罗（El Oro）市

“埃尔奥罗”在西班牙语中意为“金子”，埃尔奥罗市因17—19世纪末盛产金而得名，老建筑有华雷斯剧院、市政大楼和老火车站。市矿博物馆展出当年的金矿设备和金矿石样品。近郊的布罗克曼（Brockman）水库宛如一面大镜子，周围是郁郁葱葱的雪松，可野营、爬山和垂钓。埃尔奥罗市的另一景观是莫戈特（Mogote）瀑布。

埃尔奥罗市市政大楼

前圣弗朗西斯科·哈维尔修道院

### 特波措特兰（Tepotzotlán）镇

特波措特兰镇是特波措特兰市市政府所在地，原住民是奥托米人。前圣弗朗西斯科·哈维尔修道院是楚利盖拉建筑风格，始建于1670年，1760年建成，现为西班牙殖民时期国家博物馆，是墨西哥第二大历史博物馆，藏品包括墨西哥著名画家克里斯托瓦尔·德·维亚尔潘多和米格尔·马特奥·马尔多纳多，以及比利时画家马丁·德·博斯的作品，1993年博物馆被墨西哥政府列为国家历史遗产。索奇特拉（Xochitla）生态公园离镇3千米，原为拉雷苏雷西翁（La Resurrección）庄园，占地面积70公顷，有7000多种植物。

埃赫卡特·克察尔科亚特风和羽蛇神神庙

## 马特拉钦卡文化遗址

### 卡利斯特拉瓦卡（Calixtlahuaca）古城遗址

卡利斯特拉瓦卡古城遗址位于特马斯卡尔特佩克（Temazcaltepec）市，“卡利斯特拉瓦卡”在纳瓦语中意为“平原上有房子的地方”。古城始建年代不详，原住民先后分别是特奥蒂瓦坎人、托尔特卡人和马特拉钦卡人。马特拉钦卡人在古城的居住时间为1116—1521年。1476年他们被阿兹台克人打败后被迫称臣进贡。古城现存建筑有埃赫卡特·克察尔科亚特风和羽蛇神神庙、特拉洛克雨神神庙和松潘特利（Zompantli）祭台。

马特拉钦卡文化年代约为600—1521年，分布在米却肯州和墨西哥州。马特拉钦卡人的祖先可能是特奥蒂瓦坎人。他们自称波图纳人（botuná）、宁坦巴瓦蒂人（nintambati）或内普因塔塔维人（nepynthathahui），在马特拉钦卡语中分别意为“说自己语言的人”“在山谷中的人”和“在玉米地的人”。马特拉钦卡人从事农业，种植玉米、豆类、仙人掌和灯芯草等。马特拉钦卡人很会编织，用龙舌兰等植物的纤维编织各种各样的网，包括套头用网、收庄稼用网、打猎投石器用网（honda）等。马特拉钦卡人信奉诸神和主神托洛钦火神和太阳神（Tolotzin），民间医师用传统方法治病，比如眼疾、惊厥等。墨西哥州特马斯卡尔特佩克市的奥斯托蒂尔潘（Oxtotilpan）镇是现在马特拉钦卡人最大的集居地。马特拉钦卡语属奥托–曼格语系，现在只有岁数大的马特拉钦卡人会说本民族语言，年轻人只会西班牙语。跟马特拉钦卡语一样，墨西哥很多印第安语也在逐渐消失。为保持各印第安民族语言，墨西哥要投入更多人力物力实行双语教育。马特拉钦卡人是阿兹台克人的宿敌，15世纪末曾跟阿兹台克人发生过战争，也曾帮西班牙远征军攻打阿兹台克人的特诺茨蒂特兰城。

马特拉钦卡人的编织网

## 特奥特南卡文化遗址

### 特奥特南戈（Teotenango）古城遗址

特奥特南戈古城遗址

美洲豹石雕

竖沟装饰纹示意

特奥特南戈古城遗址位于特南戈·德尔·巴耶（Tenango del Valle）市。700年前后，随着特奥蒂瓦坎文化没落，奥托米人的其中一个部落（即后来被阿兹台克人称作特奥特南卡人）来到托卢卡山谷，在离托卢卡市20千米处建了特奥特南戈城。1162年古城被马特拉钦卡人占领，1474年古城被阿兹台克人占领。由此推算特奥特南卡文化年代约为700—1162年。特奥特南戈古城兴盛时期是阿兹台克人占领之后，面积达2平方千米，有40多处建筑群，包括祭坛、球场、浴池、民居和城墙。

“特奥特南戈”在纳瓦语中意为“有圣墙的地方”。古城特征是城墙装饰有竖沟装饰纹，图纹下方是代表特奥特太阳神（Teotl）太阳，上方是墙头有齿状雉堞的城墙，这在多个古抄本都有记载。现存大祭坛墙上突出一块岩石，岩石上雕刻着一只美洲豹，豹脖子套着链子，张嘴吃着太阳；豹两旁刻着代表时间的两只兔子和九座房子。美洲豹嘴里含着的太阳代表阿兹台克人的第四个太阳没落，兔子和房子代表克察尔科亚特羽蛇神创造的第五个太阳世纪开始。遗址的罗曼·佩尼亚·灿（Román Piña Chan）考古博物馆于1975年建成。佩尼亚曾主持遗址发掘工作。该博物馆收藏了上千件出土文物，包括陶器、石像、黑曜石制品等。

## 魔幻小镇

### 阿库尔科（Aculco）市

阿库尔科市海拔2440米，该市群山环抱，街道宽阔，殖民时期建筑随处可见，郊外多石山和瀑布，老建筑有米格尔·伊达尔戈故居等。两处泉水汇成河流经市区，是城市主要水源，1882年在河上游建了一座公共洗衣场（Lavadero），妇女们常在此结伴洗衣，是城市的一道风景线。圣赫罗尼莫教堂建于1540年，藏有一口大钟和米格尔·马特奥·马尔多纳多画的《最后的晚餐》。康塞普西翁（La Concepción）瀑布和蒂西奴（Tixhiñú）瀑布从水库流出，在峡谷石中形成瀑布群，瀑布区可绳降和登山。康塞普西

公共洗衣场

圣赫罗尼莫教堂

翁瀑布离市区10千米，落差25米。蒂西奴瀑布离市区7千米，落差15米。老教堂还有嫩特耶稣（Señor Nenthé）教堂，“嫩特”在奥托米语中意为“靠近水的地方”。传说嫩特耶稣教堂失火，人们怕教堂的耶稣像被烧毁，大火后人们在教堂的一棵圣栎树下找到耶稣像，由于树下有泉水，耶稣像完好无缺。从此，人们把耶稣奉为水神，每逢干旱，人们就抬着圣像上街求雨。为把纳多水库的水引到6千米外的尼亚多（Ñadó）庄园，1914年修建了尼亚多庄园水渠，水渠现仍在使用，尼亚多庄园水渠被墨西哥政府列为国家历史遗产。尼亚多石山（Peña de Ñadó）离市区5千米，海拔3220 米，为新生代火成岩山，山顶一块巨石突兀而起，高大挺拔，山周围10千米范围内都是树林，适合登山。

## 阿兹台克文化遗址

### 特纳尤卡（Tenayuca）古城遗址

特纳尤卡古城遗址位于特拉尔内潘特拉·德·巴斯市的圣巴尔托洛·特纳尤卡（San Bartolo Tenayuca）镇。古城由从北方来的奇奇梅卡人建于1250年前后，14世纪被阿兹台克人占领，主建筑大神庙是阿兹台克人供奉特拉洛克雨神和维兹洛波茨特利战神的地方。大神庙是墨西哥中部保存最完好的神庙，底部有138个雕刻精美、栩栩如生的蛇石雕。

大神庙

蛇石雕

## 托卢卡雪山（Nevado de Toluca）

托卢卡雪山也称奇克瑙特卡特（Chicnauhtécatl）雪山，最高峰是修士山峰（Pico del Fraile），海拔4680米，是墨西哥第四高山峰。托卢卡雪山是一座死火山，被当地印第安人称作西南特卡特（Xinantécatl）火山。火山口形成两个椭圆形湖，大的叫太阳湖，小的叫月亮湖。雪山多圣栎树和松树，高处植物是地衣，山顶终年积雪，适合登山。

托卢卡雪山

## 托尔特卡文化遗址

### 特拉尔皮萨瓦克（Tlalpizáhuac）古城遗址

特拉尔皮萨瓦克古城遗址位于伊斯塔帕卢卡（Ixtapaluca）市，古城由托尔特卡人所建，时间为650—1200年，鼎盛时期为900—1200年，“特拉尔皮萨瓦克”在纳瓦语中意为“狭窄之地”。古城原有20多个建筑群，包括祭台、民居和浴室。50多座古墓的陪葬品证明托尔特卡人会用石头、陶土、动物骨头、贝壳、玉石和黑曜石等各种材料制作生活和生产用具，这些用品包括灰浆批荡铲、石斧、石刀、骨针、骨锥和陶罐等。托尔特卡人的农作物包括玉米、南瓜、大豆、山楂、仙人球和仙人掌。

特拉尔皮萨瓦克古城遗址

## 帝王蝴蝶谷（Santuarios de la Mariposa Monarca）

帝王蝶学名黑脉金斑蝶，是北美洲最常见的蝴蝶和地球上唯一的迁徙性蝴蝶，主要分布在美国北部和加拿大南部。帝王蝶是嗅觉最灵敏的动物之一，雄帝王蝶在10多千米外就能嗅到雌帝王蝶身上的气味。帝王蝶是一种色彩斑斓、身体硕大的蝴蝶，张开两翅宽达10多厘米，金黄色双翼上布满黑色的条纹，边缘处绕着一圈珍珠大小的白色斑纹。翅膀的背面呈银白色，也间有黑色线条。帝王蝶以优美的体形、图画般的色彩，被称为

帝王蝶

"蝴蝶中的佼佼者"。每年10月起，千万只帝王蝶从美国和加拿大南飞约5000千米，到墨西哥中部林区越冬和繁殖。次年3月，新生代蝴蝶飞回北美洲的栖息地，完成迁徙周期。它们在北方住不了多久就又再次出发，长途飞回墨西哥。帝王蝶只有9个月寿命，至少有5个月飞行在漫漫旅途，没有一只帝王蝶能完成往返旅程，迁徙过程经历两代生与死。70%的帝王蝶栖息地在米却肯州，30%的在墨西哥州。为保护帝王蝶，1980年墨西哥政府在帝王蝶最集中的栖息地划出由5个保护区组成的总面积160平方千米的生态保护区，2001年生态保护区面积扩大至562平方千米。这片海拔3200多米、温暖如春的崇山峻岭是帝王蝶最集中的保护区，是墨西哥一道独特自然景观。生态保护区开辟了10多个蝴蝶谷景区，这些景区分别位于米却肯州和墨西哥州，规模大小不一，最大的是米却肯州的钦瓜山脉蝴蝶谷景区和埃尔罗萨里奥蝴蝶谷景区。帝王蝶成群集结在松树林深处的枝干或枝头，密密麻麻，一团团，一片片，与树林混为一体，蔚为壮观。天气暖和时，蝴蝶四周飞舞，为数众多、遮天蔽日，人们甚至能清晰地听到蝴蝶扇动翅膀时发出的声音。

## 埃尔卡布林蝴蝶谷（Santuario El Capulín）

埃尔卡布林蝴蝶谷位于多纳托·格拉（Donato Guerra）市的埃尔卡布林村，坐落在离镇4千米的佩隆（Pelón）山。蝴蝶谷海拔2400米，深藏在松林中。游客可驾车到佩隆山下的埃尔卡布林村，然后徒步上蝴蝶谷景区。

埃尔卡布林蝴蝶谷

## 拉梅萨蝴蝶谷（Santuario La Mesa）

拉梅萨蝴蝶谷位于圣何塞·德尔·林孔（San José del Rincón）市的拉梅萨村社，坐落在海拔3100米的坎帕纳里奥（Campanario）山。蝴蝶谷树木繁盛，松树、桉树、白蜡树和杨树漫山遍野。野生动物有犰狳、松鼠、田鼠、鹌鹑、斑鸠和野鸭等，谷内有很多帝王蝶。当地的马萨瓦人称帝王蝶为“太阳的女儿”。

拉梅萨蝴蝶谷

## 彼德拉·埃拉达蝴蝶谷（Santuario Piedra Herrada）

彼德拉·埃拉达蝴蝶谷位于特马斯卡尔特佩克市的圣马特奥·阿尔莫莫洛亚（San Mateo Almomoloa）镇，坐落在海拔3000米的托卢卡雪山山麓。从入口处步行上山，40分钟就可到达观景地。彼德拉·埃拉达蝴蝶谷是唯一不在帝王蝶生态保护区的蝴蝶谷。

彼德拉·埃拉达蝴蝶谷

# 第3章 索诺拉州

Estado de Sonora

## 索诺拉州（Estado de Sonora）

亚基人

索诺拉州西临加利福尼亚湾，北邻美国亚利桑那州和新墨西哥州，西北隔科罗拉多河与加利福尼亚半岛分开，面积179355平方千米，是墨西哥第二大州，原住民先后有亚基人、皮马人、塞里人、帕帕戈人、瓜伊马人和瓜里希奥人。独特的地理条件造就了索诺拉州丰富多样的生态环境，其漫长海岸线上有许多风景秀美的自然景观，包括米拉马尔（Miramar）海滩、基诺（Kino）湾和佩尼亚斯科（Peñasco）港。皮纳卡特生态保护区的大型陨石坑和火山适合登山等探险活动，保护区有仙人掌等多种沙漠植物以及野狼、野兔、狐狸、美洲豹等多种野生动物。

## 埃莫西约（Hermosillo）市

升天圣母大教堂

索诺拉州博物馆

钟山

埃莫西约市原是1700年西班牙神父阿达莫·希尔和皮马部落首领佩德罗·巴里夸带领皮马人在索罗拉河和圣米格尔河的交汇处建的定居点，原称圣特立尼达·德尔·皮蒂克（Santísima Trinidad del Pitic），1828年以墨西哥独立运动领袖何塞·玛利亚·冈萨雷斯·德·埃莫西约的名字命名，原住民有皮马人、亚基人和塞里人，现为索诺拉州州府。埃莫西约市海拔237米，盛产水果、小麦、棉花、玉米和牲畜，气候宜人，老建筑有升天圣母大教堂、市政大楼、原为州监狱的索诺拉州博物馆等，登上市内的钟山（La Campana），可远眺城市风貌。

## 魔幻小镇

### 阿拉莫斯（Álamos）市

无玷始胎圣母教堂

市政大楼

1830年以前阿拉莫斯市一直是墨西哥西部州州府，后来西部州分为索诺拉州和锡那罗亚州两个州，"阿拉莫斯"在西班牙语中意为"白杨树"，因当地多白杨树而得名，17世纪末阿拉莫斯市发现银矿后发展迅速，19世纪银矿资源枯竭，经济衰退，人口流失。1948年，当地富商威廉·莱万特·阿尔贡等人投资修复老城，阿拉莫斯市成为新兴旅游城市，其殖民时期的建筑、花木繁盛的庭院和狭窄的石头小路让人流连忘返。无玷始胎圣母教堂建于17世纪末，为巴洛克式石建筑，钟楼高32米，是城市的标志性建筑之一。市政大楼建于1899年，为仿西班牙中世纪城堡砖石建筑，被墨西哥政府列为国家历史遗产。

## 瓜伊马斯（Guaymas）市

瓜伊马斯市西临加利福尼亚湾，1617年建市，原是西班牙传教士为印第安亚基人设的教区。三总统广场（Plaza de los Tres Presidentes）为纪念出生在瓜市的三位前墨西哥总统（阿道夫·德·拉·韦尔塔、普鲁塔尔科·埃利亚斯·卡耶斯和阿韦拉尔多·卢汉·罗德里格斯）而建。老教堂有建于1701年的圣费尔南多教堂、耶稣圣心教堂和圣赫尔曼教堂。珍珠市场（Granja de Perlas）出售的加利福尼亚湾天然珍珠表面光滑，色彩多样，有银灰色、浅灰色、金色、铜色、橄榄绿色、紫红色、紫色、黑色、玫瑰色和紫色等，被视为墨西哥珍宝。

瓜伊马斯市

## 圣卡洛斯（Comisaría San Carlos）区

圣卡洛斯区属瓜伊马斯市，坐落在加利福尼亚湾海岸，离市区15千米，以多山和海滩出名，原住民是亚基人、塞里人和瓜伊马人。圣卡洛斯区属自然保护区，有600多种动物和植物，每年11月—次年3月，灰鲸（ballena gris）成群结队汇集于沿海地区，蔚为壮观。圣卡洛斯区是墨西哥最大的湿地之一，由于火山地貌，地多为黑土。自然景观有：

棉花（los Algodones）海滩因白浪酷似团团棉花而得名。海滩水温适中，可深潜、垂钓、骑水上摩托、浮潜和玩帆板。

圣弗朗西斯科（San Francisco）海滩是圣卡洛斯区最大的海滩，可浮潜和划艇。

彼德拉斯·平塔斯（Piedras Pintas）海滩可野营、深潜、浮潜等。“彼德拉斯·平塔斯”在西班牙语中意为“色彩斑斓的石头”。

圣佩德罗·诺拉斯科（San Pedro Nolasco）岛栖息着数百只海豹，每年还有成千上万只候鸟在岛上过冬。

索尔达多湿地（Estero del Soldado）占地面积达778公顷，由沙丘和灌木林组成。

特塔卡维（Tetakawi）山离圣卡洛斯区政府所在的圣卡洛斯镇不远，是一座海拔200米的死火山，游客可登顶俯瞰海滩和群山。

魔鬼峡谷（Cajón del Diablo）位于埃莫西约市和瓜伊马斯市之间，适合峡谷探险。

纳卡普莱峡谷（Cañón del Nacapule）离圣卡洛斯镇6千米，有100多种植物和100多种动物，可峡谷探险。

阿拉克兰峡谷（Cañón del Alacrán）位于纳卡普莱峡谷附近，风景秀丽，可峡谷探险。

巴拉希塔斯峡谷（Cañón de las Barajitas）离圣卡洛斯镇19千米，属半沙漠地貌。

仙人掌生态区（Reserva de Sahuara）位于瓜伊马斯市的圣何塞镇，占地面积达18.3公顷，有几十种仙人掌树，有的高达8米多，不少树龄已有500多年。

棉花海滩

圣弗朗西斯科海滩

平塔达峡谷（Cañón de la Pintada）有公路直通瓜伊马斯市，沿途可见史前岩画。

喜马拉雅（Himalaya）海滩可深潜和浮潜。

罗宾逊峡谷（Cañón de Robinson）是沙漠中的绿洲，可作探险游。

## 埃尔皮纳卡特和阿尔塔尔大沙漠生态保护区

（Reserva de la Biosfera El Pinacate y Gran Desierto de Altar）

盾形火山

埃尔皮纳卡特和阿尔塔尔大沙漠生态保护区位于横跨墨西哥和美国边界的索诺拉沙漠，面积7146平方千米，圣克拉拉火山（Santa Clara）群就在保护区内。生态保护区有540多种植物、40多种哺乳动物、200多种鸟类和40多种爬行动物。生态保护区还有多种两栖动物和淡水鱼，以及叉角羚羊、野山羊、希拉毒蜥、沙漠龟等濒危动物，2013年该生态保护区被联合国教科文组织列入世界自然遗产。

生态保护区的火山群零星喷发期达400万年之久，最后一次喷发是在1.1万年前。岩浆和火山灰形成很多山峰、火山口和火山湖，最高山峰为海拔1190米的皮纳卡特山，“皮纳卡特”在纳瓦语中意为“屎壳郎”，这座火山又叫圣克拉拉火山。阿尔塔尔大沙漠有墨西哥最大的沙丘地带，有的沙丘高达100多米，由于是活动沙丘，风不时改变沙丘形状和高度，晨曦中，沙丘泛白光，阳光照射一段时间后又变为金色或红色。被风不断改变形状和被阳光不断改变颜色的沙丘构成一道道亮丽的风景线。独特的火山群、仙人掌和沙丘使生态保护区成为墨西哥最理想的生态探险游之地。因地貌环境酷似月球，20世纪60年代美国登月宇航员曾在此训练。

## 魔幻小镇

### 玛格达莱娜·德·基诺（Magdalena de Kino）市

圣母山

玛格达莱娜·德·基诺市的原住民是皮马人和帕帕戈人，原为意大利传教士弗朗西斯科·基诺神父于17世纪末率众修建的定居点，基诺市以基诺神父的名字命名，市内的圣母山山顶岩石雕有圣母像。其他古建筑有米格尔·拉兹（Miguel Latz）故居、圣弗朗西斯科·哈维尔教堂、圣玛利亚·玛格达莱娜教堂、市政大楼和基诺神父墓。

# 第4章 科阿韦拉州

Estado de Coahuila

## 科阿韦拉州（Estado de Coahuila）

伊格纳西奥·萨拉戈萨将军

科阿韦拉州位于墨西哥北部，北临美国得克萨斯州，面积151595平方千米，是墨西哥第三大州。科阿韦拉州全称科阿韦拉·德·萨拉戈萨州，“科阿韦拉”是印第安人对当地的称呼，在印第安语中意为“有树或有蛇的地方”，“萨拉戈萨”则为纪念墨西哥民族英雄伊格纳西奥·萨拉戈萨将军。1862年5月5日，萨拉戈萨率领的墨西哥军队完胜入侵的法国军队，即普埃布拉战役的胜利。科阿韦拉州气候干燥，河流稀少，但农林业发达，主要种植棉花、玉米、葡萄等，以葡萄酒酿造出名。科阿韦拉州具生物多样性，自然景观丰富，是理想的旅游之地。居住在该州的印第安人有从美国迁移来的基卡普人，以及从墨西哥南部迁居来的马萨瓦人、米斯特卡人和马萨特卡人。

## 萨尔蒂略（Saltillo）市

萨尔蒂略市是科阿韦拉州州府，位于东马德雷山脉，海拔1609米，冬干夏凉，气候宜人，1575年建市，主要经济来源有纺织、食品加工、农业机械和矿业。圣地亚哥教堂建于1745年，收藏有几十幅殖民时期的油画和雕塑；州府大楼建于1808年，内有州历史博物馆。墨西哥的一半国土是沙漠，沙漠是第二大生态系统，市沙漠博物馆专

圣地亚哥教堂

州府大楼

门介绍墨西哥的沙漠文化。林孔·科罗拉多古生物博物馆（Museo Paleontológico de Rincón Colorado）则展出在当地出土的恐龙化石，包括在墨西哥首次发现的伊绍里亚（Isauria）恐龙化石。

## 托雷翁（Torreón）市

珍珠隧道

小山之家

托雷翁市建于1907年，是墨西哥最年轻的城市之一。托雷翁市虽然建市历史短，但发展很快，几十年间就从建市初期小镇发展成百万人口城市，经济以农业、纺织业、冶金业和化学工业为主。位于市中心的珍珠隧道（Canal de la Perla）建于1893年，长1.2千米，石墙厚1米，原计划将纳萨斯（Nazas）河水引到珍珠庄园，后为排水渠，现为人行隧道。小山之家（Casa del Cerro）是乌尔弗（Wulff）家族私宅，建于1904年，房子古香古色，现为托雷翁市最大的历史博物馆。市中心的武器广场绿树成荫，凉亭、钟塔等建筑让人流连忘返。市郊的诺亚山得名于山上生长着名为诺亚的仙人掌（Cactus Noa），诺亚耶稣像坐落在诺亚山上，建于1973年，像高21.85米，是拉美地区第三大耶稣像，可乘缆车登顶。1906年康有为曾在托雷翁市投资房地产和开办银行，开创中国人在墨西哥投资的先河。

## 魔幻小镇

### 帕拉斯·德·拉·富恩特（Parras de la Fuente）市

帕拉斯·德·拉·富恩特市建于1598年，有墨西哥北部“沙漠绿洲”之称。该市有着悠久的葡萄种植和酿酒历史，老酒庄有里韦罗·冈萨雷斯（Casa Rivero González）酒庄、唐·莱奥（Don Leó）酒庄、佩罗特（Perote）酒庄和马德罗（Madero）酒庄等。马德罗酒庄是1597年西班牙国王费利佩二世恩准建的拉美地区第一个酒庄。圣马德罗教堂位于市郊的帽子（Sombreretillo）山山

圣马德罗教堂

顶，帽子山为死火山，从山顶可眺望帕市全景。教堂建于1868年，供奉据说当年耶稣背的十字架上的一块木片。印第安古迹有圣拉菲尔史前岩画（San Rafael de los Milagros）。

## 马德拉斯·德尔·卡门国家公园（Parque Nacional de Maderas del Carmen）

博基亚斯峡谷

马德拉斯·德尔·卡门国家公园位于奥坎波（Ocampo）市和穆斯基斯市之间，坐落在东马德雷山脉的卡门山一带，海拔400～3000米，面积2平方千米，北布拉沃（Bravo del Norte）河流经此地。公园有400多种鸟类和70多种野生动物，包括黑熊、皇家鹰、灰熊、游鹞、白尾蛇、美洲狮、野猪、长耳鹿、野火鸡、河狸和墨西哥狼等濒危动物。公园地貌多样，有沙漠、湿地、山丘和森林等。景观有圣埃莱娜·伊·奥坎波（Santa Elena y Ocampo）峡谷、博基亚斯（Boquillas）峡谷、魔鬼（Diablo）峡谷、半月（Media Luna）峡谷、马莱纳（Cuesta de Malena）山坡和马德拉斯·德尔·卡门森林等，适合漫步、野营、骑山地车、到废矿探险和看史前岩画。

## 洛斯诺维略斯国家公园（Parque Nacional Los Novillos）

洛斯诺维略斯国家公园

洛斯诺维略斯国家公园位于阿库尼亚（Acuña）市，毗邻东马德雷山脉，面积56公顷，是墨西哥北部沙漠和半沙漠地带少有的绿洲，“洛斯诺维略斯”在西班牙语中意为“小斗牛”。拉斯瓦卡斯（Las Vacas）溪流入公园，形成友谊水库和若干水潭，可供游客滑水、划艇和垂钓，特拉洛克沙滩立着特拉洛克雨神雕像。公园植被丰富，树木繁盛，有核桃树、圣栎树、柳树、白杨树和仙人掌等。公园的野生动物有灰狼、负鼠、狐狸、野兔、响尾蛇、沙漠龟和白翅鸽等。

## 夸特罗·谢内加斯山谷生态区（Reserva de la Biosfera Valle de Cuatro Ciénegas）

夸特罗·谢内加斯山谷生态区风景美丽，生态多样，地貌独特，“夸特罗·谢内

沙丘

蓝湖

加斯”在西班牙语中意为“四块沼泽地”。数百万年前这里是大海，地壳运动形成有500多个水潭、温泉和湖泊的一片大沼泽地。这里的水含微生物形成于约18亿年前，当时的地球还没有生命，空气中充满二氧化碳，没有生命需要的氧气。这些微生物活化石是研究地球生命起源和进化的稀缺资源。山谷保持着地球形成的初期原貌，其沙丘是墨西哥唯一的石膏矿沙丘。上亿万年的自然作用使山谷的湖泊和水潭呈五颜六色，深蓝、鲜绿、浅蓝等色彩看上去美不胜收。除划为保护区的蓝湖（Poza Azul）、龟（Tortuga）湖和小牛（Becerra）湖外，其他湖泊可潜水、游泳、浮潜和野营。

拉利马峡谷

## 拉利马峡谷（Cañón de La Lima）

拉利马峡谷位于帕拉斯·德·拉·富恩特市，峡谷满布悬崖峭壁，最高处有40多米，谷底小路蜿蜒曲折，穿越山谷须涉水攀爬，适合登山和探险游。

## 比尔瓦奥沙丘（Dunas de Bilbao）

比尔瓦奥沙丘位于别斯卡市，面积约10平方千米，是科阿韦拉州三大沙丘地带之一，这里空气清新，可见蓝天白沙和日出日落，可野营、滑沙和骑摩托。远古时代这里曾经是大海，后因地壳运动形成现在的沙丘地带，有的沙丘高达数米。由于风吹雨打，沙丘的高度和形状变化很快，生活在沙丘的动物有沙地变色蜥蜴、蛇、野鸡、灰狼和鹰。

比尔瓦奥沙丘

## 科阿韦拉州温泉（Baños Termales de Coahuila）

科阿韦拉州是有名的“温泉之乡”，有1000多处温泉，主要分布在坎德拉市等10多个市。泉水源源不断从地下涌出，形成大小不一的温泉，泉水富含硫元素。有名的温泉有坎德拉市的卡里西托斯（Carricitos）温泉、热眼（Ojo Caliente）温泉和拉斯拉希塔斯（Las Lajitas）温泉，以及拉莫斯·阿里斯佩（Ramos Arizpe）市的圣华金（San Joaquín）温泉。

拉斯拉希塔斯温泉

## 卡里萨尔溶洞（Grutas del Carrizal）

卡里萨尔溶洞

卡里萨尔溶洞位于坎德拉市的鹰（Águila）山，由两个溶洞组成，一个在山顶，沿楼梯可下至洞底；另一个在山下小溪旁。地下河流经溶洞形成若干水潭，洞内布满钟乳石和石笋，宛若仙境。

## 穆斯基斯瀑布公园（Parque La Cascada Múzquiz）

穆斯基斯瀑布公园位于梅尔乔尔·穆斯基斯市，从圣胡安矿流出的地下水流经公园，形成阶梯式瀑布和三个小湖，湖水湛蓝，可游泳。

穆斯基斯瀑布

埃尔富克山洞

## 埃尔富克山洞（Túnel El Fuque）

埃尔富克山洞位于帕拉斯·德·拉·富恩特市，游客要走500多米的崎岖山路才能到达洞口，这个山洞深受洞穴探险爱好者的青睐，一条地下河流经山洞，洞内没有照明，游客要有登山装备和向导方可进洞。

## 萨帕利纳梅山脉自然保护区（Área Natural Sierra de Zapalinamé）

萨帕利纳梅山脉

萨帕利纳梅山脉自然保护区位于东马德拉山脉，离萨尔蒂略市12千米，面积856平方千米，其地貌形成于中生代侏罗纪晚期至新生代第四纪时期，有沙漠、山区、深林、草地和河岸，有892种植物和鹰、游鹞、黑熊等584种动物。圣洛伦索（San Lorenzo）峡谷位于保护区，有多条峡谷探险线路，游客可野营、攀岩、登山、洞穴探险和绳降。

## 帕雷东沙漠（Desierto de Paredón）

帕雷东沙漠位于拉莫斯·阿里斯佩市，沙漠中的帕雷东镇是历史古镇，墨西哥城至科阿韦拉州黑石（Piedras Negras）市的铁路以及托雷翁市至蒙特雷市的铁路在帕雷东镇交会。作为重要的交通枢纽，帕雷东镇历来是兵家必争之地。1914年墨西哥农民起义领袖潘乔·维亚带领闻名遐迩的北方师（División del Norte）在这里进行了有名的帕雷东战役，打败了联邦政府军，一举扭转战局，奠定了墨西哥革命胜利的基础。后来，墨西哥重点发展公路建设，放弃铁路建设，帕雷东镇日渐败落，人口仅剩千余。沙漠的洼地、山地和怪石等形成了帕雷东沙漠独特的地貌，游客可摄影、骑山地车和作探险游。

帕雷东沙漠

蜡烛山

## 魔幻小镇

### 坎德拉（Candela）市

“坎德拉”在西班牙语中意为“蜡烛”，坎德拉市因市郊的蜡烛山得名，蜡烛山上有一酷似蜡烛的巨石，从山顶可俯瞰坎德拉市全貌。郊区的拉斯伊格拉斯（Las Higueras）水库可野营、骑马和骑摩托。老建筑有建于1694年的圣卡洛斯·博罗梅奥教堂、老火车站和市政大楼。

### 阿尔特亚加（Arteaga）市

圣伊西德罗教堂

阿尔特亚加雪山

阿尔特亚加市位于东马德拉山脉的阿尔特亚加山脉，树木繁盛，气候温和，冬季适合滑雪，夏季适合登山和骑山地车，被誉为“墨西哥的瑞士”，老教堂有建于19世纪的圣伊西德罗教堂，市内有雪山、峡谷、森林等。海拔3287米的阿尔特亚加雪山有度假村和娱乐设施，山下的沙丘地带可观看蜥蜴。蒙特雷亚尔滑雪场坐落在蒙特雷亚尔森林，是墨西哥唯一的滑雪场，有两个滑雪道，冬天被天然雪覆盖，夏天为人工雪道。拉卡尔沃内拉（La Carbonera）村位于拉卡尔沃内拉山谷，盛产苹果等水果，山谷风景秀丽，可作探险游。熊口（La Boca del Oso）峡谷是科阿韦拉州海拔最高的峡谷，谷底海拔2500米，地形崎岖险要，树木繁盛，可攀岩、绳降和玩滑索。拉维加（La Viga）山是科阿韦拉州海拔最高的山峰，海拔3710米，可登山。阿尔特亚加市可登顶的山峰还有埃尔科阿韦隆（El Coahuilón）山、拉玛尔塔（La Martha）山和埃尔穆斯戈（El Musgo）山。

### 夸特罗·谢内加斯（Cuatro Ciénegas）市

夸特罗·谢内加斯市是墨西哥革命领袖和首位民选总统维努斯蒂亚诺·卡兰萨的出

《纪念创始人》壁画

维努斯蒂亚诺·卡兰萨故居

生地，卡兰萨因推动墨西哥于1917年颁布新的《墨西哥合众国政治宪法》而受到人民的尊敬，后于1920年不幸遇刺身亡，其故居现为博物馆。市政大楼建于1899年，楼内的《纪念创始人》壁画用编年史方法介绍当地历史和人物；卡兰萨之家是市文化中心和市档案馆；圣何塞教堂建于1806年，是城市的标志性建筑之一。该市的旱地中美洲文化之家展出当地印第安文物。

## 格雷罗（Guerrero）市

格雷罗市的历史始于1799年西班牙传教士建的圣胡安·包蒂斯塔教堂，其他老教堂有圣弗朗西斯科·索拉诺教堂和圣贝尔纳多教堂。格雷罗市过去一直是墨西哥中南部通往美国得克萨斯州的门户，当年为保卫这个战略要地建了若干军事要塞，包括圣胡安·包蒂斯塔要塞等。圣贝尔纳多教堂建于1700年，现仅存遗址；拉佩德雷拉（La Pedrera）生态公园位于郊区，是一个休闲的湿地公园。

圣贝尔纳多教堂遗址

## 别斯卡（Viesca）市

别斯卡市于1731年建市，老建筑有建于17世纪的圣地亚哥使徒教堂和宗教艺术博物馆。圣安娜·德·洛斯·奥尔诺斯（Santa Ana de los Hornos）庄园收藏了很多17世纪的绘画和雕塑，市政大楼内有市立博物馆。

圣地亚哥使徒教堂

## 梅尔乔尔·穆斯基斯（Melchor Múzquiz）市

萤石（fluorita），又称氟石，该矿物来自火山岩浆——岩浆冷却结晶形成在花岗岩、伟晶岩、正长岩等岩石内。萤石除工业用途外，因颜色艳丽、结晶透亮、形态美观，也多用于装饰和雕刻成工艺品。墨西哥是世界第二大萤石生产国，年产萤石约100万吨。梅尔乔尔·穆斯基斯市是墨西哥的主要萤石产地，居民多从事萤石工艺品加工，小到镇纸，大到雕像，应有尽有。该市也是皮革和马具生产基地，还有很多小型博物馆，包括人类博物馆、矿博物馆、古生物（Paleontología）博物馆和历史档案馆等。圣罗莎·德·利马教堂是1939年为纪念拉美第一位封圣的世俗名为伊莎贝尔·弗洛雷斯·德·奥利瓦的秘鲁圣女所建。埃尔纳西缅托（El Nacimiento）镇距离市区35千米，坐落在萨维纳斯（Sabinas）河上游的山谷，该镇风景秀丽，群山环抱，镇内的数百名基卡普人是1850年从美国迁徙而来的印第安人，他们至今仍保持自己的生活习俗，是墨西哥唯一高度自治的印第安部落。

萤石

圣罗莎·德·利马教堂

# 第 5 章 杜兰戈州

Estado de Durango

## 杜兰戈州（Estado de Durango）

特佩万人

杜兰戈州位于墨西哥北部，西部绵亘着西马德雷山脉，东部为半干旱平原，面积123364平方千米，是墨西哥第四大州，原住民先后有瓜迪亚纳·查尔奇维特人、科科约梅人、托沃索人、纳瓦人、特佩万人和萨卡特卡人。查尔奇维特人有两大分支，即苏奇尔·查尔奇维特人和瓜迪亚纳·查尔奇维特人，前者分布在萨卡特卡斯州和哈利斯科州，后者分布在杜兰戈州。杜兰戈州的工业有钢铁、冶炼、纺织、酿酒、食品、造纸和木材加工等，尤以盛产金、银、锡等有色金属及大理石出名。杜兰戈州有丰富的森林植被，北部有广阔的牧场，是墨西哥主要牧场之一，牛肉为大宗出口商品，占全国出口量的一半。纳萨斯河长600多千米，为杜兰戈州第一大河流和主要农业灌溉水源，其下游为棉花种植区。

## 杜兰戈（Durango）市

杜兰戈市是杜兰戈州州府，位于西马德雷山脉的瓜迪亚纳（Guadiana）山谷。海拔1925米，1563年建市。老城中心汇集了数百栋殖民时期的新古典、巴洛克和新哥特风格建筑，宛如老建筑博物馆。无玷始胎圣母大教堂始建于1695年，为巴洛克风格；桑布拉诺宫（Palacio de Zambrano）建于18世纪，最初是私人别墅，现为潘乔·维亚博物馆。墨

无玷始胎圣母大教堂

西哥革命的先驱农民领袖潘乔·维亚出生在杜兰戈州圣胡安·德尔·里奥（San Juan del Río）市，成年后适逢波菲里奥时期（Porfiriato），波菲里奥·迪亚斯将军的独裁政权代表外国帝国主义、本国大资产阶级和封建大庄园主的利益，对外无限制吸收外资，排斥民族工业的发展；对内全面推行土地兼并政策，大肆掠夺农民土地，人民尤其是广大农民的生活颠沛流离，困苦不堪。潘乔·维亚于是拉起一支队伍，出没于北部山区，袭击大庄园杀富济贫。1910年墨西哥革命爆发，潘乔·维亚接触到资产阶级民主思想，率部加入革命军，为推翻迪亚斯独裁政权和为农民争取土地战斗。潘乔·维亚的北方师成为墨西哥革命中坚力量，他却于1923年被暗杀，后一直被视为民族英雄，深受墨西哥人民的尊敬和爱戴。埃斯卡尔萨加宫（Palacio de Escárzaga）是州历史博物馆，走廊有由墨西哥著名壁画家弗朗西斯科·蒙托亚·德·拉·克鲁斯所作的《杜兰戈市》壁画，画家用浓重的笔墨描绘了杜兰戈市从建市到20世纪中叶的历史。州府大楼建于18世纪，大楼走廊有弗朗西斯科·蒙托亚的壁画。老建筑还有大主教之家（Casa del Arzobispado）、圣安娜教堂、维多利亚剧院和里卡多·卡斯特罗剧院。

## 墨西基略自然公园（Parque Natural Mexiquillo）

墨西基略自然公园位于普埃布洛·努埃沃（Pueblo Nuevo）市的拉休达（La Ciudad，在西班牙语中意为“城市”）镇，坐落在西马德雷山脉，面积134平方千米，园内有瀑布、峡谷、山洞、石林和松树林，可划船、骑山地车和登山。公园的石林（Formaciones Rocosas）为高7～8米的圆柱形火成岩、流纹岩、玄武岩和深成岩。流经公园的3条河流形成多个瀑布，瀑布区位置偏僻，最大的瀑布落差50米，比较容易到的是墨西基略瀑布，瀑布落差20多米。20世纪60年代，当地修铁路时在公园建了9条隧道，长度为100～1680米，后铁路停建，隧道废弃，现用作游览通道。

墨西基略自然公园

## 埃尔特关生态公园（Parque Ecológico El Tecuán）

埃尔特关生态公园

埃尔特关生态公园离杜兰戈市58千米，坐落在西马德雷山脉，公园山清水秀、风光无限、植物丰富，有松鼠、马鹿、灰狼和狐狸等动物，游客可度假、爬山、垂钓和骑山地车。

## 雨水瀑布（Salto del Agua Llovida）

雨水瀑布

雨水瀑布位于普埃布洛·努埃沃市的圣伊西德罗（Comunidad de San Isidro）镇，坐落在纳亚尔（Nayar）山脉的埃尔因菲尔尼略（El Infiernillo）河谷，离杜兰戈市144千米。瀑布落差100米，瀑布区的松树和圣栎树生长茂密，有绿鹦鹉和白尾鹿等动物。

## 拉米奇利亚生态保护区（Reserva de la Biosfera La Michilía）

拉米奇利亚生态保护区

拉米奇利亚生态保护区位于苏奇尔（Suchil）市和梅斯基塔尔（Mezquital）市，坐落在西马德雷山脉的米奇斯（Michis）山脉和乌里卡（Urica）山脉之间，面积94平方千米，中心区是面积约30平方千米的布兰卡（Blanca）山区。生态保护区有770多种植物，有灰狼、黑熊、白尾鹿、火鸡、鹦鹉和鹰等动物。生态保护区海拔2000～2900米，由山丘、高原、山谷和峡谷组成，适合登山和探险。

## 圣巴尔瓦拉峡谷生态公园（Parque Ecológico la Quebrada de Santa Bárbara）

圣巴尔瓦拉峡谷

圣巴尔瓦拉峡谷生态公园位于普埃布洛·努埃沃市的埃尔布里扬特（Ejido El Brillante）村，坐落在西马德雷山脉，海拔1880米，面积65公顷。峡谷岩壁陡峭，适合登山、骑山地车和攀岩，是很多鸟类、哺乳动物、爬行动物和两栖动物的栖息地。

普恩特西亚斯湖

## 普恩特西亚斯湖（Lago Puentecillas）

普恩特西亚斯湖位于普埃布洛·努埃沃市的布恩特西亚斯生态保护区，面积10公顷，可垂钓、划船和游泳，湖西南面是巴卢亚尔特河峡谷（Quebrada del Río Baluarte）。

## 查尔奇维特斯文化遗址

拉费雷里亚古城遗址

### 拉费雷里亚（La Ferrería）古城遗址

拉费雷里亚古城遗址位于图纳尔（Tunal）河畔，离杜兰戈市7千米。“拉费雷里亚”在西班牙语中意为“炼铁厂”，因19世纪当地有墨西哥最大的炼铁厂而得名，原住民先后为瓜迪亚纳·查尔奇维特人、纳瓦人、萨卡特卡人和特佩万人。古城年代约为875—1450年，连接着中美洲北部和北美洲西南部印第安文化，主建筑是坐落在凹型小院的金字塔，院门和角落刻有春分和冬至的阳光位置。遗址出土了五尊石人像，其中一个石像是手脚俱全的猎人，他左手握石块，右手拿着捕猎工具。

查尔奇维特斯文化年代约为200—1250年，分布在萨卡特卡斯州、杜兰戈州和哈利斯科州，其祭祀中心是萨卡特卡斯州阿尔塔维斯塔古城。“查尔奇维特斯”在纳瓦语中意为“半绿宝石”。查尔奇维特人会计算雨季旱季和春夏秋冬，掌握野兽的出没时间的规律和玉米、大豆、南瓜等庄稼的播种和收获时间，有一定的天文知识和建筑水平。

## 西部乡村（Villa del Oeste）影视基地

西部乡村影视基地

杜兰戈州是墨西哥影视基地最多的州，有“小好莱坞”之称，20世纪50年代美国演员克拉克·盖博在杜兰戈州拍摄《铁汉娇娃》（The Tall Men）等西部电影后，美国电影公司纷纷到杜兰戈州拍西部片，并建立了若干影视基地。西部乡村影视基地由美国比利·休（Billy Huges）公司所建，位于杜兰戈市维多利亚·德·杜兰戈镇，离市区12千米。基地承拍了150多部美国和墨西哥西部片，包括由佩内洛普·克鲁兹主演的《侠盗魅影》。西部乡村现为影视主题公园，有模仿拍摄西部电影场面和舞蹈的表演。

## 魔幻小镇

### 上帝名义（Nombre de Dios）市

上帝名义市原住民是萨卡特卡人，1558年西班牙传教士建了圣弗朗西斯科修道院后，上帝名义市便成为传教士北上的大门，上帝名义市因此得名。埃尔萨尔蒂托（El Saltito）瀑布坐落在市郊外的柏树林，梅斯基塔尔（Mezquital）河流经该市形成三个约20米落差的瀑布，瀑布区松柏连天，石头形态各异，与瀑布相映成趣。老教堂有圣弗朗西斯科教堂、拿撒勒耶稣教堂、圣佩德罗使徒教堂、瓜达卢佩圣母教堂和升天圣母教堂。洛斯贝罗斯（Los Berros）山泉浴场位于洛斯贝罗斯镇，离杜兰戈市47千米，适合休闲度假。

埃尔萨尔蒂托瀑布

### 马皮米（Mapimí）市

马皮米市坐落在布法山脚，原住民先后有托沃索人、科科约梅人和塔拉乌马拉人。该市于殖民时期是有名矿城，银矿资源枯竭后，马皮米市又发现文石、方解石、玛瑙等180多种宝石矿，矿业一直是其经济支柱。老建筑有建于1772年的圣地亚哥使徒教堂、伊达尔戈博物馆等。1810年9月16日，伊达尔戈神父在瓜纳华托州多洛雷斯市号召民众起义，拉开墨西哥独立运动序幕。1811年1月，殖民当局调集8000名官兵镇压起义军，在瓜达拉哈拉市郊的决战中打败了起义军，起义军被迫向北转移。同年3月21日，伊达尔戈在科阿韦拉州卡斯塔尼奥斯（Castaños）市的阿卡蒂塔·德·巴汉

伊达尔戈博物馆

（Acatita de Bajan）镇遭伏击被俘，随后被押往马皮米市，关押在现为伊达尔戈博物馆的房子里，后被押送奇瓦瓦市候审，同年7月30日在奇瓦瓦市被枪决，首级被送到瓜纳华托市示众达10年之久。

## 马皮米生态保护区（Reserva de la Biosfera de Mapimí）

马皮米生态保护区位于奇瓦瓦沙漠，1979年被联合国教科文组织列为世界生态保护区，是拉美地区第一个世界生态保护区。生态保护区范围包括杜兰戈州马皮米市和特拉瓦利洛（Tlahualilo）市、奇瓦瓦州希门内斯（Jiménez）市以及科阿韦拉州的弗朗西斯科·伊·马德罗（Francisco I. Madero）市和谢拉·莫哈达（Sierra Mojada）市，面积3420平方千米。生态保护区内有灌木、牧豆树、刺球花、仙人掌和蜡烛木等旱生植物，有碱地鼠尾粟、苔藓等盐生植物，以及雕鸮、欧夜莺、鹰、游隼、蛇、狐狸、蜥蜴、龟、蝉、松鼠和野兔等动物。生态保护区平均海拔1100米，多高山，交通不便，从马皮米市的塞瓦略斯（Ceballos）镇到生态保护区的80千米全是土路。生态保护区气候干旱，早晚温差达20℃～30℃。生态保护区有著名的静区（Zona del Silencio），1970年美国发射火箭失败，火箭掉落在静区，后来美国人发现静区地下富含磁性很强的矿，导致静区无法收发无线电波，因此把这片区域称为静区。奥胡埃拉（Ojuela）吊桥建于1892年，长319米，重112吨，为连接奥胡埃拉镇和奥胡埃拉矿而建。奥胡埃拉矿是殖民时期的银铜矿，坑道最深为950米，总长450千米。

静区

# 第6章 瓦哈卡州

Estado de Oaxaca

## 瓦哈卡州（Estado de Oaxaca）

萨波特卡人

瓦哈卡州位于墨西哥南部，面积93757平方千米，是墨西哥第五大州，经济以农牧业、矿业、纺织业、食品加工业为主，农产品有玉米、烟草、甘蔗和水果，矿产有金、银、锑和石油。瓦哈卡州是一个多民族地区，有10多个印第安种族，他们是萨波特卡人、米斯特卡人、马萨特卡人、米塞人、奇南特卡人、查蒂诺人、特里基人、奎卡特卡人、瓦韦人、瓦哈卡州琼塔尔人、阿穆斯戈人、乔乔人、索克人、纳瓦人、塔夸特人和伊斯卡特卡人，他们脉脉相传，各自保持自己民族的传统文化。“琼塔尔”是纳瓦人对外族人的称谓，具体指瓦哈卡州的琼塔尔人和塔巴斯科州的琼塔尔人，他们都被称作琼塔尔人，但却是两个不同的印第安种族。瓦哈卡州琼塔尔文化年代约为300—1521年，分布在瓦哈卡州南马德雷山脉和海岸平原。

瓦哈卡州琼塔尔人也称为特基斯特拉特科人，自称斯利华拉·西哈努克（slijuala sihanuk，在印第安语中意为“山民”）人。有学者把他们归到玛雅族，由于瓦哈卡州琼塔尔语更接近加利福尼亚半岛印第安语言，也有学者认为他们是单独人种。300年前后瓦哈卡州琼塔尔人在瓦哈卡州定居，1374年建立王国，首任国王是阿尔法内·莱奥奇拉，16世纪曾多次起义反抗西班牙殖民统治。瓦哈卡州琼塔尔人擅长手工艺制作，如制陶、用棕榈叶等编织家用品、做各种木家具、棉花纺织和印染等，还会用300多种草药治病。瓦哈卡州印第安文化遗址有阿尔万山、米特拉等。瓦哈卡州具生态多样性，是众多动物的栖息地，森林资源丰富，是新兴的旅游胜地。

奎卡特卡人在500年前后开始来到瓦哈卡州北部，他们可能是托尔特卡人的后裔，“奎卡特卡人”是阿兹台克人对他们的称谓，在纳瓦语中意为“唱歌的人”。他们自称杜乌杜·尤人，在奎卡特科语中意为“土房子”。奎卡特科语属奥托-曼格语系。奎卡特卡人以农业为主，种植玉米、豆类、辣椒、南瓜、马铃薯和棉花等。奎卡特卡人信奉山神、土地神等诸神。切维山洞（Cueva Cheve）是他们举行给敌人下妖术仪式的地方，拉约山洞（Cueva Rayo）是求雨的地方。

## 瓦哈卡（Oaxaca）市

瓦哈卡市是瓦哈卡州州府，坐落在瓦哈卡山谷，海拔500多米，气候宜人，1529年建市，原住民是萨波特卡人。瓦哈卡市的老城中心有圣多明戈教堂、州府大楼等众多殖民时期建筑。瓦哈卡老城区于1987年被联合国教科文组织列为世界文化遗产。圣多明戈教堂建于1547年，为巴洛克风格，白石砖配上精雕细琢的饰雕和壁画，画栋雕梁，高耸华丽的瓜达卢佩圣母祭坛用了6万多片金叶镶嵌而成。圣保罗文化博物馆在前圣保罗修道院内，一层是弗朗西斯科·布尔戈亚图书馆，图书馆以瓦哈卡州传教士、编年史作家弗朗西斯科·布尔戈亚的名字命名，第二层展出当地文物。瓦哈卡州海洋大学（Centro Botánico de la UMAR）植物园位于瓦哈卡市近郊，占地面积达16.7公顷，有200多种植物，包括兰花、龙舌兰等热带植物。

圣多明戈教堂

## 马萨特卡文化遗址

### 基奥特佩克（Quiotepec）古城遗址

基奥特佩克古城遗址位于圣胡安·基奥特佩克（San Juan Quiotepec）市，坐落在马萨特卡山脉和米斯特卡–乔乔尔特卡（Serranía Mixteca-Chocholteca）山地之间的狭窄走廊，萨拉多（Salado）河和上帕帕洛亚潘（Papaloapan Alto）河在此交汇。“基奥特佩克”在纳瓦语中意为“龙舌兰山或龙舌兰花”，因这里长着很多龙舌兰和仙人掌。瓦哈卡峡谷地区的印第安人有奎卡特卡人、米斯特卡人、乔乔人、伊斯卡特卡人、马萨特卡人和萨波特卡人。基奥特佩克古城为马萨特卡人所建，存在年代约为前500—公元1521年，鼎盛时期为前100—公元800年。它是当时马萨特卡人的基奥特佩克王国首

基奥特佩克古城遗址

都，基奥特佩克王国面积约为100平方千米。基奥特佩克是与以阿尔万山古城为中心的萨波特卡王国接壤的边界城市，2000 多年来马萨特卡人在这里建了很多石房、城墙和大球场，现存建筑包括第四祭祀建筑群（Conjunto Ceremonial IV），主建筑为神庙。

马萨特卡文化年代约为500—1521年，主要分布在瓦哈卡州图斯特佩克（Región de Tuxtepec）地区。马萨特科语属奥托-曼格语系，细分多种变体。马萨特卡人主要从事渔业、农业和畜牧业等。“马萨特卡人”是纳瓦人对他们的称谓，在纳瓦语中意为“鹿人”，因为马萨特卡人把鹿视为神祇。1519年西班牙殖民者到瓦哈卡州时没有遭到萨波特卡人反抗，后者反而跟奇南特卡王国等向前者寻求庇护，对抗阿兹台克人的侵扰。马萨特卡人用草药治病历史悠久，现在民间仍有不少印第安药师用草药给人们治病。

## 萨波特卡文化遗址

### 阿尔万山（Monte Albán）古城遗址

阿尔万山古城遗址位于瓦哈卡市，坐落在瓦哈卡山谷，离市区8千米，海拔1900米。古城存在年代约为前500—公元850年，是墨西哥早期最大的印第安古城之一，面积约相当于现在的瓦哈卡市，是萨波特卡王国的政治、经济和宗教中心，鼎盛时期为400—800年，人口约2.5万人，它和萨波特卡人的另外两座古城阿琼帕和加略（Gallo）三足鼎立在瓦哈卡山谷。古城现存遗址面积约4平方千米，主建筑为长200米、宽200米的大广场，广场开阔宏伟，有宫殿、球场、金字塔、神庙和天文台等。广场西边出土的舞者（los Danzantes）石像人物栩栩如生。遗址的7号墓于1932年开挖，迄今已发现600多件随葬品，包括贝壳、珊瑚、绿宝石、水晶石、黑曜石、雪花石、煤玉、琥珀、兽骨，以及金银铜陶制品和精雕细琢的工艺品，如耳环、戒指、胸饰和200多个金箔头饰等，最有名的是以阿兹台克人的春天之神西佩·托特克的名字命名的黄金面具（Máscara de Xipe Tótec）。这些随葬品的年代为1250—1521年，由萨波特卡人（一说是米斯特卡人）精心制作而成，刻着代表诸神或预示未来的图案或图形文字。考古发现特万特佩克地峡的萨波特卡人和米斯特卡人已经掌握了冶炼技术，他们不但精通炼金术，还精于运用各种工艺，包括现在都无法解释的精湛工艺。

以西佩·托特克的名字命名的黄金面具

萨波特卡文化年代约为前1500—公元1521年，是墨西哥最古老的印第安文化之一，主要分布在瓦哈卡州中部谷地。古典时期和后古典时期（前500—公元1521年）是鼎盛时期。萨波特卡王国阶级分明，上层社会有贵族、祭师、武士等，中下阶层有农民、手工艺者、建筑工人等。实行男性强制服兵役制，政教合一。民居为茅草房。萨波特卡人掌握农耕技术，有图形文字和一定的天文知识，使用260天为一年的日历。萨波特卡人从事农业、狩猎和内外贸易，擅长立柱式大型建筑和水利工程的建设，善于制作精细陶制品和金银器工艺等，业余时间喜欢打球，其他印第安种族用被打败一方的球员活祭，但萨波特卡人却用获胜一方的球员活祭。计数方法跟玛雅人一样用点和杠表示。萨波特卡人信奉诸神和主神科西霍（Cocijo）雨神。“萨波特卡人”是纳瓦人对他们的称谓，在纳瓦语中意为“在有人心果树的地方居住的人”。

## 米特拉（Mitla）古城遗址

米特拉古城遗址位于圣保罗·维亚·德·米拉特市，坐落在特拉科卢拉（Tlacolula）山谷北部，阿兹台克人称古城为米克特兰（Mictlán），在纳瓦语中意为“亡者之地”；萨波特卡人称古城为利奥瓦亚（Lyobáa），在萨波特科语中意为“墓地”。古城存在时间为100—1521年，鼎盛时期为950—1521年，原住民先后为萨波特卡人和阿兹台克人，古城因此融萨波特卡文化和阿兹台克文化为一体。800年前后阿尔万山古城败落，米特拉古城成为萨波特卡王国的政治和宗教中心。古城的最大特点是建筑物雕刻的回纹图案，这种图案在墨西哥印第安古建筑中绝无仅有。古城现存五大建筑群：

米特拉古城遗址

（1）神庙建筑群（Grupo de la Iglesia）分三个小建筑区：A区是马厩和垃圾场，B区是民居，C区原建筑不复存在，殖民时期在此地建了圣保罗教堂。

（2）石柱建筑群（Grupo de las Columnas）分三个区：D区是一座大型宫殿，外墙有用回纹石砖镶嵌的墙裙，E区和F区是广场，内有祭台。

（3）小溪建筑群（Grupo del Arroyo）仅存些外墙门楣等断壁残垣。

（4）土砖建筑群（Grupo de los Adobes）是方形大广场，周围是四座小山丘，现存遗迹不多。

（5）南建筑群（Grupo del Sur）也是方形广场，四周也有四个小山丘，只存少量原建筑。

## 达因苏（Dainzú）古城遗址

达因苏古城遗址

达因苏古城遗址位于特拉科卢拉·德·马塔莫罗斯（Tlacolula de Matamoros）市，坐落在特拉科卢拉山谷。古城存在年代为前600—公元1200年，原住民为萨波特卡人，现存建筑包括神庙等，神庙下方平台的浅浮石雕画廊刻有萨波特卡人打球的场面。

## 亚古尔（Yagul）古城遗址

亚古尔古城遗址位于特拉科卢拉·德·马塔莫罗斯市，坐落在特拉科卢拉山谷，顺山势从北向南展开，阿兹台克人称古城为“亚–古莱”（Ya-gule），在纳瓦语中意为“树”。古城存在年代为前500—公元1521年。萨波特卡人在古城的地上和墙上留下很多画。城堡（Fortaleza）在古城最高处砌墙而立。祭祀中心坐落在山脚，包括祭祀台、石柱形建筑和民居，是古城的行政和宗教中心。三墓院（Patio de la Tumba Triple）由一个大院和四处民居组成，院子有祭祀台和石碑，民居下方有三个墓室，古墓外墙有回纹浮雕和两个石雕像。议事厅（Sala del Consejo）为圆石柱大厅，是古城首领议事的地方。六院宫殿（Palacio de los Seis Patios）的中心是祭祀台，四周是民居，现存石碑和古墓。回纹图案大街（Calle de las Grecas）因建筑外墙用回纹装饰而得名。

亚古尔古城遗址

## 兰维特耶科（Lambityeco）古城遗址

兰维特耶科古城遗址

兰维特耶科古城遗址位于特拉科卢拉·德·马塔莫罗斯市，坐落在特拉科卢拉山谷。古城面积约64公顷，存在年代为前600—公元800年，鼎盛时期为700—750年，是当时盐和硝石的主要交易场所，古城的萨波特卡人在附近的萨拉多河晒盐和采硝石，“兰维特耶科”在萨波特科语中意为“空山”。遗址出土文物包括石雕、壁画、兽骨做的器皿等。祭师神殿（Palacio de los Sacerdotes）的两尊石刻雕刻着萨波特卡人信奉的科西霍雨神，科西霍雨神貌似美洲豹，神态优美，头戴羽饰，一手握“光”，一手握“风”。首领神殿（Palacio de los Caciques）的中央祭台两侧墙裙有男女首领雕像，男首领留着山羊胡，手拿一节骨头；女首领头戴发髻、耳环和项链。

## 萨亚奇拉（Zaachila）古城遗址

萨亚奇拉古城遗址位于维亚·德·萨亚奇拉（Villa de Zaachila）市，坐落在萨亚奇拉山谷，古城建于8世纪，“萨亚奇拉”在萨波特科语中意为“大地的第一个女儿”，阿尔万山古城没落之后，这里一度是萨波特卡人的都城。萨波特卡王国的科西霍埃萨国王曾带领萨波特卡人抵御米斯特卡人的入侵，后通过贵族联姻一直与其和平

萨亚奇拉古城遗址

共处。古城出土的陪葬品、建筑装饰、图形文字等可见米斯特卡文化的影响。古城的重大发现是两处保存完好的古墓：一号墓建筑群包括门梁、前室、主室等，主室有红灰浆涂抹的痕迹，墙上画着人神同形和动物形状的壁画；二号墓出土文物包括陶器、宝石、戒指、唇饰和扇把。

圣何塞·埃尔·莫戈特古城遗址

### 圣何塞·埃尔·莫戈特（San José El Mogote）古城遗址

圣何塞·埃尔·莫戈特古城遗址位于瓜达卢佩·埃特拉（Guadalupe Etla）市，坐落在埃特拉山谷，海拔1610米。古城存在年代约为前1500—前400年，鼎盛时期为前700—前400年，现存建筑有宫殿、神庙、球场等，主建筑为10米高的金字塔。

### 阿琼帕（Atzompa）古城遗址

阿琼帕古城遗址位于圣玛利亚·阿琼帕（Santa María Atzompa）市，古城存在年代约为650—900年，由萨波特卡人所建，主建筑包括三个大球场，最大的长45米，是目前发现的萨波特卡文化遗址中最大的球场。球场四角各有一个墓室，被认为用于举行活人祭后埋葬遗体。出土文物包括一个1200年前的人形彩陶罐，陶罐色彩光鲜如初，罐上刻有萨波特卡人的图形文字。

阿琼帕古城遗址

## 米斯特卡文化遗址

### 尤奎塔（Yucuita）古城遗址

尤奎塔古城遗址

尤奎塔古城遗址位于圣胡安·尤奎塔（San Juan Yucuita）市，坐落在米斯特卡山脉的一个小平原，古城由米斯特卡人所建，存在年代约为前1400—公元900年，鼎盛时期为前500—公元300年，“尤奎塔”在米斯特科语中意为“有鲜花的山”。古城由民居（或宫殿）群和祭祀建筑群两部分组成：民居（或宫殿）群主建筑为一个长35米，宽31米的大平台，平台上面是住房；祭祀建筑群主建筑为一个高4米的平台和一条长60米的排水渠。遗址出土文物包括碾压玉米用的石舂棒和石磨盘、骨针、陶罐和燧石。

米斯特卡文化年代约为前1500—公元1400年，发祥于瓦哈卡州西部，发展高峰是后古典（Posclásico，900—1500年）时期。社会阶层包括祭师、武士、法官、农民和手工艺者等。米斯特卡王国由若干个独立小王国组成，王国之间联婚、通商乃至军事结盟。米斯特卡人精通金银、彩陶彩画等手工艺制作，被认为是殖民前墨西哥最好的手工艺人。米斯特卡人信奉诸神，掌握一定的冶炼技术，有图形文字并有手抄本传世，使用民间历和祭祀历两种日历，从事贸易、农业、狩猎、渔业等活动。“米斯特卡人”在米斯特科语中意为“云上王国的居民”。

## 瓦图尔科海湾（Bahías de Huatulco）

瓦图尔科海湾位于圣玛利亚·瓦图尔科（Santa María Huatulco）市，坐落在南马德雷山脉南端的南太平洋海岸，地处科尤拉（Coyula）河和科帕利塔（Copalita）河之间，包括9个小海湾和36处海滩，海岸线长35千米，是闻名遐迩的旅游胜地，被誉为墨西哥第二个坎昆。9个小海湾分别为兔（Conejos）湾、坦戈伦达（Tangolunda）湾、查韦（Chahué）湾、圣克鲁斯（Santa Cruz）湾、奥尔加诺（Órgano）湾、卡卡卢塔（Cacaluta）湾、查查夸尔（Chachacual）湾、龙舌兰（Maguey）海湾和圣奥古斯丁（San Agustín）湾。

瓦图尔科海湾

## 阿波亚拉瀑布（Cascada de Apoala）

阿波亚拉瀑布位于圣地亚哥·阿波亚拉（Santiago Apoala）市，尤塔特诺霍（Yutatnoho）河流经此地形成50米落差的瀑布。瀑布蜿蜒曲折，远看像一条长蛇的尾，当地人称之为蛇尾（Cola de Serpiente）瀑布。

阿波亚拉瀑布

## 魔幻小镇

### 卡普拉尔潘·德·门德斯（Capulálpam de Méndez）市

圣马特奥教堂

卡普拉尔潘·德·门德斯市原住民为萨波特卡人，他们多从事银器和纺织品等手工艺品制作，“卡普拉尔潘”在纳瓦语中意为“灌木之乡”，因该地有一种名为卡布林（Capulín）的灌木。该市的老教堂有圣马特奥教堂，景观有柏树林（Los Sabinos）、卡尔瓦里奥（El Calvario）观景台、小溪洞（Cueva del Arroyo）、磨坊游（Los Molinos）乐园和秃山（Cerro Pelado）。

### 库奥特拉·德·希门内斯（Huautla de Jiménez）市

库奥特拉·德·希门内斯市位于马萨特卡峡谷地区（Región de la cañada Mazateca），“库奥特拉”在纳瓦语中意为“鹰之地”，“希门内斯”是为了纪念墨西哥独立运动英雄何塞·马里亚诺·希门内斯将军。该市近代最有名的人物当属玛利亚·萨维纳·玛格达莱娜·加西亚，她是一位马萨特卡人女祭司，也是一位受人爱戴的民间医生。她出身贫寒，没受过教育，但生性聪慧，从小钻研植物的药用，尤其是菌类的镇定作用等。她把植物和菌类做成草药给乡亲们治病，并配以催眠镇定的药。她一生免费给乡亲们治病，深受当地民众爱戴，其雕像竖立在市中心。圣胡安使徒（San Juan Evangelista）教堂建于1766年，以福音书作者圣约翰的名字命名。祷告（Cerro de la Adoración）山是位于瓦哈卡山脉的一座大山，徒步登上山顶约需3个小时，山顶有一座

玛利亚·萨维纳·玛格达莱娜·加西亚

圣胡安使徒教堂

古印第安时期的祭台和圣母像。铁桥（Puente de Fierro）瀑布坐落在库奥特拉·德·希门内斯市近郊，因要经过一座铁桥才能到达瀑布而得名。该市的圣奥古斯丁溶洞是美洲最大的溶洞之一。

## 马逊特（Mazunte）镇

马逊特镇海滩

马逊特镇位于圣佩德罗·波丘特拉（San Pedro Pochutla）市，坐落在南太平洋海岸，因当地有名为马逊特的蓝色螃蟹而得名，原住民是萨波特卡人。马逊特镇以海滩秀美闻名遐迩，离马逊特镇3千米的扫帚星角（Punta Cometa）是南太平洋海岸最南端的海角，因这座小山深入海中，且形状像扫帚星的尾巴而得名，在扫帚星角可眺望太平洋和观鲸鱼。海滩有大（Principal）海滩、墓地（Panteón，这里原是萨波特卡人的墓地）海滩、梅尔梅希塔（Mermejita）海滩、扫帚（Escobilla）海滩、圣阿古斯蒂尼略（San Agustinillo）海滩和西波利特（Zipolite）海滩等，其中西波利特海滩是墨西哥唯一合法的天体浴滩。

## 圣保罗·维亚·德·米特拉（San Pablo Villa de Mitla）市

升天圣母教堂

圣保罗·维亚·德·米特拉市坐落在瓦哈卡州中部的山谷地区，“圣保罗”是为了纪念圣保罗传教士，“维亚”在西班牙语中意为“小镇”，“米特拉”在纳瓦语中意为“安息之地”。原住民为萨波特卡人，印第安文化遗址有米特拉古城遗址、亚古尔古城遗址、达因苏古城遗址和兰维特耶科古城遗址等。老教堂有升天圣母教堂和圣赫罗尼莫教堂。弗里塞尔（Frissell）博物馆藏有4.4万件萨波特卡文物和工艺品。

## 圣佩德罗·伊·圣保罗·特波斯科卢拉（San Pedro y San Pablo Teposcolula）市

圣佩德罗·伊·圣保罗·特波斯科卢拉市原住民是米斯特卡人，老城中心于1986年被墨西哥政府列为国家历史遗产。圣佩德罗·圣保罗修道院是16世纪由多明戈会传教士所建。传说当年脚夫运送耶稣圣像途经该市，歇脚后上路时却搬不动圣像，于是留宿该市。次日发现圣像结了薄冰，闪闪发光，遂决定把圣像留在该地，当地人称修道院的这尊圣像为玻璃耶稣（Señor de las Vidrieras）像。部落首领夫人之家（Casa de la Cacica）建于16世纪，结合了米斯特卡风格和殖民时期风格。当年殖民者特许米斯特卡部落保持首领制，这里一直是米斯特卡部落首领之家。米斯特卡文化遗址尤昆达亚（Yucundaa）古城遗址离市区2000米，古城存在年代为950—1550年，当地人称之为老村子山（Cerro del Pueblo Viejo）。老教堂有圣赫尔特鲁迪斯教堂（Capilla de Santa Gertrudis）和圣弗朗西斯科教堂。

圣佩德罗·圣保罗修道院

## 埃斯孔迪多港（Puerto Escondido）

埃斯孔迪多港是一座位于南太平洋海岸的港口城市，是瓦哈卡州有名的度假胜地，有多处闻名遐迩的海滩，主要海滩有埃尔阿道金（El Adoquín）海滩、西卡特拉（Zicatela）海滩、大海湾（Bahía Principal）海滩、巴科乔（Bacocho）海滩、卡里萨利略（Carrizalillo）海滩、曼萨尼略（Manzanillo）海滩和石头港（Puerto Piedra）海滩。

埃斯孔迪多港的海滩

## 开水瀑布（Cascada Hierve El Agua）

开水瀑布

开水瀑布位于圣洛伦索·阿尔瓦拉达斯（San Lorenzo Albarradas）市的圣伊西德罗·罗亚吉亚（San Isidro Roaguía）镇，富含碳酸钙的山泉水涓涓流经山崖，顺山而下，经数百万年钙化，形成两个落差分别为30米和12米的钟乳岩石瀑布群，因形状酷似刚烧开的水铺洒在山崖上，被当地人称作开水瀑布。山崖上是天然温泉浴池。开水瀑布鬼斧神工，堪称大自然的恩赐，它和土耳其代尼兹利的棉花堡（Pamukkale）瀑布是世界上仅有的两个钟乳岩石瀑布。

## 圣玛利亚·德尔·图莱（Santa María del Tule）市

圣玛利亚·德尔·图莱市以手工艺品和梅斯卡尔（Mezcal）龙舌兰酒出名，有玉米饼（Memelita）、玉米可可茶（Téjate）和玉米煎饼（Tlayuda）等地方小吃。市中心的升天圣母教堂前院的图莱大树（Árbol de Tule）有2000多年树龄，是世界最大的单体落羽（Ahuehuete）杉树，树干直径14米，重600多吨，枝冠周长42米，可容500多人纳凉。升天圣母教堂金碧辉煌，祭坛所有装饰都用14.58克拉金箔镶嵌。

图莱大树

## 圣奥古斯丁溶洞（Grutas de San Agustín）

圣奥古斯丁溶洞位于库奥特拉·德·希门内斯市的圣奥古斯丁·萨拉戈萨（San Agustín Zaragoza）镇，洞深约1250米，总长约2400米，已探明有17个洞口和6个大洞厅，是美洲最长、最深的溶洞之一，洞内黑暗、缺氧、烟雾缭绕、地形异常复杂，地下湖泊、河流和瀑布密布，适合深度洞穴探险。

圣奥古斯丁溶洞

# 第 7 章 塔毛利帕斯州

Estado de Tamaulipas

## 塔毛利帕斯州（Estado de Tamaulipas）

塔毛利帕斯州位于墨西哥东北部，北邻美国得克萨斯州，东临墨西哥湾，面积80249平方千米，原住民主要有纳瓦人和瓦斯特卡人。塔毛利帕斯州地貌多样，旅游资源丰富，多河流、森林、山峰、峡谷和瀑布，历史名城有马塔莫罗斯市、雷诺萨（Reynosa）市、新拉雷多（Nuevo Laredo）市等。

瓦斯特卡人

塔毛利帕斯州的十大名胜古迹是：埃尔谢洛生态保护区、法尔孔水库、拉斯阿德洪塔斯水库、马德雷湖、坦皮科市无玷始胎圣母教堂、雷诺萨市历史博物馆、新拉雷多市老火车站、马塔莫罗斯市保护神圣母教堂、马塔莫罗斯市卡萨马塔城堡博物馆（即现代艺术博物馆）和马塔莫罗斯市伊达尔戈广场。

塔毛利帕斯州有名的海滩有巴格达（Bagdad）海滩、梅斯基塔尔港口（Puerto Mezquital）海滩、巴兰孔（Barrancon）海滩、拉卡尔沃内拉（La Carbonera）海滩、拉佩斯卡（La Pesca，在西班牙语中意为“捕鱼”）海滩、特佩瓦赫斯（Tepehuajes）海滩、托尔多沙洲（Barra del Tordo）海滩、特索罗（Tesoro，在西班牙语中意为“珍宝”）海滩、奥斯蒂翁沙洲（Barra de Ostión，在西班牙语中意为“牡蛎”）海滩、米拉马尔（Miramar）海滩和拉玛里娜丛林（Soto la Marina）海滩等。

## 维多利亚（Victoria）市

维多利亚市是塔毛利帕斯州州府，位于东马德雷山脉脚下，以墨西哥独立运动将领、独立后的首位宪法总

耶稣圣心大教堂

统瓜达卢佩·维多利亚的名字命名。贝尼托·华雷斯纪念碑的碑座刻着华雷斯的名言："尊重他人的权利就是和平。"有耶稣圣心大教堂等老教堂，有21世纪文化娱乐公园、塔马坦（Tamatán）游乐园、洛斯特龙科内斯（Los Troncones）生态园、拉米罗·伊格莱西亚斯天文馆（Planetario Dr. Ramiro Iglesias Leal）、州文化中心、州自然历史博物馆和州地区历史博物馆等休闲娱乐去处。

## 魔幻小镇

### 图拉（Tula）市

图拉市原为1617年西班牙传教士胡安·包蒂斯塔·德·莫伊内多率众人建的定居点。圣安东尼奥·德·帕杜亚教堂建于18世纪，教堂大钟由制作伦敦大本钟的工匠制作。老教堂还有痛苦耶稣教堂和罗萨里奥教堂。埃斯孔迪达（Escondida）湖离市区26千米，坐落在雪松和圣栎树林之中，是图拉市两大湖之一。

圣安东尼奥·德·帕杜亚教堂

## 瓦斯特卡文化遗址

### 坦马普尔（Tammapul）古城遗址

坦马普尔古城遗址位于图拉市，坐落在图拉湖畔，离市区8千米，"坦马普尔"在瓦斯特科语中意为"有雾的地方"，实际上这里常有晨雾。古城面积约2平方千米，存在年代约为600—900年，由瓦斯特卡人所建，主建筑是奎兹略（Cuitzillo）金字塔。奎兹略金字塔亦称图拉金字塔，塔基直径41米，塔高12米，塔身分三层，最高层由圆柱形石灰岩建造，这种造型的金字塔在中美洲极为少见。

瓦斯特卡文化年代约为前1000—公元1521年，广义上的瓦斯特卡文化指整个墨西哥中部瓦斯特卡地区文化，即包括瓦斯特卡人、特佩万人等这个地区所有印第安人种文化。狭义上的瓦斯特卡文化是指瓦斯特卡人文化，本文介绍狭义上的瓦斯特卡文化。瓦斯特卡文化起源比玛雅文化晚几百年，但发展进程完整，经历了前古典时期中期到后古典时期晚期。瓦斯特卡王国分成若干小王国，祭师和武士等

奎兹略金字塔

贵族实行政教合一的统治。大城市有托扬（Tollan）、埃瓦诺（Ébano）、孔苏埃洛（Consuelo，亦称Tamuín）、坦托克（Tanok）和亚瓦利卡（Yahualica）等。瓦斯特卡人从事农业、狩猎、渔业等，有人猜测是他们把野生玉米改良成今天我们大面积播种的玉米。可能因为瓦斯特科语是玛雅语的变种，有专家认为瓦斯特卡人的祖先是约3000年前从墨西哥南部迁移来的玛雅人。

## 拉斯阿德洪塔斯水库（Presa Las Adjuntas）

拉斯阿德洪塔斯水库位于帕迪亚（Padilla）市，坐落在印第安人教堂（Iglesia de los Indios）峡谷，普利菲卡西翁（Purificación）河和圣恩格拉西亚（Santa Engracia）河在此汇合。拉斯阿德洪塔斯水库也称比森特·格雷罗（Vicente Guerrero）水库，水库建于20世纪60年代，面积390平方千米，是墨西哥第六大水库。水库淹没了帕迪亚镇，整个镇只剩一些高大建筑露出水面，其中有帕迪亚镇圣胡安庄园。水库可钓黑鲈鱼，库区生活娱乐设施齐全，适合休闲度假。

原帕迪亚镇圣胡安庄园

无玷始胎圣母教堂

## 魔幻小镇

### 米耶尔（Mier）市

米耶尔市建于1753年，东与美国接壤，阿拉莫（Álamo）河、布拉沃（Bravo）河和圣胡安（San Juan）河在此汇合，老建筑有无玷始胎圣母教堂（1757年建）、市议会大楼、文化之家（1821年建）、圣胡安·包蒂斯塔教堂（1838年建）、门德斯（Méndez，1830年建）桥、圣母桥（1850年建）、市政大楼（17世纪建）、得克萨斯人之家（Casa de los Tejanos）等。当年原属墨西哥的得克萨斯省宣布独立后，墨西哥向得克萨斯宣战，1842年，得克萨斯人之家曾关押193名战争俘虏，墨西哥政府军决定处决其中的17名，为此准备了176颗花豆和17颗黑豆让俘虏抓阄，然后处决了抓到黑豆者，后人因此称得克萨斯人之家为花豆之家（Casa de los Frijoles Pintos）。休闲娱乐之处有拉斯布兰卡斯（Las Blancas）娱乐园和拉斯布兰卡斯水库。拉斯布兰卡斯水库离市区9千米，可钓福鳄、鲤鱼、鲈鱼和鲷鱼等。

## 坦皮科（Tampico）市

坦皮科市始建于1554年，以殖民时期建筑和海滩出名，两个主要港口为坦皮科港和阿尔塔米拉（Altamira）港，老教堂有建于1841年的无玷始胎圣母教堂。海关大楼坐落在帕努科（Pánuco）河北段，建于1902年，用法国铁铸件和英国红砖建造，是该市的标志性建筑之一。拉斯埃斯科耶拉斯（Las Escolleras）海堤位于米拉马尔海滩的尽头，长1.5千米，是帕努科河和墨西哥湾的分界线，海堤一面是河水，另一面是海水，从海堤可看到泾渭分明的不同水色。米拉马尔海滩位于帕努科河口，可观看海豚（delfín）。卡尔平特罗（Carpintero）湖离市中心不远，可观湖龟和鳄鱼。

海关大楼

## 马塔莫罗斯（Matamoros）市

马塔莫罗斯市位于墨西哥与美国边界的布拉沃河南岸，1519年建市，经济以农业和加工业为主，有多座桥梁与美国连接，方便美国人入境观光和购物。保护神圣母教堂建于1833年；克罗斯之家（Casa Cross）建于1885年，为英国人克罗斯所建，建筑材料采自欧洲，是该市的标志性建筑之一；伊图里亚之家（Casa Yturria）建于1860年，19世纪末曾为美国领事馆。博物馆有卡萨马塔城堡博物馆（Museo Fuerte Casamata），现为市历史博物馆和州现代艺术博物馆。巴格达海滩距离市区40千米，位于布拉沃河入海口，可游泳和垂钓。

巴格达海滩

## 圣费尔南多（San Fernando）市

圣费尔南多市位于墨西哥湾海岸平原，由当时的新桑坦德尔省总督何塞·德·埃斯坎东·伊·埃尔格拉伯爵率众建于1749年。墨西哥最大的海水湖——马德雷湖的大部分归属圣费尔南多市，母亲像是城市的标志性之一，老建筑有市政大楼和圣费尔南多教堂。

母亲像

市政大楼

## 马德雷湖（Laguna Madre）

马德雷湖

马德雷湖位于马塔莫罗斯市、圣费尔南多市和索托·拉·玛里娜（Soto la Marina）市之间，是墨西哥最大的咸水湖区，湖区面积约5854平方千米，正常情况下水深不到1米，湖水盐分比海水多，现为国家生态保护区。马德雷湖和墨西哥湾中间是延绵不断的沙洲，有孔奇亚尔（Conchillal，长25千米）沙洲、美洲人（los Americanos，长39千米）沙洲、耶稣·玛利亚（Jesús María，长7万米）沙洲和索托·拉·玛里娜（长5.5万米）沙洲等。马德雷湖区有500多个岛屿，其中22个大岛屿有人居住。马德雷湖是圣费尔南多（San Fernando）河和索托·拉·玛里娜（Soto la Marina）河的入海口，鱼类有花鳅、福鳄和鳊鱼。

## 豪马维（Jaumave）市

豪马维市坐落在东马德雷山脉，多松树林和核桃树林，是帝王蝶往返北美洲和墨西哥的中途歇息地。瓜亚莱霍（Guayalejo）河和奇韦（Chihue）河流经豪马维市形成了很多蓝（Posas Azules）湖，大的蓝湖有小眼睛（El Ojito）湖、核桃树（Los Nogales）湖和水坑（Charco）湖，蓝湖清澈湛蓝，树木环绕，湖区可游泳、观鸟、爬山、绳降、到洞穴探险、划艇和骑山地摩托。

蓝湖

## 埃尔谢洛生态保护区（Reserva de la Biosfera El Cielo）

埃尔谢洛生态保护区位于东马德雷山脉，范围包括塔毛利帕斯州的戈梅斯·法里亚斯（Gómez Farías）市、奥坎波（Ocampo）市和耶拉（Llera）市，面积1445平方千米，“埃尔谢洛”在西班牙语中意为“天空”。生态保护区多山峰、松树林、溪流、湖泊和瀑布，有兰花、洋玉兰、圣栎树等743种热带植物，260多种鸟类，以及灰狼、灰狐狸、浣熊、负鼠和臭鼬等92种哺乳动物，生态保护区可露营、登山、绳降、攀岩和滑索。

埃尔谢洛生态保护区

## 法尔孔水库（Embalse Falcón）

法尔孔水库位于美国得克萨斯州拉雷多市和墨西哥新拉雷多市之间，坐落在格兰德河（北布拉沃河）下游，面积400平方千米，为两国边界水域。水库建于1953年，由美国和墨西哥共同投资建成，墨美边界和水域国际委员会管理。墨西哥境内库区是法尔孔国家公园，可垂钓、野营、游泳、滑水和划船。

法尔孔水库

# 第8章 哈利斯科州

Estado de Jalisco

## 哈利斯科州（Estado de Jalisco）

哈利斯科州面积78596平方千米，是墨西哥第七大州，经济以矿业、电子产业、纺织业、酿酒业和农牧业为主，原住民有瓜奇奇尔人、特佩万人和奥托米人。奥托米人信奉阿特基亚维特水神，水神的化身是雀鹰。哈利斯科州是多种民间传统文化的发源地，包括查罗马术（charreada）、骑牛术（jaripeo）、马里亚奇乐曲（mariachi）和特基拉龙舌兰酒。查罗马术起源于殖民时期，现为竞技表演，男女骑手（charros）身穿传统的查罗服，头戴宽边帽，用绳索套马、绊马、拽马等，以掀翻马为胜者。现在风靡美国的骑牛术则是源自16世纪哈利斯科州的骑牛比赛，比赛要求在公牛来回冲撞、跳跃旋转中，参赛者靠腿部力量维持身体平衡并骑在牛背上，以保持时间超过8秒和能承受牛冲撞的程度最大为胜者。哈利斯科州地理位置优越，自然资源和旅游资源丰富，多森林、湖泊和山峰，有全国最大的淡水湖——查帕拉湖。

查罗马术

骑牛术

## 瓜达拉哈拉（Guadalajara）市

瓜达拉哈拉市是哈利斯科州州府，坐落在阿特马哈克（Atemajac）山谷，始建于1542年，是墨西哥第二大城市，保留了很多新古典、巴洛克和新哥特风格的殖民时期建筑，有“西方明珠”美称。升天圣母教堂建于16世纪，祭坛下是历任大主教墓，圣骨堂摆放着教皇保罗二世赐福的23具主教的遗骨。圣弗朗西斯科·德·阿西斯教堂建于1554年，其建筑是巴洛克风格。州府大楼建于1774年，1810年米格尔·伊达尔戈在

升天圣母教堂

这里宣布废除奴隶制，其议会大厅壁画是墨西哥壁画家何塞·克莱门特·奥罗斯科所作，画中的伊达尔戈高举火炬向黑暗宣战。密涅瓦（La Minerva）女神像坐落在市中心，这座8米高的古罗马智慧女神密涅瓦像是城市的标志性建筑之一，老教堂还有建于1897年的耶稣圣体教堂和耶稣·玛利亚教堂。

## 魔幻小镇

### 特基拉（Tequila）市

拉罗赫尼亚酒厂

特基拉市是特基拉龙舌兰酒的发源地，墨西哥第一家特基拉酒厂建于1600年，数百年来，龙舌兰种植和特基拉酒酿造一直是特基拉市的经济支柱。“特基拉”在纳瓦语中意为“劳动者之地”。特基拉酒是墨西哥国酒，特基拉市的酒被公认是最正宗的特基拉酒。特基拉酒的制作原料是蓝色龙舌兰（agave azul），特基拉市种植的蓝色龙舌兰品质优良，被称为正宗的特基拉龙舌兰（agave tequila）。龙舌兰通常要生长12年，成熟后砍掉叶子，割下龙舌兰茎部，即龙舌兰芯，在酒厂割成两半后泡一天，榨汁加糖送入发酵炉发酵2~3天，再经两次蒸馏，然后放入橡木桶陈酿，陈酿时间不同，颜色和口味则不同。特基拉酒大体分三个品级：未陈酿的白色酒是白特基拉酒（tequila blanca），陈酿1~2年的黄色酒是陈酿特基拉酒（tequila reposada），陈酿2年以上的金黄色酒是陈年特基拉酒（tequila añejo）。特基拉酒的度数大约为38度，属中度白酒。哈利斯科州政府为宣传特基拉市和推介特基拉酒，推出特基拉快车之旅（Tren Tequila Express）旅游专列。专列从瓜达拉哈拉市发车，终点站是特基拉市，车内讲解员介绍龙舌兰酒历史，专业品酒师教游客品尝龙舌兰酒。特基拉快车之旅从旅途中的阿马蒂特兰市的埃拉杜拉酒厂（Casa Herradura）开始，到特基拉市的拉罗赫尼亚酒厂（Fábrica La Rojeña）为止，途经多家酒厂。拉罗赫尼亚酒厂建于1759年，游客可参观酒厂煮龙舌兰芯用的石炉、铜蒸馏器、储酒罐等。特基拉市原住民先后有托尔特卡人、奇奇梅卡人、奥托米人和纳瓦人。特基拉市有圣地亚哥使徒教堂、圣母教堂、市政大楼、特基拉酒国家博物馆等老建筑。

### 圣佩德罗·特拉克帕克（San Pedro Tlaquepaque）市

埃尔帕里安市场

圣佩德罗·特拉克帕克市原住民是特科人，“特拉克帕克”在印第安语中意为“陶山”，事实上该市是有名的陶城，陶制品种类齐全，建筑装饰陶、日用陶和工艺陶应有尽有，远销国内外。埃尔帕里安（El Parián）市场建于1878年，是该市的标志性建筑之一，有很多工艺品商店、酒吧和餐厅。市政大楼建于19世纪，有当地画家卡米洛·拉米雷斯的壁画《火的历史》（ Historia de Fuego）。潘塔莱昂·潘杜罗（Pantaleón Panduro）博物馆的展品来自墨西哥各地历届全国比赛获奖的陶制工艺品。地区陶艺术博物馆展出当地优秀陶制作品，老教堂有圣佩德罗教堂和孤独圣母教堂。

## 巴亚尔塔港（Puerto Vallarta）市

巴亚尔塔港市位于东太平洋的班德拉斯（Banderas）海湾，是墨西哥第三大港口。海堤雕塑精美，商铺林立，是休闲之地，有瓜达卢佩圣母教堂。旅馆区位于机场和市区之间，巴亚尔塔（Marina Vallarta）海滨在机场附近，可在海滨码头乘船出海。南海岸有黑角（Punta Negra）、孪生（Las Gemelas）、白鹭（Garza Blanca）等海滩，湛蓝海水与山近一色，令人流连忘返。公园有植物园和拱门（Los Arcos）海洋公园。亡人（los Muertos）码头是巴亚尔塔港最大的客运码头。

老城中心

## 魔幻小镇

### 西圣塞瓦斯蒂安（San Sebastián del Oeste）市

西圣塞瓦斯蒂安市坐落在西马德雷山脉，原住民为特科人，经济以农业和旅游业为主，殖民时期是墨西哥主要的矿区之一，后因矿资源枯竭，城市败落。老教堂有殉

中心广场

教者圣塞瓦斯蒂安教堂，老建筑有埃斯佩兰萨·德·拉·加莱拉（Esperanza de la Galera）庄园、波特雷罗·德·穆拉斯（Potrero de Mulas）庄园、哈利斯科（Jalisco）庄园、唐娜·孔奇塔·恩卡纳西翁（Doña Conchita Encarnación）博物馆和市政大楼，郊外有布法山眺望台。

## 查帕拉湖（Lago de Chapala）

查帕拉湖位于哈利斯科州和米却肯州之间，大部分属哈利斯科州，是墨西哥最大的淡水湖，形成于5000多万年前，东西长约90千米，南北宽约20千米，面积1116平方千米，湖内有蝎子（Los Alacranes）岛和梅斯卡拉（Mezcala）岛，湖边有多个风景秀丽的小城镇，湖区是多种鸟类的栖息地，冬天可观白鹈鹕（pelícano）等鸟类。

查帕拉湖

## 萨波潘（Zapopan）市

萨波潘市坐落在春天山脉，是哈利斯科州的第二大城市，“萨波潘”在纳瓦语中意为“有人心果树的地方”。春天山脉松树和圣栎树繁茂，是白尾鹿、美洲豹、猞猁、灰狼、灰狐狸、獾、野兔和浣熊等100多种动物的栖息地。萨波潘市最大的广场是美洲广场，老建筑有高20米的石拱门（Arco de Ingreso）和建于1690年的圣母大教堂。贝尼托·阿尔瓦兰狩猎（Caza Benito Albarrán）博物馆是墨西哥唯一的狩猎博物馆，展出几十种动物的近300个标本。艺术博物馆收藏有毕加索等名画家的作品，圣佩德罗使徒教堂的藏品包括墨西哥名画家胡安·科雷亚的作品。

石拱门

## 科洛特兰（Colotlán）市

中心广场

科洛特兰市原住民有特科人、特佩瓦人、瓜奇奇尔人、纳亚里特人和萨卡特卡人。“科洛特兰”在印第安语中意为“多蝎子的地方”。老教堂有圣路易斯大主教教堂和圣尼古拉斯教堂。娱乐休闲去处有：圣尼古拉斯（San Nicolás）山，从山脚下的圣尼古拉斯庄园到山顶步行约需4小时，山上可露营；拉坎特拉（La Cantera）山可野营，山脚有山洞可探险；洛斯佩雷斯（Los Pérez）水库位于近郊，可野营、垂钓和划艇；拉坎帕纳山（Cerro de La Campana）峡谷离市区2小时车程，可登山、垂钓和野营；圣佩德罗溪（Arroyo de San Pedro）瀑布离市区1小时车程；乌马生态园（Parque UMA）有鹿、浣熊、野猪、灰狐狸和灰狼等野生动物和各种鸟类；拉斯富恩特斯（Las Fuentes）水上公园是哈利斯科州最大的水上公园，可游泳、泡温泉、滑水、冲浪和野营。

圣尼古拉斯山

## 伊斯特佩特–格里略文化遗址

### 埃尔伊斯特佩特（El Ixtepete）古城遗址

埃尔伊斯特佩特古城遗址

埃尔伊斯特佩特古城遗址是1938年在修路时被发现的，“埃尔伊斯特佩特”在印第安语中意为“黑曜石山”，事实上遗址邻近的春天山脉富含黑曜石矿。古城坐落在萨波潘市南面的阿特马哈克山谷，面积13公顷，现仅存一个6米高的金字塔基，存在年代约为400—900年。

伊斯特佩特–格里略文化年代约为400—900年，主要分布在哈利斯科州。伊斯特佩特–格里略文化遗址是位于萨波潘市的埃尔伊斯特佩特古城遗址和埃尔格里略古城遗址的合称。这两处古城和其他城市存在的时间只有数百年，但消失在1000多年前，且都是在20世纪才被发现，其历史仍待进一步考古发现结果。

### 埃尔格里略（El Grillo）古城遗址

埃尔格里略古城遗址

埃尔格里略古城遗址位于萨波潘市，坐落在阿特马哈克山谷西北的丘陵地带，由7个小山头组成。古城存在年代约为500—900年，现存建筑底部显示古城由广场和祭台组成，祭台和墓穴用石头、土坯和砂土建成，现在尚不清楚古城由谁所建。遗址发现很多竖井墓，被认为是古印第安人的墓地。

### 特奥卡尔蒂坦（Teocaltitán）古城遗址

特奥卡尔蒂坦古城遗址位于哈洛斯托蒂特兰（Jalostotitlán）市的特奥卡尔蒂坦镇。古城存在年代约为450—900年，可能是印第安人的祭祀中心，原有23座建筑，包括祭台和球场，现存主建筑为长70米、宽40米、高8米的大平台，平台下是部落贵族和首领的墓穴。

特奥卡尔蒂坦古城遗址

### 帕拉西奥·德·奥科莫（Palacio de Ocomo）古城遗址

帕拉西奥·德·奥科莫古城遗址位于埃察特兰（Etzatlán）市的奥科纳瓦（Oconahua）镇，古城存在年代约为450—900年，“帕拉西奥”在西班牙语中意为“宫殿”，事实上古城大殿是墨西哥印第安文化遗址中最大的宫殿之一，长125米，宽125米，高6米，四周有4个平台。

帕拉西奥·德·奥科莫古城遗址

## 魔幻小镇

### 莫雷诺湖（Lagos de Moreno）市

莫雷诺湖市始建于1563年，2010年老城中心被联合国教科文组织列为世界文化遗产，老教堂有耶稣受难教堂、前圣何塞·德·格拉西亚修女院和升天圣母教堂。升天圣母教堂建于18世纪，是莫雷诺湖市的主教堂，其建筑为巴洛克风格，钟楼高72米，粉色石墙，浮雕人物栩栩如生，是城市的标志性建筑之一。走马看庄园（Cabalgata a las haciendas）是一项结合观光和运动的旅游项目，可沿途参观郊区的几个庄园。埃尔罗布莱（El Roble）公园可供游客滑索、绳降、垂钓、划艇和登山。宗教艺术（Arte Sacro）博物馆展出17—20世纪的各种宗教艺术品。市政大楼有当地名画家何塞·阿尔弗雷多·罗萨莱斯的壁画。修女街角（Rinconada de Capuchinas）文化区的奥古斯丁·里韦拉博物馆原是19世纪墨西哥历史学家、神父兼作家奥古斯丁·里韦拉的住宅，现为艺术馆。

升天圣母教堂

### 马斯科塔（Mascota）市

马斯科塔市位于哈利斯科山脉脚下，始建于1525年，原住民为特科人，特科人称该地为“马萨科特拉”（Mazacotla），意为“鹿和蛇之地”。马斯科塔市是一座被时间遗忘的小城，石子路和老教堂等殖民时期建筑使人感到时光的倒流。中心广场的喷泉和凉亭仿19世纪西班牙园林风格建造，在全国城市的中心公园中独树一帜。悲伤圣

中心广场

母教堂建于18世纪；耶稣圣血教堂始建于19世纪，历经百年，至今尚未建成。考古博物馆展出当地印第安文化遗址埃尔潘塔诺（El Pantano）、埃尔恩沃卡德罗（El Embocadero）和科亚马哈莱斯（Coamajales）等地出土的文物。埃尔潘塔诺遗址为印第安人墓地，43座墓穴共出土600多件陪葬品，文物年代约为前800年。胡安娜卡特兰（Juanacatlán）湖离市区16千米，由死火山口形成，面积24公顷，水深50米，可划艇和垂钓。科林奇斯（Corrinchis）水库在马斯科塔河筑坝而成，水库长约8千米，水深50米，可野营、骑马和垂钓。埃尔莫尔卡赫特（El Molcajete）火山是一座死火山，游客登顶可俯瞰市区。拉纳里索纳石（Piedra La Narizona）是拉纳里索纳山山顶兀立的一块巨石，拉纳里索纳山山腰有深25米的山洞，适合洞穴探险。伊斯卡坦角（Rincón de Ixcatan）瀑布离市区12千米，落差6米，瀑布下是蓝湖，蓝湖可游泳。埃尔奥科蒂略（El Ocotillo）峡谷长250米，宽25米，有高达20米的石林，已发现的史前岩画达446处。埃尔塔科特（El Tacote）峡谷位于离市区9千米的圣罗莎·德·利马镇（Comunidad de Santa Rosa de Lima），长约3.2千米，深240米，塔科特河穿峡谷而过，可绳降等。科罗拉达（Mesa Colorada）高地离市区2千米，地面有很多红色巨石，卡拉佩（Galope）溪流经该处，不断洗刷巨石，阳光下石块红艳，有30多处史前岩画。

## 马萨米特拉（Mazamitla）市

马萨米特拉市原是阿兹台克人建于1165年的古城，属当时的察波特兰（Tzapotlán）王国，1481—1510年被普雷佩查人占领，“马萨米特拉”在纳瓦语中意为“射鹿之地”。马萨米特拉市有很多殖民时期的建筑，多为白墙瓦顶木门房子。埃尔萨尔托（El Salto）瀑布位于罗斯卡索斯区（Fraccionamiento Los Cazos），落差35米。皇道区（Fraccionamiento Camino Real）坐落在马萨米特拉山脉，山清水秀，适合生态游，以及攀岩、骑摩托和滑索等探险游。圣克里斯托瓦尔教堂建于20世纪中叶。恩坎塔多（Jardín Encantado）公园位于罗斯卡索斯区，可爬山、骑马、骑山地车和垂钓。拉桑哈（La Zanja）森林是当地人休闲娱乐的地方。老虎（Tigre）山脉的埃尔查卡

埃尔萨尔托瀑布

尔（El Chacal）山和老虎山可爬山和骑山地车。探险（Tierra Aventura）公园离市区16千米，面积5平方千米，可爬山、骑马、骑摩托和滑索。绿峡谷（Barranca Verde）可参观河鳟养殖场。

## 塔尔帕·德·阿连德（Talpa de Allende）市

塔尔帕·德·阿连德市位于西马德雷山脉，“塔尔帕”在纳瓦语中意为“地上”，“阿连德”是为纪念墨西哥独立运动将领伊格纳西奥·阿连德。塔尔帕·德·阿连德市是宗教旅游胜地，有很多老教堂，其中罗萨里奥圣母教堂建于1782年，结合了楚利盖拉风格和哥特风格。罗萨里奥圣母雕像颇受信徒崇拜，每年有300多万来自全国各地的信徒前往朝圣，其圣母博物馆藏品包括圣母雕像穿过的纯金外衣。其他有建于1858年的圣何塞教堂、圣米格尔教堂、圣加夫列尔大天使教堂等。基督王（Cristo Rey）山山顶建有耶稣像，山顶可俯瞰市区。

罗萨里奥圣母教堂

## 特乌奇特兰文化遗址

### 瓜奇蒙托内斯（Guachimontones）古城遗址

瓜奇蒙托内斯古城遗址位于特乌奇特兰（Teuchitlán）市，古城由特乌奇特兰人所

圆形金字塔

建，存在年代约为前300—公元400年，是特乌奇特兰文化的发祥地。古城由一群圆形金字塔、球场、墓地和平台组成，面积约6平方千米，兴盛时期人口约4万人。主建筑是一座圆形金字塔，是特乌奇特兰人祭祀埃赫卡特·克察尔科亚特风和羽蛇神等诸神的祭神塔。金字塔的52级台阶代表特乌奇特兰人以52年为一轮回的日历。特乌奇特兰人酷爱打球，在遗址附近就发现近百个球场。遗址球场是墨西哥迄今发现的最大球场，长111米，宽24米。球大约重4.2千克，比赛时双方只能用头顶球，一场比赛的时间达数小时。

特乌奇特兰文化年代约为前300—公元900年，分布在哈利斯科州、纳亚里特州和科利马州等墨西哥西部几个州。特乌奇特兰王国于200年进入兴盛时期，人口数万人，首都和最大城市是瓜奇蒙托内斯。“特乌奇特兰”在纳瓦语中意为“信奉神灵的地方”。特乌奇特兰王国没有大型建筑，但建有一种大圆形金字塔，圆形体现了特乌奇特兰人的宇宙观，即宇宙是无限的圆形天体。这种世界上独一无二的圆形金字塔成了特乌奇特兰文化的标志。特乌奇特兰人操托托拉梅（totorame）语，托托拉梅语是尤托–纳瓦语系的科拉语变体。特乌奇特兰人主要从事农业，先进灌溉技术使当地每年有3次收成。

## 科利马雪山火山（Volcán Nevado de Colima）

科利马雪山火山位于哈利斯科州南部，坐落在墨西哥新火山山脉，是一座海拔4239米的死火山。火山曾在更新世冰川时期喷发，熔岩流到80千米外的地方。科利马雪山火山与同在哈利斯科州的坎塔罗火山（Volcán de Cantaro）和科利马州的科利马火山，即科利马火焰火山（Volcán del Fuego de Colima）组成科利马火山群。20世纪30

科利马雪山火山

年代，为保护生态环境，时任总统拉萨罗·卡尔德纳斯下令建了36个国家公园，科利马雪山火山国家公园是其中之一。公园面积65.5平方千米，包括科利马雪山火山和科利马火焰火山，有游鹞、美洲豹、毒蛇、野猪、灰狼、浣熊、松鼠、树懒、红猞猁、野牛等野生动物和红齿嘴鸟和蜂鸟等鸟类。从山脚登顶科利马雪山火山约需2个小时，最佳登山时间是每年12月—次年2月。由于美洲豹时有出没，游客登山需有专业导游陪同。

## 魔幻小镇

### 塔帕尔帕（Tapalpa）市

塔帕尔帕市坐落在塔帕尔帕山脉，始建于1650年，原住民是奥托米人，“塔帕尔帕”在奥托米语中意为“彩色之地”。塔帕尔帕市旅游资源丰富，老教堂有瓜达卢佩圣母教堂、施恩圣母教堂、现为宗教艺术博物馆的圣安东尼奥·德·帕杜亚教堂等。塔帕尔帕巨石阵（Piedrotas Tapalpa）有数千年历史，但来源众说纷纭。前印第安人医院（Ex Hospital de Indios）是城市最老的建筑。近郊的修士（Los Frailes）公园因石头很像正在祈祷的众修士得名，可滑索、绳降和爬山。半月（Media Luna）庄园位于拉古尼亚斯（Lagunillas）镇，据说墨西哥著名作家胡安·鲁尔弗反映墨西哥殖民时期农村生活的小说《佩德罗·巴拉莫》（Pedro Páramo）的很多场景是根据半月庄园描述的。塔帕尔帕生态公园（Ekopark Tapalpa）离市区10千米，有9条滑索，最长滑索长300米，落差25米，可绳降、爬山、骑山地车和骑摩托。

塔帕尔帕巨石阵

修士公园

# 第 9 章 萨卡特卡斯州

Estado de Zacatecas

## 萨卡特卡斯州（Estado de Zacatecas）

萨卡特卡斯州位于墨西哥中部，面积75275平方千米，矿产资源丰富，殖民时期是墨西哥主要的产银区之一，经济支柱有矿业、农业、畜牧业和肉类加工业，原住民有苏奇尔·查尔奇维特人、卡斯坎人、瓜奇奇尔人、特佩万人和萨卡特卡人。大奇奇梅卡（Gran Chichimeca）地区大部分在萨卡特卡斯州，大奇奇梅卡地区的8个游牧或半游牧部落的印第安种族分别是瓜奇奇尔人、萨卡特卡人、特佩卡诺人、卡斯坎人、帕梅人、奥托米人、瓜马雷人和特奎塞人。

萨卡特卡人

## 萨卡特卡斯（Zacatecas）市

萨卡特卡斯市是萨卡特卡斯州州府，坐落在阿纳瓦克（Anáhuac）高原北端，海拔2500米，市郊有布法山、蟋蟀（Grillo）山、圣母（Virgen）山和神父（Padre）山，殖民时期是墨西哥的主要产银区之一。建筑极具殖民时期风格，房子多用粉红石砌成，有“粉红城”的美称，1993年老城中心被联合国教科文组织列为世界文化遗产。老教堂有建于1904年的升天圣母教堂和建于1746年的圣多明戈教堂。拉斐尔·科罗内尔博物馆以壁画家迭戈·里维拉的女婿、当地画家拉斐尔·科罗内尔的名字命名，收藏有1.6万件工艺品，包括科罗内尔私人藏品和墨西哥国家文化艺术委员会藏品。埃尔库沃（El Cubo）水渠为引埃尔库沃矿山上的水到城里而建，始建于18世纪，1904年完工，现存部分是城市的标志性建筑之一。近郊的布法山

拉斐尔·科罗内尔博物馆

海拔2610米，山顶有建于1548年的永助圣母教堂，山坡的萨卡特卡斯战役（Toma de Zacatecas）博物馆由在1914年6月墨西哥革命最关键一仗——萨卡特卡斯战役中牺牲的革命军将士的陵墓改造而成。

## 埃尔埃登矿（Mina El Edén）

埃尔埃登矿位于萨卡特卡斯市，矿井深320米，1586年开始开采，1960年关闭，1975年开发成旅游景点。可乘观光小火车参观2千米长的坑道，还有吊桥、小教堂、博物馆、阶梯和瀑布等。

埃尔埃登矿入口

观光小火车

## 纳瓦文化遗址

### 拉克马达（La Quemada）古城遗址

拉克马达古城遗址位于维亚努埃瓦（Villanueva）市，古城有城墙、大殿、神庙和球场，存在年代约为300—1200年，由纳瓦族的一个游牧部落所建，建筑风格与特奥蒂瓦坎文化和托尔特卡文化相似。建筑用黏土和植物纤维做成的灰浆砌石块垒成，因年代久远，灰浆流失，现存建筑残缺不全，仅存石柱（Salón de las Columnas）大殿、许愿金字塔（Pirámide Votiva）。石柱大殿长41米，宽32米，高5米，由石柱支撑，是古城人举行宗教仪式的场所。许愿金字塔高10米，塔顶有一神庙，现存塔基。古城墙长800米，宽4米，高6米。

石柱大殿

许愿金字塔

## 奥尔加诺斯山脉国家公园（Parque Nacional Sierra de Órganos）

奥尔加诺斯山脉国家公园

奥尔加诺斯山脉国家公园位于松布雷雷特市，坐落在西马德雷山脉，离市区30千米，面积11平方千米，2000年被联合国教科文组织列为世界文化遗产。公园的最大特色是千奇百怪、形态各异的巨石，这些石头经上千万年的雨水冲刷形成，蔚为壮观。公园动植物资源丰富，有松树、圣栎树、牧豆树、仙人掌、丝兰和龙舌兰等植物，有野兔、鹌鹑、灰狼、白尾蛇和美洲豹等动物。公园可爬山、野营和骑山地车。

## 奇奇梅卡文化遗址

### 埃尔特乌尔山（Cerro de El Teúl）古城遗址

埃尔特乌尔山古城遗址

埃尔特乌尔山古城遗址位于特乌尔·德·冈萨雷斯·奥尔特加（Teúl de González Ortega）市，古城存在年代约为前200—公元1400年，由卡斯坎族特索尔人所建，遗址出土文物包括作为钱币的贝壳和绿宝石、耳环和彩陶。

奇奇梅卡文化年代约为前1000—公元1521年。有学者认为起源于前2000年前后。与其说奇奇梅卡文化是印第安人种文化，不如说是印第安地区文化，因为在这地区生活着8个（一说为6个）不同的印第安民族，他们分别是瓜奇奇尔人、萨卡特卡人、特佩卡诺人、卡斯坎人、帕梅人、奥托米人、瓜马尔人和特奎塞人。大奇奇梅卡地区位于墨西哥高原中部，东到圣路易斯波托西州和韦拉克鲁斯州交界，西到哈利斯科州和纳亚里特州交界，南到克雷塔罗州和米却肯州交界，北到科阿韦拉州和萨卡特卡斯州，其中大部分地区在萨卡特卡斯州。

大多数奇奇梅卡人是部落首领统治，首领不是世袭，而是由最优秀的武士担任，首领负责部落的祭祀、行政和军事管理。南部的奇奇梅卡人实行一夫一妻制，北部的奇奇梅卡人实行一夫多妻制。奇奇梅卡男人从事狩猎、战事、农业和手工业，女人采果实和做家务。每当有战争，开战前全体参战男人要参加舞蹈开战仪式。开战仪式通常在晚上举行，战士们边跳舞边吃一种可以引起幻觉的名为老头掌的仙人掌（peyote）。奇奇梅卡人的武器包括弓箭、砍刀、投枪和黑曜石刃木斧等。为防弓的撞击，战士们都戴皮护手。战士们身上涂满各种颜色赤膊上阵。奇奇梅卡人打仗很怕敌人蛊惑，因此在营地周围铺满带刺木桩防止巫术。

奇奇梅卡人一直英勇反抗西班牙殖民统治，并一直持续了2个世纪。

“奇奇梅卡人”是阿兹台克人对他们的称谓，在纳瓦语中意为“野蛮人”。8个印第安人种讲不同的语言，但都是尤托–纳瓦语系和奥托–曼格语系的变体。奇奇梅卡人把太阳和月亮以及一些动物视为神祇，认为吃动物肉或身上涂上动物形象就可以得到它们的保护。祭祀一般在山顶或山坡举行，但也有部落在神庙祭祀，同时在战时把神庙作为军事堡垒。奇奇梅卡人死后实行火葬，保留骨灰，但也有部落实行土葬。奇奇梅卡人在开耕前要举行开耕仪式，首领把自己的血洒在耕地上，祈求丰收，人们要喝仙人掌果酒和吃老头掌仙人掌。奇奇梅卡人认为血可以保护人，婴儿出生后，父亲要把自己的血滴在婴儿身上，以祈求孩子健康成长。

大奇奇梅卡地区的8个印第安种族，有的已经消失，有的至今还在。有学者把这8个印第安人种都归属纳瓦族，也有学者认为帕梅人和奥托米人是独立的种族，其他6个人种属纳瓦族。大奇奇梅卡地区的8个印第安种族如下：

（1）瓜奇奇尔人。瓜奇奇尔语是尤托–纳瓦语变体。传说瓜奇奇尔人是奇奇梅卡人中最凶残的，会把其他印第安人俘虏宰杀，吃其肉。

（2）萨卡特卡人。萨卡特卡语是尤托–纳瓦语变体。萨卡特卡人是奇奇梅卡地区人口最多的人种之一。传说萨卡特卡人跟瓜奇奇尔人一样擅长使用弓箭，一样作战勇猛，但比后者文明，日常赤身裸体，只用布遮挡私处和裹住腿脚防止被植物划伤。“萨卡特卡”在萨卡特卡语中意为“黑色脑袋”，原因是他们把脑袋涂成黑色。

（3）特佩卡诺人。特佩卡诺人目前已消失，特佩卡诺语是尤托–纳瓦语变体。

（4）卡斯坎人。卡斯坎人是奇奇梅卡地区人口最多的人种之一，卡斯坎语是尤托–纳瓦语变体。

（5）帕梅人。帕梅语属奥托–曼格语系。帕梅人被认为是奇奇梅卡人中最和平、不好战的种族。

（6）奥托米人。现有60多万奥托米人，经济以农业为主，他们种玉米、豆类、辣椒等，擅长用草药治病和用古法治疗。殖民初期奥托米人曾英勇抗击埃尔南·科尔特斯率领的西班牙远征军的侵略。奥托米语属奥托–曼格语系。

（7）瓜马雷人。瓜马雷人英勇善战，社会结构为松散部落联盟，各部落首领都是民选，首领们组成联盟的议会，所有战争等大事由议会商议决定。刚到墨西哥的西班牙人搞不清楚瓜马雷地区印第安人种，就统统称作瓜马雷人，实际上这一地区只有3个瓜马雷部落：科曼哈·德·哈索部落、彭哈莫部落和圣米格尔部落，其余分属不同的人种。1563年瓜马雷人曾奋勇抗击西班牙人，现已消失。

（8）特奎塞人。特奎塞语是尤托–纳瓦语变体 。“特奎塞”在特奎塞语中意为“石头台地”。各部落民选产生首领。

## 魔幻小镇

### 赫雷斯·德·加西亚·萨利纳斯（Jerez de García Salinas）市

赫雷斯·德·加西亚·萨利纳斯市坐落在卡尔多斯（Cardos）山脉，老教堂有建于1747年的无玷始胎圣母教堂和建于1805年的孤独圣母教堂。拉蒙·洛佩斯·贝拉尔德故居博物馆则介绍当地诗人拉蒙·洛佩斯·贝拉尔德的生平和作品。

无玷始胎圣母教堂

## 诺奇斯特兰（Nochistlán）镇

市政大楼

诺奇斯特兰镇是诺奇斯特兰·德·梅希亚（Nochistlán de Mejía）市的政府所在地，最早原住民为卡斯坎人，“诺奇斯特兰”在卡斯坎语中意为“仙人掌果之地”。老建筑有建于1673年的圣塞瓦斯蒂安教堂、建于17世纪的拱桥（Los Arcos）水渠、建于17世纪的鲁伊斯之家（Casa de Los Ruiz）、建于17世纪的圣弗朗西斯科·德·阿西斯教堂、建于1896年的圣何塞教堂和建于1957年的市政大楼。鲁伊斯之家现为博物馆，1810年萨卡特卡斯州在这里宣告加入墨西哥独立运动。

## 皮诺斯（Pinos）市

皮诺斯市位于大图纳尔沙漠（Desierto de Gran Tunal）地区，坐落在皮诺斯山脉，原住民为瓜奇奇尔人，“皮诺斯”在西班牙语中意为“松树”，殖民时期的经济以矿业为主。殖民时期的墨西哥城至现在的美国新墨西哥州有一条长达2600多千米的内地皇家大道（Camino Real de Tierra Adentro），它曾是墨西哥中北部地区最重要的商贸之路，皮诺斯市就位于这条古道上。2010年皮诺斯市被联合国教科文组织列为世界文化遗产。圣马蒂亚斯教堂建于17世纪，其建筑为巴洛克风格，粉红石外墙，精美石雕，富丽堂皇，其宗教艺术博物馆收藏墨西哥18世纪名画家米格尔·马特奥·马尔多纳多等人的作品。圣弗朗西斯科教堂建于1594年。特拉斯卡利亚（Tlaxcalilla）教堂的大祭坛是楚利盖拉风格装饰。市政大楼和大钟楼坐落在大广场。拉夸德里亚庄园区（Barrio de La Cuadrilla）保留着殖民时期庄园和冶炼厂的原貌。拉彭登西亚（La Pendencia）庄园原是梅斯卡尔龙舌兰酒庄，现为龙舌兰酒博物馆。

圣马蒂亚斯教堂

圣烛教堂

## 松布雷雷特（Sombrerete）市

松布雷雷特市始建于1555年，2010年老城中心被联合国教科文组织列为世界文化遗产。老教堂有圣烛教堂、圣马特奥修道院和孤独圣母教堂。平塔斯山洞（Cuevas Pintas）离市区30多千米，可看史前岩画。

## 特乌尔·德·冈萨雷斯·奥尔特加（Teúl de González Ortega）市

唐·奥雷利奥龙舌兰酒厂

特乌尔·德·冈萨雷斯·奥尔特加市坐落在西马德雷山脉，最早的原住民是卡斯坎人，“特乌尔”在卡斯坎语中意为“诸神之地”。该市以龙舌兰种植和龙舌兰酿酒驰名，也是刺绣、制陶、木雕和石制品等工艺品产地。老教堂有瓜达卢佩圣母教堂、罗萨里奥教堂和圣胡安·包蒂斯塔教堂。圣胡安·包蒂斯塔教堂始建于1722年，1824年建成，为新古典风格，是该市最古老的教堂。当地的唐·奥雷利奥龙舌兰（Don Aurelio）酒厂是一家百年老酒厂，市立博物馆则展出当地手工艺品和印第安出土文物。

瓜达卢佩圣母教堂

## 瓜达卢佩（Guadalupe）市

瓜达卢佩市始建于1555年，老教堂有建于1707年的瓜达卢佩圣母教堂。殖民时期博物馆（Museo Virreinal）建于1707年，原为教会学校，藏品包括300多件殖民时期的油画、雕刻和家具。安东尼奥·马尔希尔传教士广场为纪念安东尼奥·马尔希尔·德·赫苏斯传教士所建。

## 尘土溶洞（Grutas de Polvareda）

尘土溶洞

尘土溶洞位于松布雷雷特市的圣何塞·德·兰乔斯（San José de Ranchos）镇，离镇2千米，已探明1.5千米的洞深，洞内多钟乳石和石笋，适合洞穴探险。

## 查尔奇维特斯文化遗址

### 阿尔塔维斯塔（Altavista）古城遗址

阿尔塔维斯塔古城遗址位于查尔奇维特斯（Chalchihuites）市，古城由苏奇尔·查尔奇维特人所建，存在年代约为100—1400年，是查尔奇维特人的经济、军事和政治中心。查尔奇维特人有等级分明的社会体系和图形文字，会算数，有一定的天文知识，通过观察一年间太阳位置的变化来区分不同季节和指导农耕。古城附近有绿宝石小矿，可能是当时的绿宝石产地和市场，现存石柱大殿遗址的28根石柱和地基。

石柱大殿遗址

## 托亚瓦瀑布（Cascade Salto de Toyahua）

托亚瓦瀑布

托亚瓦瀑布位于诺奇斯特兰·德·梅希亚市的托亚瓦·德·阿瓦霍（Toyahua de Abajo）镇，坐落在萨卡特卡斯山脉密林中，落差70多米，水流直下深潭后流入阿瓦霍（Abajo）河，蔚为壮观。

# 第10章 下加利福尼亚州

Estado de Baja California

## 下加利福尼亚州（Estado de Baja California）

加利福尼亚半岛东临加利福尼亚湾，西邻太平洋，面积144849平方千米，长约1200千米，宽45～250千米，原是下加利福尼亚州，分南加利福尼亚、北加利福尼亚两个区，1952年区改州，即现在的下加利福尼亚州和南下加利福尼亚州。下加利福尼亚州位于加利福尼亚半岛北端，东临加利福尼亚湾，西临太平洋，北邻美国，面积71450平方千米，原住民有库米埃人、派派人、库卡帕人、基利瓦人和科奇米人等，经济以制造业、旅游业、农业、畜牧业和渔业为主。墨西卡利市和蒂华纳市位于墨美边界，交通方便，是墨美两国最主要的通关要道。下加利福尼亚州旅游资源丰富，拥有众多海滩、海岛、森林等自然景观。

库米埃人

## 墨西卡利（Mexicali）市

墨西卡利市是下加利福尼亚州州府，与美国加利西哥（Calexico）市接壤，是继蒂华纳市之后的墨美第二大通关口岸，“墨西卡利”是墨西哥和加利福尼亚半岛的合称。墨西卡利是中国人建的城市，1882年美国通过《排华法案》，为躲避迫害，很多华人劳工从美国逃到墨西哥。1899年墨西哥与清政府签订《友好通商条约》，条约规定双方互为最惠国，两国人民彼此侨居。条约为墨西哥引进华人劳工创造了条件。为建墨西卡

哈迪河

利山谷的水利工程，20世纪初美国科罗拉多河谷公司从中国招募劳工。当时在墨西卡利附近从事水利工程建设、开垦土地种植粮食和棉花的华工有6000多人。这里原是一片荒芜之地，早期居民几乎都是华人，今天的墨西卡利已发展成人口过百万的大城市，有5000多名华人华裔，他们大多居住在中国城（La Chinesca）。当年华人为躲避战乱修建的地下城，现为旅游景点。作为新兴城市，墨西卡利市区没有古建筑，但市郊不乏自然景观，主要景观有哈迪（Hardy）河、盐（Salada）湖、瓜达卢佩（Guadalupe）峡谷、圣费利佩（San Felipe）海滩、小港（Puertecitos）镇、圣路易斯·贡萨加（San Luis Gonzaga）湾、天使（los Ángeles）湾、汉松（Hanson）湖、平原（los Llanos）峡谷、华雷斯（Juárez）山脉、圣佩德罗·马蒂尔（San Pedro Mártir）山脉、库卡帕（Cucapá）山脉和巨仙人掌（Los Gigantes）山谷等。哈迪河离市区50多千米，全长26千米，流经墨西卡利山谷，属科罗拉多河水系，沿河岸可野营、划艇、垂钓和打猎（只允许打鹌鹑和野鸡）。盐湖离市区30千米，位于库卡帕山脉和华雷斯山脉中间，属科罗拉多河水系，从20世纪80年代起干枯，夏季炎热高温，不适合旅游，其他季节适合驾车探险游。圣费利佩海滩位于墨西卡利市南面的加利福尼亚湾，风景优美，可垂钓、游泳、潜水和观鲸。巨仙人掌山谷位于加利福尼亚湾和圣佩德罗·马蒂尔山脉之间，距离圣费利佩镇15千米，有1200多种野生仙人掌，有的高20多米。

## 蒂华纳（Tijuana）市

蒂华纳市（“蒂华纳”在西班牙语中意为“胡安娜大妈”，因这里原是胡安娜大妈农庄）位于东太平洋海岸，与美国圣迭戈（San Diego）市相邻。1848年美国与墨西哥签订《瓜达卢佩·伊达尔戈条约》后，蒂华纳市成为边界城市。该市始建于1889年，历史不长，但地理位置优越，城市发展迅速，仅百年时间就从一个边陲小镇发展成为百万人口城市和墨美边界最大的通关口岸城市。蒂华纳市是现代化工业城市，很多国际大公司在这里设厂。蒂华纳市有不少现代化建筑，包括国家卫士纪念碑、库奥特莫克纪念碑、女猎人戴安娜喷泉和独立纪念碑等。蒂华纳文化中心的博物馆有加利福尼亚半岛博物馆、蜡像馆、古文化（Jardín Cultura Ancestral）博物馆和历史博物馆。

蒂华纳文化中心

## 恩塞纳达（Ensenada）市

恩塞纳达市

恩塞纳达市位于东太平洋的托多斯·桑托斯（Todos Santos）湾，坐落在瓜达卢佩山谷，是下加利福尼亚州第三大城市和唯一深水港，旧海关大楼是其最古老的建筑之一。海堤有游船供游客出海观鲸，每年12月一次年4月，灰鲸从阿拉斯加海游到这里越冬，是最佳观鲸季节。圣佩德罗·马蒂尔国家公园可野营、登山和攀岩。1857年宪法国家公园位于华雷斯山脉，离市区90千米，面积50平方千米，该公园松柏茂密，野生动物繁多，园内的汉松湖可泛舟和垂钓。恩塞纳达市附近海岸的悬崖峭壁上，有科奇米人的史前岩画，包括卡塔维尼亚（Cataviña）岩画和埃尔阿拉莫矿（Mina de El Álamo）岩画。

拉布法多拉海上间歇喷泉

## 拉布法多拉海上间歇喷泉（Géiser Marino La Bufadora）

拉布法多拉海上间歇喷泉位于恩塞纳达市南面30千米处的太平洋海边，海浪涌入海底洞穴形成的海水喷发，喷浪高20多米，是世界第二大海上间歇喷泉。传说一小鲸鱼掉进海底洞穴出不来，只好用喷泉表达悲伤。

## 托多斯·圣托斯岛（Islas de Todos Santos）

托多斯·圣托斯岛

托多斯·圣托斯岛位于恩塞纳达市西面20千米处的海上，分南北两座无人岛屿，属加利福尼亚半岛生态区，野生动物有海鸥、鹈鹕、鸬鹚、麻雀、游隼、美洲鼠和毒蛇等。岛附近海面风大浪大，适合高难度冲浪，可从恩塞纳达市乘船去该岛观光，途中可观海狗（lobo marino）、海豹（foca）、海象（elefante marino）、海豚和海鸥等动物。

## 瓜达卢佩峡谷（Cañón de Guadalupe）

瓜达卢佩峡谷坐落在下加利福尼亚州北部的库卡帕（Cucapá）山脉，有“沙漠中的绿洲”之美称。峡谷植物茂盛，怪石嶙峋，有多处温泉和水潭，可登山、骑山地车和攀岩。峡谷的坎图棕榈林（Palmas de Cantú）有印第安人史前岩画。

瓜达卢佩峡谷

## 仙人掌山谷（Valle de Los Cirios）

仙人掌山谷位于恩塞纳达市，坐落在卡塔维尼亚沙漠（Desierto Cataviña），西至太平洋，东临加利福尼亚湾，附近有拉谢里塔（La Sierrita）、圣弗兰西斯基托（San Francisquito）、卡拉马胡埃（Calamajué）和哥伦比亚（Colombia）等山脉，面积2.5万平方千米，约占下加利福尼亚州面积的33%，其中的天然仙人掌植物园有700多种仙人掌和龙舌兰，以及裂榄等许多粗矮茂盛植物，是墨西哥最大的天然植物园之一。野生动物有蛇、豹、野猫、狼、狐狸、野兔和叉角羚羊等。卡塔维尼亚镇附近的山洞有上千块石头，上面有科奇米人创作的史前岩画。

仙人掌山谷

## 魔幻小镇

### 特卡特（Tecate）市

特卡特市位于墨西哥和美国两国边界，始建于1892年，景观有伊达尔戈公园、库米埃地区博物馆（Museo Comunitario Kumiai）、圣何塞庄园、巨石阵（Piedras Gordas）和鲁莫罗莎（Rumorosa）镇等。库丘马（Cuchuma ）山是库米埃人举行宗教仪式的圣山。特卡特市有名的葡萄酒庄有塔纳马山谷（Valle Tanamá）酒庄、瓜达卢佩山谷酒庄等。特卡特市有50多个老庄园，包括特卡特庄园和拉普埃尔塔庄园（Rancho La Puerta），墨西哥有名的特卡特啤酒厂就在特卡特市。

库丘马山

# 第11章 南下加利福尼亚州

Estado de Baja California Sur

## 南下加利福尼亚州（Estado de Baja California Sur）

科奇米人

南下加利福尼亚州位于加利福尼亚半岛南部，三面环海，有长约2200千米的海岸线，面积73399平方千米，70%的面积是山地和沙漠，河流稀少，人口不足百万人，是墨西哥人口密度最低的州。经济以农牧渔业为主，旅游资源丰富，尤其是海洋旅游资源丰富，近年来旅游业成为主要经济支柱之一。北部原住民是科奇米人和蒙基人，中部原住民是瓜伊库拉人，南部原住民是佩里库人，由于种种原因，除科奇米人外，这些原住民已基本消失。

## 拉巴斯（La Paz）市

海堤

拉巴斯市是南下加利福尼亚州州府。原住民为佩里库人，经济以食品加工业、渔业和旅游业为主。海堤是市民休闲的去处，沿堤有灰鲸、老人与海等雕塑。圣母教堂建于1720年，其建筑为巴洛克风格。市政大楼现为图书馆，是城市的标志性建筑之一。拉巴斯沿海大半年时间都有鲸群游弋，常见鲸群有灰鲸、蓝鲸（ballena azul）和驼鲸（ballena jorobada），鲸群的出现时间分别为：灰鲸是每年12月—次年4月，蓝鲸是每年3—7月，驼鲸是每年2—6月。拉巴斯市观鲸处有玛格达莱娜（Magdalena）湾、圣伊格纳西奥（San Ignacio）湾、洛佩斯·马特奥斯（López Mateos）港和圣卡洛斯（San Carlos）港。

## 洛斯卡沃斯（Los Cabos）市

洛斯卡沃斯市位于南下加利福尼亚州最南端，两个大的镇分别是市政府所在地的

圣何塞教堂

圣何塞·德尔·卡沃（San José del Cabo）镇和卡沃·圣卢卡斯（Cabo San Lucas）镇，两镇相隔32千米。洛斯卡沃斯市旅游资源丰富，在海豚角（Cabo de Delfines）可跟海豚同游；在深海可深潜，在浅海可浮潜；看珊瑚礁可去卡沃·普尔莫（Cabo Pulmo）国家海洋公园。

圣何塞·德尔·卡沃镇坐落在离海边1千米的沙漠地带，周围是长满仙人掌的小山，跟远处的碧海蓝天相得益彰。圣何塞·德尔·卡沃镇气候宜人，是度假胜地。圣何塞教堂建于1730年，原是耶稣会第一个传教所，是镇的标志性建筑。圣贝尔纳贝（San Bernabé）港曾是马尼拉到阿卡普尔科港的"中国之船"（Nao de China）的补给港。仙人掌（Cacti Mundo）植物园种有5000多种仙人掌，是墨西哥最大的仙人掌植物园之一。卡沃·普尔莫国家海洋公园位于离镇65千米的东海角（Cabo Este），可深潜、浮潜，或观珊瑚礁、蝠鲼（mantarraya）、海狮（león marino）、鲸鲨（tiburón ballena）等。

卡沃·圣卢卡斯镇的海滩风景秀美，浪小沙白，主要有拉恩帕卡多拉（La Empacadora）、埃尔梅丹诺（El Médano）、埃尔奇莱诺（El Chileno）、圣玛利亚（Santa María）、爱情（Amor）和离婚（Divorcio）等海滩。可乘游船出海看卡沃·圣卢卡斯拱门和鲸鱼，自然历史博物馆展出古植物和动物鸟类等。法尔索角灯塔（Faro Viejo de Cabo Falso）离镇15千米，有100多年的历史。卡沃·圣卢卡斯拱门位于下加利福尼亚岛最南端海面，是太平洋和加利福尼亚湾的分界线。

## 魔幻小镇

### 洛雷托（Loreto）市

洛雷托市位于加利福尼亚半岛东海岸，西靠拉希甘塔（La Giganta）山脉，东临加利福尼亚湾，经济以农业和渔业为主。洛雷托市是西班牙人在加利福尼亚半岛建的第一个城镇，1697—1777年曾是加利福尼亚省首府。洛雷托市辖多个岛屿，包括卡门（Carmen）岛、丹桑特（Danzante）岛和圣卡塔拉纳（Santa Catalana）岛。洛雷托湾国家公园面积2065平方千米，2005年被

洛雷托市

联合国教科文组织列为世界文化遗产。每年2—4月鲸群长途跋涉到洛雷托湾交配产子，这段时间最合适观鲸。洛雷托湾是海龟（tortuga marina）和鸟类的栖息地，有大面积的海滩，阳光明媚，适合深潜、浮潜，或观鲸、海狗、海豚和蝠鲼。有圣母教堂、圣弗朗西斯科·哈维尔传教所、穆莱格传教所、科蒙杜（Comundú）传教所、圣胡安·包蒂斯塔·隆多（San Juan Bautista Londó）传教所等老教堂。石屋（Casa de Piedra）建于300多年前，原是军事要塞，后为市政大楼。平塔斯（Pintas）山洞和拉平奎卡（La Pingüica）山洞位于拉希甘塔山脉，离市区15千米，可看印第安人史前岩画。

## 圣罗萨利亚（Santa Rosalía）镇

圣巴尔瓦拉教堂

圣罗萨利亚镇是穆莱赫（Mulegé）市政府所在地，由1705年建成的耶稣会传教所发展形成。19世纪中叶该地发现铜矿，由法国埃尔博莱奥（El Boleo）公司投资开采，铜矿关闭后，法国人离开了，却留下很多法式建筑，圣罗萨利亚镇也成为墨西哥唯一的法国建筑风格小镇。圣巴尔瓦拉教堂为钢铁结构，1884年由设计法国巴黎埃菲尔铁塔的古斯塔夫·埃菲尔设计建造，曾在1889年巴黎世界博览会上展出。1897年埃尔博莱奥公司从比利时搬来该市，埃尔博莱奥博物馆原为埃尔博莱奥公司办公楼，现为矿博物馆，收藏以前开采铜矿的设备和工具。圣马尔科斯（San Marcos）岛离镇30千米，可深潜、观珊瑚礁和鲨鱼。三处女火山（Volcán Tres Vírgenes）离镇33千米，海拔2054米，从山顶可眺望加利福尼亚湾，三处女火山因保持原始生态而得名。硫磺（Azufre）峡谷是登三处女火山的必经之路，峡谷的海洋化石、温泉、史前岩画和奇山异石等令人流连忘返，运气好还会看到北美洲特有的沙漠野山羊（borrego cimarrón）。

## 卡门岛（Isla del Carmen）

卡门岛

卡门岛属洛雷托市，位于洛雷托市对出海面18千米处，属洛雷托湾国家公园，动物有尖嘴鸥、鹈鹕、海狗、海鸥和鲸鲨等。卡门岛曾是盐田，格雷罗·内格罗盐场（Salinera de Guerrero Negro）总部位于萨利纳斯（Salinas）湾，游客可参观盐场、划艇和潜水。

## 魔幻小镇

### 托多斯·圣托斯（Todos Santos）镇

托多斯·圣托斯镇属拉巴斯市，坐落在拉拉古纳山脉脚下，面对太平洋，被芦苇荡和棕榈林环抱，是加利福尼亚半岛沙漠中的绿洲，由建于1733年的圣罗莎传教所发展形成，建筑充满殖民时期的风格和艺术传统，有多处艺术馆、文化中心和博物馆，包括曼努埃尔·马克斯剧院（Manuel Márquez de León）、内斯托尔·阿贡德斯·马丁内斯教授（Profesor Néstor Agúndez Martínez）文化中心和地区历史博物馆。有圣佩德里托（San Pedrito）海滩、洛斯塞里托斯（Los Cerritos）海滩、洛斯埃斯特罗斯（Los Esteros）海滩、海狗角（Punta Lobos）海滩、拉波萨（La Poza）海滩和巴特基托斯（Batequitos）海滩等有名的海滩。

托多斯·圣托斯镇

## 埃尔比斯卡伊诺生态区（Reserva de la Biosfera El Vizcaíno）

埃尔比斯卡伊诺生态区位于穆莱赫市，面积2.49万平方千米，1993年被联合国教科文组织列为世界自然遗产，动物有鸟类、鲸鱼、海狗、海豹、海象、海豚和海龟。生态区有埃尔比斯卡伊诺沙漠、格雷罗·内格罗（Guerreo Negro）镇、兔眼（Ojo de Liebre）湖、圣伊格纳西奥（San Ignacio）湖、加利福尼亚坡（Vertiente de California）、白鹈鹕岛、德尔加迪托（Delgadito）群岛、马尔科普（Malcob）岛、圣伊格纳西奥（San Ignacio）岛、圣罗克（San Roque）岛、阿松森（Asunción）岛和圣诞（Natividad）岛等。兔眼湖和圣伊格纳西奥湖是灰鲸的栖息地，每年从阿拉斯加北部海域到这两个湖越冬和交配产子的灰鲸有2000多条。

埃尔比斯卡伊诺生态区

## 蓝色海岸峡谷（Cañón de Costa Azul）

蓝色海岸峡谷位于洛斯卡沃斯市的圣何塞·德尔·卡沃镇和卡沃·圣卢卡斯镇之间，坐落在圣拉萨罗（San Lázaro）山脉，离圣何塞·德尔·卡沃镇7千米，不远处是加利福尼亚湾的蓝色海岸，每年8月峡谷有少量降雨，谷内一片翠绿，适合探险游。

蓝色海岸峡谷

## 仙人掌植物园（Santuario de Los Cactus）

仙人掌植物园离拉巴斯市53千米，面积6公顷，有50多种天然仙人掌树，有的树龄达500多年，是墨西哥较大的天然仙人掌植物园之一。

仙人掌植物园

帕尔蒂达岛

## 帕尔蒂达岛（Isla Partida）

帕尔蒂达岛位于拉巴斯湾，属拉巴斯市，面积15.5平方千米，与埃斯皮里图·桑托岛是姐妹岛，同属埃斯皮里图·桑托国家公园，两岛之间由一个仅数米深的小海峡连接，退潮时可以徒步穿越海峡。帕尔蒂达岛的海滩是世界最有名的海滩之一，也是海狗的栖息地，当地人称其为海狗岛，可划艇、深潜、浮潜、游泳和垂钓。

## 埃斯皮里图·桑托岛（Isla de Espíritu Santo）

埃斯皮里图·桑托岛

加利福尼亚湾有世界上40%的海洋动物种类和约33%的贝壳动物种类，包括4500种海洋无脊椎动物，890种鱼类和181种鸟类，还有695种植物和世界上唯一的海底沙瀑布。埃斯皮里图·桑托岛位于拉巴斯湾，属拉巴斯市，离市区3.3千米。1534年埃尔南·科尔特斯发现该岛时，因岛上多牡蛎，遂将其命名为珍珠岛，1631年改称现名，“埃斯皮里图·桑托”在西班牙语中意为“圣灵”。该岛长15.1千米，宽9.6千米，面积80.76平方千米，海拔最高595米，为无人岛，由墨西哥国家自然保护区委员会管理。广义的埃斯皮里图·桑托岛包括一水相隔的帕尔蒂达岛和附近三个小岛，即鲸鱼（La Ballena）岛、公鸡（El Gallo）岛和母鸡（La Gallina）岛以及四块无名礁石，1978年被墨西哥政府列为自然保护区。埃斯皮里图·桑托岛与帕尔蒂达岛都是海狗和鸟类的栖息地，动物有海狗（lobo marino）、海狮、蝠鲼、海豚、海龟、灰鲨（tiburón gris）、灰鲸、草鹭（garza）、白鹈鹕、军舰鸟（fragata）、鱼鹰（águila pescadora）和蓝脚鲣鸟（bobo de patas azules）等。埃斯皮里图·桑托岛原有美洲最大的珍珠养殖场，1910年养殖场关闭后旧址供游客参观。埃斯皮里图·桑托岛可浮潜，深潜，游泳和看海狗、鲸鲨和珊瑚礁。处女海滩有鲸鱼（Ballena）滩、坎德莱罗（Candelero）滩和圣加布列尔（San Gabriel）滩。

## 科罗纳多群岛（Islas Coronado）

科罗纳多群岛位于加利福尼亚湾的天使（Los Ángeles）湾，离洛雷托市14千米，由四个岛组成，它们是皮隆·德·阿苏卡尔（Pilón de Azúcar）岛、北科罗纳多（Coronado Norte）岛、中科罗纳多（Coronado Centro）岛和南科罗纳多（Coronado Sur）岛。科罗纳多群岛的海水湛蓝，适合潜水和划艇。该群岛有160多种鸟类，可登岛观鸟。海洋动物有海豚、海狮、海狗和鲸鲨。科罗纳多群岛是海龟的栖息地，海龟每年在岛上的海滩下蛋，2016年被墨西哥政府列入加利福尼亚半岛太平洋岛屿生态保护区。

科罗纳多群岛

## 丹桑特岛（Isla Danzante）

丹桑特岛位于卡门岛附近，离洛雷托市24千米，与特里普伊（Comunidad Tripui）镇隔海相望。丹桑特岛为无人岛，面积4平方千米，多悬崖峭壁，海滩碧水白沙，风光无限。丹桑特岛是海狗、鱼鹰、海鸥和蛇等多种动物的栖息地，周围海域有上百种鱼类和多种海洋无脊椎动物，如贝壳类、软体动物类和棘皮动物类，可潜水、划艇和游泳。

丹桑特岛

## 拉拉古纳山脉生态区（Reserva de la Biofera Sierra de La Laguna）

拉拉古纳山脉生态区位于拉巴斯市和洛斯卡沃斯市，离拉巴斯市区12.5千米，面积1124平方千米，“拉拉古纳”在西班牙语中意为“湖”。该生态区有圣迪奥尼西奥（San Dionisio）峡谷、狐狸（La Zorra）峡谷、圣豪尔赫（San Jorge）峡谷、热水（Agua Caliente）峡谷、圣贝尔纳多（San Bernardo）峡谷、拉斯皮利塔斯（Las Pilitas）峡谷和拉布列拉（La Burrera）峡谷等7个峡谷。生态区最高海拔2200米，有2705种植物，包括圣栎树、野草莓 、麟凤兰和仙人掌等；有47种哺乳动物，包括蛇 、灰狼、黑尾兔、美洲豹和灰狐狸；有289种鸟类，包括白尾鸽、兀鹫、雀鹰和雕鸮。生态区内可爬山、骑山地车和骑马。

拉拉古纳山脉生态区

## 圣卡塔拉纳岛（Isla Santa Catalana）

圣卡塔拉纳岛

圣卡塔拉纳岛离加利福尼亚湾海岸25千米，离洛雷托市60千米，岛长13千米，宽4千米，面积39.27平方千米，是一座无人岛。圣卡塔拉纳岛沙滩浪小沙白，可游泳、潜水和划艇。

# 第12章 韦拉克鲁斯州

Estado de Veracruz

## 韦拉克鲁斯州（Estado de Veracruz）

韦拉克鲁斯州全称韦拉克鲁斯·德·伊格纳西奥·德·拉·亚韦州，“韦拉克鲁斯”在西班牙语中意为“真正的十字架”，“伊格纳西奥·德·拉·亚韦”为纪念韦拉克鲁斯州前州长伊格纳西奥·德·拉·亚韦。韦拉克鲁斯州面积71823平方千米，地理位置优越，临墨西哥湾的海岸线长750千米，拥有韦拉克鲁斯港、图斯潘（Tuxpan）港、科亚察科亚尔科斯（Coatzacoalcos）港三大港口，韦拉克鲁斯港是墨西哥东部第一大港口。韦拉克鲁斯州是奥尔梅卡文化的发祥地之一，也是西班牙人最早登陆开发的地方，至今仍保留很多印第安文化遗址和殖民时期建筑，集印第安文化和殖民文化于一体。1519年4月22日，埃尔南·科尔特斯率西班牙远征军在现在的拉安蒂瓜（La Antigua）市查尔奇韦坎（Chalchihuecan）滩登陆，因那天是西班牙十字架节，他把定居点命名为韦拉克鲁斯（Villa Rica de la Veracruz）镇，后一直沿用此名。韦拉克鲁斯州原住民先后有奥尔梅卡人、瓦斯特卡人、托托纳卡人和奇南特卡人等。奥尔梅卡人过去分布在该州的南部。瓦斯特卡人后来分布在该州的北部，他们常受墨西哥北部印第安人的入侵而搬迁，现存遗址很少，位于同名市的卡斯蒂略·德·特亚约古城遗址是迄今为止发现的唯一瓦斯特卡文化遗址。托托纳卡人分布在墨西哥中部，从东马德雷山脉到墨西哥湾都有他们的身影，托托纳卡文化年代约为300—1521年，分布在墨西哥中部，中心地区是韦拉克鲁斯州中部，发祥于普埃布拉州北部，王国社会阶层有贵族、武士、商人、农民和税务人员等。王国下面有3个小王国，这3个小王国之间的军事联盟目的是抵御外族（主要是奇奇梅卡人）侵扰，王国和小王国实行世袭父权族长制或母权族长制。空中飞人舞就是托托纳卡人原创的，现在已经成为墨西哥印第安文化的一个世界性标志。

奇南特卡人

托托纳卡人喜欢打球并定期举办球赛，会平整土地种庄稼，也会制作石雕刻等各种工艺品。托托纳卡人从墨西哥北部迁徙到中部并先后建了50多座城镇，700—900年鼎盛时期人口约25万人，大城镇包括森波亚拉、埃尔塔欣、库尤斯基维、梅萨·德·卡卡瓦腾科（Mesa de Cacahuatenco，其在西班牙语中意为“卡卡瓦腾科台地”）、约瓦利昌（Yohualichán）、内帕特库特兰（Nepatecuhtlán）、拉斯伊格拉斯（Las Higueras）、诺皮洛亚（Nopiloa）和萨波塔尔（Zapotal）。托托纳卡人擅长制陶、石雕、建筑和城市规划，神庙和房子用精选石块砌成，墙厚实坚固。托托纳卡人有一定的天文知识，跟现代人一样把一年分成365天。托托纳卡人认为一个太阳周期为52年，一年有52周，一周是7天，一年为364天，最后一天是新太阳诞生日。托托纳卡人居住的地区被称作托托纳卡潘地区（Zona totonacapan），他们至今仍居住在普埃布拉州的26个市和韦拉克鲁斯州北部的14个市，仍保持托托纳卡语和保留本民族代代相传的习俗。

## 哈拉帕·恩里克斯（Xalapa Enríquez）市

哈拉帕·恩里克斯市是韦拉克鲁斯州州府，也是该州的交通枢纽和贸易中心，“哈拉帕”在纳瓦语中意为“有泉水的沙地”。老建筑有哈拉帕大都区教堂、耶稣受难教堂、州府大楼和市政大楼等。兰花山洞（Cueva de la Orquídea）由马奎尔特佩特（Macuiltépetl）火山在3万年前一次爆发中形成，因洞口岩浆酷似兰花花瓣得名。市人类博物馆是仅次于墨西哥国家人类博物馆的全国第二大人类博物馆，收藏了3万多件文物，镇馆之宝是几尊奥尔梅卡人头石像。马奎尔特佩特生态公园面积达31公顷，游客可在此远眺全市。

兰花山洞

# 奥尔梅卡文化遗址

## 圣洛伦索（San Lorenzo）古城遗址

圣洛伦索古城遗址

圣洛伦索古城遗址位于特西斯特佩克（Texistepec）市，古城建于前1500年，是迄今发现最早的奥尔梅卡古城之一。古城由三地组成，即圣洛伦索、特诺茨蒂特兰和波特雷罗·努埃沃（Potrero Nuevo）。古城经历了两个发展时期：前1500—前1200年的奥霍奇时期（fase Ojochi）和前1200年—前800年的巴希奥时期（fase Bajío）。前800年前后古城被遗弃，但直到前600年，仍有数百名奥尔梅卡人在古城附近居住，这段时间称纳卡斯特雷时期（fase Nacastre）。前900年前后是古城鼎盛时期，人口约1.3万人。古城位于科亚察科亚尔科斯河谷，水陆交通发达，科亚察科亚尔科斯河谷是奥尔梅卡人的交通枢纽。奥尔梅卡人种植玉米，填湖造房，用从附近图斯特拉斯（Los Tuxtlas）山脉运来的火山石雕刻成巨型人头石像（Cabeza Colosal o Cabeza Olmeca）。圣洛伦索古城遗址出土了40多个石雕，包括10个巨型人头石像，最大的重20吨，高3米，现收藏在哈拉巴市人类博物馆。

## 特雷斯·萨波特斯（Tres Zapotes）古城遗址

特雷斯·萨波特斯古城遗址位于圣地亚哥·图斯特拉（Santiago Tuxtla）市，坐落在墨西哥湾洼地的帕帕洛亚潘（Papaloapan）河谷平原。古城存在年代约为前1200—前900年，古城规模庞大，沿韦亚潘（Hueyapan）河西岸约3千米长的50多个小山头用石头砌成各种建筑，面积约2平方千米，鼎盛时期人口约2.2万人，是奥尔梅卡人的第三大城市。墨西哥湾的奥尔梅卡文化遗址迄今共出土了17个巨型人头石像，最轻的有6吨，最重的有50吨，其中特雷斯·萨波特斯古城遗址出土2个，圣洛伦索古城遗址出土10个，塔

特雷斯·萨波特斯古城遗址

巴斯科州拉文塔古城遗址出土4个，格雷罗州的特奥潘特夸尼特兰古城遗址出土1个。1862年，特雷斯·萨波特斯古城遗址出土了墨西哥第一个奥尔梅卡人头石像，被认为是奥尔梅卡文化研究史上的一个里程碑。特雷斯·萨波特斯古城遗址还出土了40多块石碑，其中最有分量的是C石碑，石碑用玄武岩刻成，石碑正面刻着抽象的豹身人面人像，背面刻着图形文字，这些3000年前的图形文字被认为是迄今整个墨西哥发现的最早的印第安文字。

## 瓦斯特卡文化遗址

### 卡斯蒂略·德·特亚约（Castillo de Teayo）古城遗址

卡斯蒂略·德·特亚约古城遗址位于卡斯蒂略·德·特亚约市，古城由奥尔梅卡–维斯托蒂人所建，建城年代不详，后来原住民可能还有托尔特卡人和玛雅人，9—12世纪的原住民为瓦斯特卡人，后为阿兹台克人，古城因此融合了多种印第安文化的建筑风格，遗址现存一个高11.3米的金字塔，塔顶尚存一座神庙的残垣。

卡斯蒂略·德·特亚约古城遗址

## 托托纳卡文化遗址

### 森波亚拉（Cempoala）古城遗址

森波亚拉古城遗址位于乌尔苏洛·加尔万（Úrsulo Galván）市，“森波亚拉”在纳瓦语中意为“20处水源”，因古城有很多饮用和灌溉的水渠而得名。古城存在年代约为0—1500年，曾是托托纳卡人的首都，原住民主要是托托纳卡人，其次是奇南特卡人和萨波特卡人，鼎盛时期人口2.5万～3万人。古城建筑受奥尔梅卡文化影响，现存建筑有太阳神庙，即大金字塔（Templo del Sol o Gran Pirámide）和大神庙（Templo Mayor）。遗址中央有3个石墙围成的圆形建筑，石墙上分别竖立着40根、28根和13根石柱，被认为用于测量月亮活动以计算时间。

森波亚拉古城遗址

## 埃尔塔欣（El Tajín）古城遗址

壁龛金字塔

埃尔塔欣古城遗址位于帕潘特拉市，0—1150年曾是托托纳卡人的首都，800—1150年是古城鼎盛时期，“塔欣”在托托纳科语中意为“响雷”。古城现存建筑包括17个球场和几个金字塔，最大金字塔是壁龛金字塔（Pirámide de los Nichos），得名于金字塔墙板上镶嵌着的365个壁龛，遗址建筑有很多浮雕和壁画。

## 库尤斯基维（Cuyuxquihui）古城遗址

库尤斯基维古城遗址

库尤斯基维古城遗址位于帕潘特拉市的帕索·德·科雷奥（Paso de Correo）镇，坐落在特科卢特拉（Tecolutla）山谷，离市区17.5千米，“库尤斯基维”在托托纳科语中意为“犰狳树”，这种树是当地特有的一种树，因树皮酷似犰狳甲壳被当地人称为犰狳树（árbol de armadillo）。埃尔塔欣古城在1200年前后废弃后，托托纳卡人迁移到22千米远的库尤斯基维城。1398—1465年古城曾被阿兹台克人占领。遗址出土文物有陶器、刀具、克察尔科亚特羽蛇神石雕等。

## 梅萨·德·卡卡瓦腾科（Mesa de Cacahuatenco）古城遗址

梅萨·德·卡卡瓦腾科古城遗址

梅萨·德·卡卡瓦腾科古城遗址位于伊斯瓦特兰·德·马德罗（Ixhuatlán de Madero）市，离卡斯蒂略·德·特亚约古城遗址44千米，离埃尔塔欣古城遗址80千米。古城由托托纳卡人或萨帕内卡人所建，后来原住民是瓦斯特卡人，年代约为900—1500年（一说为600—1200年），面积75公顷，共有60座金字塔，其中18座在中心广场，最大建筑是长为50米，宽为28米的大祭台。古城的最大特点是有由很多水渠构成的完整水利系统。

## 瑙林科瀑布（Cascadas de Naolinco）

瑙林科瀑布位于瑙林科市，坐落在东马德雷山脉，离市区2千米，“瑙林科”在纳瓦语中意为“一年四季”。瀑布区悬崖峭壁、山峰林立，有很多小山谷和小峡谷。瑙林科瀑布有大小两个瀑布，其中大瀑布落差80米，瀑布冲击形成埃尔奥尔加诺（El Órgano）深潭。瀑布对面是死亡观景台（Balcón de la Muerte），观景台居高临下，瀑布和东马德雷山脉美景一览无遗。

瑙林科瀑布

## 魔幻小镇

### 帕潘特拉（Papantla）市

飞人舞

帕潘特拉市位于东马德雷山脉的特科卢特拉河谷和卡索内斯（Cazones）河谷之间，原住民是托托纳卡人，“帕潘特拉”在纳瓦语中意为“有乌鸦的地方”，源于当地有很多乌鸦。飞人（Voladores）舞是墨西哥中南部印第安人流行了上千年的空中舞蹈，也被称作“天与地对话之舞”，被联合国教科文组织列为世界非物质文化遗产。帕潘特拉市的飞人舞被认为是墨西哥最正宗的飞人舞。飞人舞有特定的装备，即在四方形木架上，立着一根30米高的木柱，木架四角分别代表东南西北四个方向。飞人舞开始时，领舞会在木柱顶端吹笛子和击鼓，笛声象征鸟叫，鼓声代表神的声音，在笛声和鼓声中，四位舞者用绳子捆住脚，身体倒挂在空中翩翩起舞。每个舞者绕木柱飞舞13圈，四位舞者共飞舞52圈，代表飞了一个太阳周期的52年。托托纳卡人用飞人舞向诸神祈求土地肥沃、风调雨顺。老教堂有建于1700年的升天圣母教堂和建于1950年的基督王教堂。飞人舞像（Monumento al Volador）建在市中心的一座小山上，雕像是吹着笛子的领舞者。

## 奥里萨瓦（Orizaba）市

奥里萨瓦市位于韦拉克鲁斯州中部山区，是墨西哥城通往韦拉克鲁斯港的必经之路，“奥里萨瓦”在纳瓦语中意为“欢乐之水的地方”。老建筑有建于1692年的圣米格尔大天使教堂、耶稣受难教堂、圣何塞·德·格拉西亚修道院和铁宫（Palacio de Hierro），铁宫是法国巴黎埃菲尔铁塔设计师古斯塔夫·埃菲尔为奥里萨瓦市设计的市政大楼。

圣米格尔大天使教堂

## 西科（Xico）市

西科市坐落在科弗雷·德·佩罗特（Cofre de Perote）山坡上，原名西科奇马尔科（Xicochimalco），其在纳瓦语中意为“有黄色蜂蜡的地方”，始建于16世纪，有很多殖民时期建筑，原住民为托托纳卡人。老教堂有圣玛利亚·玛格达莱娜教堂和亚尼托教堂等。西科瀑布离市区3千米，坐落在一片咖啡树林中，由落差20多米的特索洛（Texolo）瀑布、新娘面纱瀑布和修女（La Monja）瀑布组成。

特索洛瀑布

## 埃尔南·科尔特斯故居（Casa de Hernàn Cortés）

埃尔南·科尔特斯故居

16世纪初，年仅19岁的埃尔南·科尔特斯离开西班牙前往圣多明戈，开始在阿苏亚（Azua）镇当文书，1511年随迭戈·贝拉斯克斯率领的远征军从圣多明戈前往古巴。由于野心膨胀，科尔特斯与后来任古巴总督的贝拉斯克斯交恶，最后分道扬镳。科尔特斯在古巴组织了包括200多名古巴印第安人在内的800多人远征墨西哥，1518年1月8日远征军离开古巴，在特立尼达补充给养后，1519年2月10日前往墨西哥。经过10天航行，远征军到达尤卡坦半岛的科苏梅尔（Cozumel）岛，跟当地的玛雅人打了几仗后，远征军继续向西进军。在塔巴斯科州，被打败的当地纳瓦人向远征军献了20个女奴，后来叫马林切的女子就是其中一个。马林切是出生在现在的韦拉克鲁斯州（一说为塔巴斯科州）的纳瓦人，她后来学会了玛雅语和西班牙语，成了科尔特斯的翻译和情妇，他们的儿子马丁·科尔特斯·马林切是墨西哥最早的印欧混血儿（Mestizo）之一。马林切是一个很有争议的女人，赞成殖民的人认为她是墨西哥殖民历史的功臣，反对殖民的人认为她是墨西哥印第安人的叛徒。1519年11月8日，科尔特斯来到特诺茨蒂特兰城，阿兹台克国王莫克特苏马把科尔特斯一行作为朋友迎进城里。贝拉斯克斯总督向西班牙当局告发科尔特斯谋反，并派潘菲洛·德·纳尔瓦埃斯带领1400人前往讨伐。科尔特斯领人应战，其手下佩德罗·德·阿尔瓦拉多留守特诺茨蒂特兰城。1520年5月23日，阿兹台克人在广场举行盛大宗教仪式，阿尔瓦拉多在仪式上对阿兹台克人大开杀戒，引起阿兹台克人的反抗。科尔特斯抗击纳尔瓦埃斯获胜回到特诺茨蒂特兰城时，见到的是一座充满愤怒反抗的城市。1521年5月30日，科尔特斯卷土重来。进军途中，科尔特斯收编了8万特拉斯卡尔特卡人，他们是阿兹台克人的宿敌，同意跟随远征军攻打特诺茨蒂特兰城。经过两个多月的围攻，同年8月13日，科尔特斯占领特诺茨蒂特兰城，活捉了库奥特莫克国王。埃尔南·科尔特斯故居位于离韦拉克鲁斯港80千米远的拉安蒂瓜市。自1519年4月22日，科尔特斯登陆后一直住在这里。埃尔南·科尔特斯故居年久失修，现只剩下残垣断壁。

## 查瓦里略峡谷（Barranca de Chavarrillo）

查瓦里略峡谷位于艾米利亚诺·萨帕塔（Emiliano Zapata）市，峡谷风景秀丽，树木茂密，谷底多兰花。峡谷最有名的景观是大瀑布（Salto Grande），瀑布飞流直下74米，蔚为壮观。

大瀑布

## 埃尔恩坎托瀑布（Cascada El Encanto）

埃尔恩坎托瀑布位于特拉帕科扬（Tlapacoyan）市，坐落在恩坎托峡谷，峡谷最宽处200多米，最窄处4米。埃尔恩坎托瀑布有大小两个瀑布，由菲洛沃沃斯（Filobobos）河流经形成，大瀑布落差30米，小瀑布落差2米。

埃尔恩坎托瀑布

## 科弗雷·德· 佩罗特国家公园（Parque Nacional Cofre de Perote）

科弗雷·德· 佩罗特国家公园位于东马德雷山脉，面积115平方千米，横跨佩罗特市、西科市、阿亚瓦卢尔科（Ayahualulco）市和伊斯瓦坎·德·洛斯·雷耶斯（Ixhuacán de los Reyes）市四个市。公园植被丰富，树木茂盛，动物有野猪、豹子、狼、箭猪、松鼠、美洲獾、朱顶雀、响尾蛇和眼镜蛇等。公园的科弗雷·德·佩罗特山海拔4282米，是一座死火山，山上终年积雪，地貌呈多样性，山脚是树林，越往上树木越见稀疏，山顶都是裸露岩石，适合登山探险。

科弗雷·德· 佩罗特山

## 圣马丁火山生态区（Reserva de la Biosfera Volcán de San Martín）

圣马丁火山生态区

圣马丁火山生态区位于圣安德烈斯·图斯特拉（San Andrés Tuxtla）市，坐落在图斯特拉山脉，面积200平方千米。生态区以圣马丁火山命名，圣马丁火山是一座盾状活火山，火山口直径500米，海拔1680米，是韦拉克鲁斯州唯一的活火山。当地印第安人称火山为“蒂特佩特”（Titepetl），其在纳瓦语中意为“火山”。生态区有270多种鸟类、97种爬行动物、37种两栖动物和100种哺乳动物。珍稀动物有蜘蛛猴、豹猫、山猫、洞蛇和蜂鸟等。生态区植被丰富，树木、花卉等植物品种繁多。萨利纳（Salina）河、金（Oro）溪、科尔特（Colt）河、马基纳（Máquina）河、西瓦潘（Sihuapan）河、塔哈拉特（Tajalate）河和图斯特拉（Tuxtla）河流经生态区，形成多个湖泊，包括卡特马科（Catemaco）湖、松特科马潘（Sontecomapan）湖、恩坎塔达（Encantada）湖、蓝（Azul）湖、萨卡塔尔（Zacatal）湖和埃米利亚（Emilia）湖等。

## 魔幻小镇

### 科斯科马特佩克（Coscomatepec）市

科斯科马特佩克市位于韦拉克鲁斯州中部山区，海拔1500米，原住民为托托纳卡人，始建于1597年，是墨西哥最早期的殖民城市之一，有很多殖民时期建筑，古建筑有市政大楼、圣胡安·包蒂斯塔教堂和特特拉尔潘（Tetlalpan）博物馆。宪法广场（Plaza Constitución）有很多殖民时期建筑，包括圣胡安·包蒂斯塔教堂、老城门、市政大楼等。

宪法广场

### 科亚特佩克（Coatepec）市

金球瀑布

科亚特佩克市位于韦拉克鲁斯州中部，“科亚特佩克”在纳瓦语中意为“蛇山”，传说每年会有一条巨蛇从蛇山（Cerro de las Culebras）的山洞爬出四处游荡，故称此地为蛇山。科亚特佩克市盛产咖啡和兰花，有“咖啡和兰花之乡”的美称。老教堂有圣赫罗尼莫教堂、瓜达卢佩圣母教堂和耶稣受难教堂。金球（Bola de Oro）瀑布位于近郊的金球庄园，坐落在一片咖啡林中，瀑布下的水潭可游泳。拉格拉纳达（La Granada）瀑布位于离市区5千米的塔帕查潘（Tapachapan）镇，由韦韦亚潘（Huehueyapan）河流经马山（Lomo de Caballo）形成。蛇山位于市区北面，海拔1325米。该市的兰花园种植有5000多棵兰花。

## 西特拉尔特佩特火山（Volcán Citlaltépetl）

西特拉尔特佩特火山

西特拉尔特佩特火山亦称奥里萨瓦（Pico de Orizaba）火山，位于韦拉克鲁斯州和普埃布拉州交界处，海拔5610米，是墨西哥最高的山峰，“西特拉尔特佩特”在纳瓦语中意为“星山”，源于当地印第安人的一个传说：克察尔科亚特羽蛇神为了死后永生来到火山，被火吞没后变成神，化身为一颗闪烁的星。西特拉尔特佩特火山是一座死火山，最后一次爆发是在1846年，山上终年积雪，火山口为椭圆形，最宽处500米，最深处300米。火山可爬山、野营和骑山地车，山南北两个方向的4000米高地均设有登山大本营，可供登山爱好者露营。

## 魔幻小镇

### 索索科尔科·德·伊达尔戈（Zozocolco de Hidalgo）市

索索科尔科·德·伊达尔戈市位于韦拉克鲁斯州北部，坐落在托托纳卡潘（Totonacapan）山脉，“索索科尔科”在纳瓦语中意为“土罐”。索索科尔科·德·伊达尔戈市群山环绕，附近山峰有燕子（Golondrina）山、秃（Pelón）山和好景（Buena

Vista）山。当地居民多以手工业为生，他们用龙舌兰纤维纺织印第安传统服饰等用品和制作木家具。圣米格尔大天使教堂有一个传说：一个用金银铸成的神像某天突然出现在教堂，人们把神像搬走，神像又回到原处，于是当地人决定在该处修建教堂，供奉他们的保护神。神父之家（El Curato）坐落在市内的神父之家山，该处可俯瞰整个城市。特万特佩克（Tehuantepec）河和特科卢特拉河流经该市形成很多水潭和瀑布，包括格雷罗（Guerrero）瀑布、小巷（Callejón）瀑布、波兰（La Polonia）水潭、魔鬼（Diablo）水潭和拉洪塔（La Junta）水潭。

圣米格尔大天使教堂

潘乔·波萨河

## 潘乔·波萨生态区（Reserva Ecológica Pancho Poza）

潘乔·波萨生态区位于阿尔托通加（Altotonga）市，坐落在东马德雷山脉的松树林中，面积57.5公顷，潘乔·波萨河流经生态区，形成多处瀑布和水潭，可游泳、登山和野营。

## 圣胡安·德·乌卢亚要塞（Fuerte de San Juan de Ulúa）

圣胡安·德·乌卢亚要塞位于韦拉克鲁斯港对面的同名小岛上，有教堂、军火库、司令官邸（Casa del Castellano）和可驻扎300名士兵的军营等。要塞始建于1535年，历时172年建成，其灯塔是墨西哥修建的第一座灯塔。要塞过去一直由西班牙殖民军驻守，以保卫韦拉克鲁斯港等，因当时几乎所有在中美洲掠夺的黄金都集中运到该要塞，等待装船运往西班牙。要塞司令官邸建于1601年，在官邸住过的三位墨西哥总统分别为贝尼托·华雷斯、波菲里奥·迪亚斯和维努斯蒂亚诺·卡兰萨。卡兰萨是1910年墨西哥革命的领袖之一，也是墨西哥革命爆发后的首位总统，他在官邸主持起草了墨西哥资产阶级民主革命后的第一部宪法《墨西哥合众国政治宪法》。要塞经历过的历史事件有：1825年西班牙殖民军在这里投降，1838年抗击入侵的法国军队，1847年和1914年抗击入侵的美国军队，要塞因此被称作“四次历史事件”的见证地。

圣胡安·德·乌卢亚要塞

# 第13章 恰帕斯州

Estado de Chiapas

## 恰帕斯州（Estado de Chiapas）

拉坎东人

恰帕斯州东邻危地马拉，南临太平洋，面积73311平方千米，是玛雅文化的发祥地之一。玛雅文化遗址有帕伦克古城遗址、博南帕克古城遗址、亚斯奇兰古城遗址、琴库尔蒂克古城遗址和托尼纳古城遗址等。恰帕斯州经济以农业、林业、畜牧业为主，产咖啡、可可、玉米、大米、棉花、剑麻，水果、牲畜和木材，也产金、银、铜和石油。恰帕斯州属热带气候，多山地和低地热带雨林，雨量充沛，原始植被茂盛，热带动植物种类繁多。恰帕斯州旅游资源丰富，自然景观有苏米德罗峡谷、蓝水瀑布等。恰帕斯州是墨西哥印第安种族和人数最多的州，12个主要的印第安种族分别是措兹尔人、泽尔塔尔人、托霍拉瓦尔人、乔尔人、索克人、丘克人、坎霍瓦尔人、马梅人、哈卡尔特科人、莫乔人、卡克奇克尔人和拉坎东人，他们有的说玛雅语，有的说自己的语言。有学者认为他们是独立的印第安种族，但大多数学者认为他们属玛雅人。

## 图斯特拉·古铁雷斯（Tuxtla Gutiérrez）市

米格尔·阿尔瓦罗·德尔·托罗动物园

图斯特拉·古铁雷斯市是恰帕斯州州府，坐落在海拔530米的恰帕斯中部山谷（Valle Central）。原为索克人的科亚托克（Coyatoc）古城，“科亚托克”在索克语中意为“有兔子的地方”，阿兹台克人称古城为托茨特兰（Tochtlán），其在纳瓦语中意为“有兔子的地方”，后来西班牙人改称为图斯特拉，“古铁雷斯”为纪念当地出生的墨西哥独立运动领袖、恰帕斯州前州长华金·米格尔·古铁雷斯。图斯特拉·古铁雷斯市的公园有米格尔·阿尔瓦罗·德尔·托罗（Miguel Álvarez del Toro）动物园和福斯蒂诺·米兰达植物园。福斯蒂诺·米兰达植物园以西班牙植物学家福斯蒂诺·米兰达的名字命名，面积4公顷，有仙人掌、棕榈、兰花等多种植物。

## 苏米德罗峡谷（Cañón del Sumidero）

苏米德罗峡谷位于恰帕·德·科尔索（Chiapa de Corzo）市，形成于200多万年前更新世的地层断裂，被称为世界七大新自然景观之一。峡谷两岸高山耸立，树木繁茂，植物多为美洲木棉、圣栎树等高山植物。峡谷最深处达1300米，流经谷底的格里哈尔瓦（Grijalva）河水深达200多米。峡谷南至恰帕·德·科尔索市，北至曼努埃尔·莫雷诺·托雷斯（（Manuel Moreno Torres，也称奇科亚森（Chicoasén）水库）水库。水路游览峡谷可在恰帕·德·科尔索市沿格里哈尔瓦河下游溯江而上；陆路观光是从图斯特拉·古铁雷斯市乘车去峡谷观景台，观景台有拉塞瓦（La Ceiba）、埃尔罗夫拉尔（El Roblar）、拉科约塔（La Coyota）、埃尔特佩瓦赫（El Tepehuaje）和洛斯恰帕（Los Chiapa）等景点。

苏米德罗峡谷

## 蓝水瀑布（Cascada de Agua Azul）

蓝水瀑布位于屯瓦拉（Tumbalá）市和奇隆（Chilón）市之间，奥图伦（Otulún）河、苏穆尔哈（Shumuljá）河和图利哈（Tulijá）河汇流到蓝水河形成阶梯式瀑布群，河水冲刷石灰岩产生富含碳酸盐的石灰微颗粒和其他氧化物，使瀑布流水呈湛蓝色。瀑布潭水清澈见底、清凉沁骨。因瀑布区周边的高山热带森林里有很多野生动物，瀑布区于1980年成为生态保护区。

蓝水瀑布

## 米索尔–哈瀑布（Cascada de Misol-Ha）

米索尔–哈瀑布

米索尔–哈瀑布位于萨尔托·德·阿瓜（Salto de Agua）市的圣米格尔（Ejido San Miguel）村，坐落在恰帕斯山脉的热带雨林中，瀑布飞流直下30米后形成一个大水潭，潭水清澈透凉。

## 魔幻小镇

### 圣克里斯托瓦尔·德·拉斯·卡萨斯（San Cristóbal de las Casas）市

圣市大教堂

圣克里斯托瓦尔·德·拉斯·卡萨斯市坐落在恰帕斯高山地带（Los Altos de Chiapas），海拔2200米，雨量充沛，森林环绕，气候宜人，空气清新，原住民为措兹尔人和泽尔塔尔人。该市曾是恰帕斯州州府，现为恰帕斯州文化中心，有瓜达卢佩圣母教堂、圣市大教堂和施恩圣母教堂等老教堂。圣市大教堂建于17世纪，教堂内的祭坛有18世纪墨西哥画家米格尔·马特奥·马尔多纳多的画作。施恩圣母教堂原为建于1537年的施恩会修道院，现设有琥珀博物馆。

## 埃尔奇弗隆瀑布（Cascadas El Chiflón）

埃尔奇弗隆瀑布

埃尔奇弗隆瀑布位于兹莫尔（Tzimol）市的圣克里斯托瓦利托（San Cristobalito）村，由圣比森特（San Vicente）河流经形成，是一处落差有120多米的阶梯式瀑布群，“埃尔奇弗隆”在西班牙语中意为“湍急的水”。位于瀑布区最下面的，是最大的瀑布——新娘面纱瀑布，落差有70米。其他瀑布有叹息（El Suspiro）瀑布、天使翅膀（Ala de Ángel）瀑布、彩虹（Arco Iris）瀑布和成人礼（Quinceañera）瀑布。

## 蒙特韦略湖国家公园（Parque Nacional Lagunas de Montebello）

蒙特韦略湖国家公园坐落在墨西哥和危地马拉交界处的恰帕斯高原，公园位于拉特立尼塔里亚（La Trinitaria）市和拉因德彭登西亚（La Independencia，其在西班牙语中意为“独立”）市之间，面积64平方千米，有59个湖泊，湖水颜色有的为浅蓝，有的为深蓝。公园坐落在热带雨林中，有208种树木、50多种兰花、277种鸟类、65种哺乳动物和35种爬行动物。公园的上帝之桥〔Cavernas del Puente de Dios，也称圣拉斐尔·德尔·阿尔科（San Rafael del Arco）山洞〕岩洞有一处天然石拱门，不远就是玛雅文化遗址琴库尔蒂克古城遗址。

蒙特韦略湖国家公园

## 魔幻小镇

### 帕伦克（Palenque）市

帕伦克市原住民为泽尔塔尔人和乔尔人，最初为1567年多明戈会修士佩德罗·洛伦索带领当地印第安人建的定居点。帕伦克古城遗址离市区9千米，参观遗址的人大多在帕伦克市歇脚。拉克·普·库尔（Lak Puj Kul）纺织博物馆展出当地民间服饰，有圣多明戈·德·古斯曼教堂等老教堂，自然景观有阿卢塞斯（Aluxes）生态公园和清水（Agua Clara）湖。

帕伦克市

## 玛雅文化遗址

### 帕伦克（Palenque）古城遗址

帕伦克古城遗址位于帕伦克市，坐落在热带雨林，存在年代为400—900年，鼎盛时期为600—700 年。古城原有200多处建筑，面积约25平方千米。古城建筑体现了玛雅人高超的建筑和工艺水平，是玛雅文化的瑰宝，1987年被联合国教科文组织列为世界文化遗产。古城沿平缓坡地自东向西展开，四周被原始森林环绕，城内的神庙、宫殿、球场和民舍等依山坡而建，错落有序，雄伟壮观，主建筑包括碑铭神庙（Templo de las Inscripciones）、大宫殿（Gran Palacio）、十字架神庙（Templo de la Cruz）、带叶十字架神庙（Templo de La Cruz Foliada）、太阳神庙（Templo del Sol）、伯爵神庙（Templo del Conde）、水渠和球场等。

碑铭神庙

帕伦克古城遗址最主要的建筑当属碑铭神庙，它是古城最高的建筑。神庙由帕卡尔国王，即大帕卡尔始建于7世纪初，由其儿子帕卡尔二世，即昌·巴伦二世在7世纪80年代建成。神庙底基长65米，高22.8米，8个台阶共9层，代表玛雅人认为的9个地下世界。神庙大厅后墙嵌着3块大石刻碑，分别为东石碑、中石碑和西石碑，3块石碑共刻有617个玛雅图形文字，讲述帕卡尔国王一生经历过的大事以及昌·巴伦二世如何继承王位的过程等。

碑铭神庙下面是帕卡尔国王陵墓，帕卡尔国王于615—683年在位，683年8月28日下葬。1952年陵墓被发现，石棺盖刻着的图画和图形文字描述了帕卡尔国王死后灵魂进入地下世界，在地下世界获得重生后升天的故事。帕卡尔石棺盖由一整块石板雕刻而成，被认为是玛雅雕刻艺术杰作之一。

大宫殿是另一处主要建筑，是一座四边形塔，其形状在玛雅文化遗址中独一无二。大宫殿面积0.5公顷，三面有阶梯可拾级而上，顶上有一塔，一说用作瞭望台，另一说为观象台。塔楼有4层，高15 米，是玛雅建筑中唯一的塔楼式建筑。

十字架（Conjunto de las Cruces）建筑群包括十字架神庙、带叶十字架神庙和太阳神庙。建筑群为纪念昌·巴伦二世而建。十字架是后人的叫法。十字架神庙代表生命之树，其石碑刻有一个身上长着一颗玉米的怪物。

伯爵神庙在1820年被法国探险家让–费雷德里克·马克西米连发现。

水渠是为把奥图伦（Otulum）河水引到古城而建，深3米，由明渠、地下渠和石桥组成，印证了玛雅人已掌握较高的建筑技术。

## 特南·普恩特（Tenam Puente）古城遗址

特南·普恩特古城遗址位于拉特立尼塔里亚市，坐落在巴伦·卡南（Balum Canan）山谷，存在年代为300—1200年，是当时玛雅人的贸易中心。“特南”在纳瓦语中意为“墙”，“普恩特”在西班牙语中意为“桥”，因当地原有一个桥庄园而得名。古城面积约30公顷，现存60多座建筑和3个大球场，包括15米高的大祭台，出土文物包括石杯、海贝、石碑等。古城的建筑特点是用先切割好的石块砌成，石块不用灰浆黏合，全是自然对接。

大祭台

## 博南帕克（Bonampak）古城遗址

博南帕克古城遗址位于奥科辛戈（Ocosingo）市，坐落在拉坎东热带雨林的乌苏马辛塔河支流附近。“博南帕克”在玛雅语中意为“壁画”，因建筑有很多壁画而得名。古城存在年代为580—800年。根据规模和政治经济的重要性，玛雅古城分为四个级别，博南帕克为最低级别，它的特点是壁画，代表作是壁画神庙（Templo de los Murales）三个房间的壁画，是迄今发现保存最完好的玛雅壁画。壁画表现了古城经历了14位首领统治时期的不同的事件，描述最多的是最后一位首领——查安·穆安二世的画像和当时玛雅人的生活画面。壁画分别为：第一个房间的壁画描绘查安·穆安二世在家人陪同下登基和仆人伺候进餐，以及乐师奏乐的场面；第二个房间的壁画描绘战争场面和审讯俘虏场面，这场平叛内乱或与其他部落的战斗发生在792年8月2日，查安·穆安二世头披着豹皮在指挥战斗；第三个房间的壁画描绘庆祝这次战斗胜利的场面，即查安·穆安二世在贵族陪同下，在乐师奏乐和舞蹈表演中举行欢庆仪式，仪式包括用俘虏鲜血祭神等。

博南帕克古城遗址

## 亚斯奇兰（Yaxchilán）古城遗址

亚斯奇兰古城遗址

亚斯奇兰古城遗址位于奥科辛戈市，乌苏马辛塔河流经危地马拉和墨西哥的塔巴斯科州和恰帕斯州，河谷长1000多千米，玛雅人沿河谷建造了很多古城，亚斯奇兰古城是其中之一。古城在359年由始祖约亚亚特·巴兰一世，即美洲豹始祖一世所建；美洲豹盾牌二世在位的681—742年为鼎盛时期；800年，古城最后一位国王基尼茨·塔特布头颅三世登基。之后不久古城因不明原因被弃，迄今只有一部分建筑被发现，包括大广场（Gran Plaza）、大护城（Gran Acrópolis）、南护城（Acrópolis Sur）和迷宫（Laberinto）。亚斯奇兰古城遗址以其保存完好的石门楣浮雕闻名，门楣与建筑外石碑上刻有记载古城历史的玛雅图形文字，不少图形文字已被专家破译。

## 琴库尔蒂克（Chinkultic）古城遗址

琴库尔蒂克古城遗址

琴库尔蒂克古城遗址位于拉特立尼塔里亚市，“琴库尔蒂克”在玛雅语中意为“间隔的天然井”，古城存在年代为前50—公元1250年，600—900年为鼎盛时期。琴库尔蒂克人信奉水神，把古城建在蓝水（Agua Azul）天然井、查努哈瓦普（Chanujabab）湖和特潘夸潘（Tepancuapan）湖之间的沼泽地。遗址发现不少玛雅图形文字，传说琴库尔蒂克人用俘虏或球赛输球方的一位或几位球员的头颅和鲜血祭祀诸神。

## 托尼纳（Toniná）古城遗址

托尼纳古城遗址位于奥科辛戈市，离市区10千米，古城存在年代约为1—16世纪，是中美洲玛雅人的政治、经济和军事中心，鼎盛时期为600—900年，人口达4万

托尼纳古城遗址

人，“托尼纳”在泽尔塔尔语中意为“石房子”。古城的国王、贵族、祭师、星相师、建筑师、高级军事首领等住在四周的卫城，西班牙人到墨西哥前不久古城被废弃，现存建筑包括大金字塔（Gran Pirámide）、地下世界神殿（Palacio del Inframundo）、回纹图案神殿（Palacio de las Grecas）、四个太阳壁画神殿（Palacio de Mural de los Cuatro Soles）、近百处房屋、38座古墓和37块石刻。大金字塔高75米，比墨西哥州特奥蒂瓦坎古城的65米高的太阳金字塔还高出10米，是墨西哥最高的金字塔。死亡壁画（Mural de la Muerte）是一幅长12米、宽4米的壁画，画中的太阳走出地下世界在大地升起，表达玛雅人对太阳消失和黑暗到来的担忧。四个太阳壁画的四个太阳分别代表四个世纪：火世纪、春天世纪、起始世纪和战争世纪。遗址出土文物有措兹·乔克国王雕像（Estatua de Tzotz Choj）等。

## 拉坎东热带雨林（Selva Lacandona）

埃斯孔迪达瀑布

拉坎东热带雨林位于恰帕斯州东北部，东南部与危地马拉接壤，面积9572平方千米，约占恰帕斯州面积的13%，“拉坎东”在玛雅语中意为“巨石”。拉坎东地区被称作孤荒之地（Desierto de la Soledad），今天这里仍居住着20多万玛雅人，包括措兹尔人、泽尔塔尔人、托霍拉瓦尔人、乔尔人和拉坎东人等。拉坎东热带雨林雨量充沛，树木以松树为主。埃斯孔迪达（Escondida）瀑布由昌卡拉（Chancalá）河流经形成，瀑布流入乌苏马辛塔河，瀑布落差8米，瀑布区湖水清澈透蓝，可游泳、野营和登山。梅察沃克（Metzabok）湖包括数十个湖泊，被联合国教科文组织列为世界生态保护区。湖区有山洞，可洞穴探险和看史前岩画，“梅察沃克”在玛雅语中意为“雷神”（Dios del Trueno）。纳哈（NaHá）湖离梅察沃克湖不远，两个湖就像一对孪生兄弟，是恰帕斯州的“绿肺”，也是许多动物的栖息地。巴伦·帕卡尔（Bajlum Pakal）生态园可供游客露营、划皮筏艇和游泳。

## 鹦鹉地坑（Sima de Las Cotorras）

鹦鹉地坑

鹦鹉地坑位于奥科索科奥特拉·德·埃斯皮诺萨（Ocozocoautla de Espinosa）市的彼德拉·帕拉达（Piedra Parada）镇，坐落在埃尔奥科特（El Ocote）生态保护区。保护区属喀斯特地貌，因地壳运动和石灰岩层剥蚀形成若干地坑。鹦鹉地坑是保护区最大的地坑，坑口直径160米，深140米，坑内栖息着成千上万只鹦鹉。早晨，鹦鹉成群结队，夺坑而出，蔚为壮观；日落之时，万鸟归巢，遮天蔽日，令人叹为观止。地坑陡峭，怪石嶙峋，适合洞穴探险和攀岩，地坑悬崖峭壁有许多刻于1万年前的史前岩画。

## 魔幻小镇

### 恰帕·德·科尔索（Chiapa de Corzo）市

拉皮拉泉水池

恰帕·德·科尔索市始建于1528年，原是西班牙人在恰帕斯州建的第一个定居点，原住民为索克人。拉皮拉泉水池（Fuente La Pila）是一处供水池，由西班牙修士罗德里戈·德·莱昂率众建于1562年。水池用砖砌成八角形建筑，八个柱子分别高11.75米，中间为圆形拱顶，水池集文艺复兴、哥特和摩尔人的穆德哈尔建筑风格于一体。埃尔乔雷亚德罗（El Chorreadero）瀑布位于近郊，地下河在半山腰穿洞而出形成落差25米的瀑布。玛雅文化遗址有索克通·南达卢米（Soctón Nandalumí）古城，古城年代为前1400—公元700年，原有200多处建筑，大多数建筑已被现民居覆盖，现仅存一些祭台。老教堂有神奇耶稣教堂、耶稣受难教堂、圣多明戈教堂、多明戈会修道院、圣塞瓦斯蒂安教堂和圣格雷戈里奥教堂。

## 西莫霍韦尔（Simojovel）市

西莫霍韦尔市位于恰帕斯州北部山区，海拔660米，市政府所在地是西莫霍韦尔·德·阿连德（Simojovel de Allende）镇。墨西哥琥珀是世界上最名贵的琥珀之一，享有盛誉。墨西哥的琥珀全部产自恰帕斯州，其中90%产自西莫霍韦尔市，所以该市有“琥珀之乡”的美称。墨西哥琥珀属矿珀，硬度为莫氏2.5，共有黄、橘黄、咖啡、红、蓝、绿、黑和青8种颜色，最贵重的是蓝色琥珀，被称作墨西哥蓝珀。墨西哥琥珀是由古代松科植物的树脂埋藏在地下经久凝结形成的，年龄约为2000万年。它的色彩源于自然，纯净度高、荧光感强，比世界其他产地的琥珀更为宝贵，适合做高档首饰。西莫霍韦尔市是世界第三大琥珀产地，年产量3～4吨。西莫霍韦尔市的琥珀被视为墨西哥国宝。墨西哥有两个琥珀博物馆，其中一个在西莫霍韦尔市。

墨西哥琥珀

墨西哥蓝珀

## 魔幻小镇

### 科米坦·德·多明格斯（Comitán de Domínguez）市

科米坦·德·多明格斯市位于科米坦·托霍拉瓦尔（Comiteca Tojolabal）高原，“科米坦”在玛雅语中意为“有制陶工人的地方”，“多明格斯”是为纪念在该市出生的墨西哥革命时期政治家贝利萨里奥·多明格斯·帕伦西亚，他因反对当时的独裁总统维多里亚诺·韦尔塔遭暗杀。老城中心有上百座殖民时期建筑。罗萨里奥·卡斯特利亚诺斯（Rosario Castellanos）文化中心原为多明戈会修道院。墨西哥国家人类博物馆展出当地印第安人文化藏品，包括该市的玛雅文化遗址特南·普恩特古城遗址的出土文物。贝利萨里奥·多明格斯博物馆原为多明格斯故居。圣多明戈教堂建于16世纪，原为圣多明戈·德·古斯曼教堂。圣塞瓦斯蒂安教堂是1821年8月28日宣布恰帕斯州加入墨西哥独立运动的地方。

老城中心

# 第14章 新莱昂州

Estado de Nuevo León

## 新莱昂州（Estado de Nuevo León）

奇奇梅卡人

新莱昂州位于墨西哥东北部，面积64156平方千米，北面与美国得克萨斯州隔河相望，原住民先后有科亚维尔特卡人、卡图汉人、瓦拉维斯人、科曼切人和奇奇梅卡人。新莱昂州是墨西哥传统工业基地，经济发达。地貌呈多样性，大小山谷峡谷交错，峡谷有拉瓦斯特卡（La Huasteca）峡谷、小马场（Potrero Chico）峡谷、马塔卡内斯峡谷、埃尔萨尔托峡谷和迷宫峡谷等，这些峡谷松树林密布，有很多野生动物，如野猫、黑熊、狐狸和松鼠等，适合峡谷探险。

早在1万多年前科亚维尔特卡人就居住在新莱昂州、奇瓦瓦州、塔毛利帕斯州和美国得克萨斯州。科亚维尔特卡人是半游牧民族，由很多部落组成，部落人口几十到数百不等，平时分散各地，但会定期聚集联络感情。为寻找定居点，他们肩扛手提着家什迁徙，在定居点建茅草房，这些茅草房为圆形，木柱支撑，草编房顶。在布拉沃河沿岸居住的人建的房子较为结实。科亚维尔特卡人以狩猎和采果实为生，尽管会生火，但大多生吃果实。科亚维尔特坎（coahuiltecan）语有多种变体。16世纪末西班牙殖民者大肆抓捕科亚维尔特卡人当奴隶，但遭到科亚维尔特卡人的反抗。反抗持续了1个多世纪，最终迫使西班牙殖民者放弃抓捕，同意建立自治领地。常年跟阿帕切人等其他印第安人争斗，殖民时期跟西班牙和英国殖民者斗争，以及天花、麻疹等瘟疫等原因，19世纪末科亚维尔特卡人基本消失，剩下为数不多的人后来成了印欧混血儿。

## 蒙特雷（Monterrey）市

蒙特雷市是新莱昂州州府，位于东马德雷山脉北部，坐落在马鞍山（Monte de la Silla）山脚下，马鞍山因形似马鞍而得名，有4座山峰，最高峰是海拔1821米的东峰。蒙特雷市原住民是游牧和半游牧民族的阿帕切人和奇奇梅卡人。蒙特雷市与墨西哥中部高原之间是马德雷山脉，该市地处偏远，殖民时期仅是一座数千人居住的小镇。1848年墨美战争后，因靠近两国边界，蒙特雷市很快成为墨西哥东北最大、墨西哥第三大城市。蒙特雷市是一座新兴工业城市，名胜古迹不多，但老城中心保留很多殖民时期的建筑，老教堂有蒙特雷大教堂等，博物馆有墨西哥历史博物馆。大广场（Gran Plaza）面积达40公顷，是世界上第四大广场。铸造厂（Fundidora）公园前身年是蒙特雷钢铁铸造厂，占地面积1.4平方千米，公园保留着炼钢炉和烟囱等的原貌。玻璃博物馆原址是墨西哥古老的蒙特雷玻璃厂。阿尔法天文馆位于邻近的圣佩德罗·加尔萨·加尔西亚（San Pedro Garza García）市。拉埃斯坦苏埃拉（La Estanzuela）自然公园可看鸟、松鼠、蛇等动物。

大广场

## 魔幻小镇

### 圣地亚哥（Santiago）市

圣地亚哥使徒教堂

圣地亚哥市坐落在东马德雷山脉的圣地亚哥山谷，始建于1645年，老建筑有圣地亚哥使徒教堂和市政大楼。圣地亚哥山谷是东马德雷山脉的门户，有圣克里斯托瓦尔、奇皮廷、马塔卡内斯和伊德罗福维亚等峡谷，这些峡谷满布悬崖峭壁，只能靠山路、隧道和滑坡通行。圣地亚哥山谷有拉铁罗萨（La Tierrosa）和拉普埃塔（La Puerta）等山洞，适合洞穴和峡谷探险。

### 利纳雷斯（Linares）市

利纳雷斯市始建于1777年，经济以农业为主，农业以种植甘蔗为主，兼种玉米、豆类和橘子等，老建筑有市政大楼、圣心教堂、圣佩德罗使徒仁慈教堂、仁慈耶稣教堂和文化之家。莫雷洛斯药房（Botica Morelos）是一间印第安草药房，1739年开业至今，一直用印第安土方研制药膏、药油、补药等草药，擅长治疗眼疾、惊怕、失眠、

市政大楼

消化不良、精神压抑等疾病，很多国内外患者慕名而来。市博物馆建于18世纪，面积达1600平方米，藏品包括古化石、史前岩画和古印第安人石器。瓜达卢佩庄园建于1667年，现为新莱昂州自治大学地理系，其水渠是庄园引水渠，高5米，长约110米，有33个拱门，是新莱昂州唯一的古水渠。普列托山（Cerro Prieto）水库离市区20千米，面积达40平方千米，可游泳、垂钓和划艇。

## 布斯塔曼特（Bustamante）市

布斯塔曼特市盛产核桃，在面积近千公顷的土地上种有20多万棵核桃树，被誉为“新莱昂州的花园”，老教堂有圣米格尔大天使教堂等。布斯塔曼特峡谷长约7千米，特拉斯卡拉河流经谷底，适合峡谷探险。圣洛伦索泉眼（Ojo de Agua San Lorenzo）公园位于戈马斯（Gomas）山脉和莫雷纳（Morena）山脉之间，树木茂盛，密林中有很多泉和水潭，适合休闲度假。帕尔米托（Palmito）溶洞坐落在拉博卡（La Boca）峡谷，有几个布满钟乳石和石笋的溶洞。奇基维蒂略斯（Chiquihuitillos）史前岩画为阿拉萨帕人于4000多年前所作。

圣米格尔大天使教堂

## 博卡·德·波特雷里略斯史前岩画

（Pinturas Rupestres Prehistóricas de Boca de Potrerillos）

博卡·德·波特雷里略斯史前岩画位于米纳（Mina）市，离市区14千米，2001年被墨西哥政府列为国家历史古迹保护区，保护区面积约6平方千米。18世纪末这里曾是一个名为博卡·德·波特雷里略斯的富翁的私人庄园，这里的史前岩画以庄园命名。新莱昂州有很多印第安人史前岩画，该保护区

博卡·德·波特雷里略斯史前岩画

的岩画最为集中，数量最为庞大，岩画分布在3000多块岩石上。8000多年前，科亚维尔特卡人在此以打猎、捕鱼和采果为生，岩画为他们所作，题材多是下雨、太阳、植物、动物、狩猎、更换首领和祭神等。

## 伊卡莫莱史前岩画（Pinturas Rupestres Prehistóricas de Icamole）

伊卡莫莱史前岩画位于加尔西亚（García）市，分布在萨利纳斯河长约8千米河岸的岩石上，前4000年前后，沿萨利纳斯河索居的阿帕切人和科曼切人在这里狩猎和采果，他们留下很多岩画，除了用点表示数字，画的更多是野山羊、鹿等动物和他们的舞蹈。这一地区的史前岩画还有埃尔德尔加多（El Delgado）、洛斯菲耶罗（Los Fierro）和纳卡塔斯（Nacataz）等。

伊卡莫莱史前岩画

## 马尾瀑布（Cascada Cola de Caballo）

马尾瀑布位于圣地亚哥市，坐落在马尾瀑布国家自然公园，由位于东马德雷山脉的昆布雷斯（Cumbres）国家公园山上的溪水流经该处形成，因形似马尾而得名。瀑布区有多个观景台，可从不同角度观赏这个落差有30多米的大瀑布，瀑布区可骑马、蹦极和绳降。

马尾瀑布

魔鬼喉咙峡谷

迷宫峡谷

## 魔鬼喉咙峡谷（Cañón Garganta del Diablo）

魔鬼喉咙峡谷位于拉约内斯（Rayones）市的塞沃亚（Cebolla）镇，坐落在塞沃亚山脉，海拔2160米。峡谷小溪流经谷底，峡谷岩壁陡峭，很多地方要靠绳降和涉水通行，适合探险。

## 迷宫峡谷（Cañón de Laberinto）

迷宫峡谷位于圣卡塔里纳（Santa Catarina）市，峡谷满布悬崖峭壁，谷底有一个30米长的水潭，进入谷底要靠绳降和滑索，适合探险。

## 埃尔萨尔托峡谷（Cañón El Salto）

埃尔萨尔托峡谷位于圣地亚哥市的谢内加·德·冈萨雷斯（Cienega de González）镇，峡谷不大，原是一整块巨大岩石，雨水和溪流将岩石一分为二。峡谷岩壁陡峭，有绳降和滑索通往谷底，谷底有水潭，适合探险。

埃尔萨尔托峡谷

## 埃尔萨尔托游乐园（Parque Recreativo El Salto）

埃尔萨尔托游乐园位于赫内拉尔·萨拉戈萨（General Zaragoza）市，坐落在东马德雷山脉，离市区3千米，游乐园以埃尔萨尔托瀑布命名，埃尔萨尔托瀑布落差10米，水量充沛，瀑布清澈见底且呈湛蓝色。游乐园面积5平方千米，布兰科（Blanco）河流经该处形成埃尔萨尔托瀑布和落差30米的新娘面纱瀑布。此处的新娘面纱瀑布与恰帕斯州的埃尔奇弗隆瀑布群的新娘面纱瀑布同名。

埃尔萨尔托瀑布

地牢峡谷

## 地牢峡谷（Cañón El Calabozo）

地牢峡谷位于蒙特雷市郊的拉埃斯坦苏埃拉（La Estanzuela）自然公园，地形险要，岩壁陡峭，难于攀登，要经数次绳降才能进峡谷，适合探险。每年3—10月的雨季，水流充沛的瀑布遮挡了游人视野，使人恍惚间如身处地牢，地牢峡谷因此得名。

## 马塔卡内斯峡谷（Cañón de Matacanes）

马塔卡内斯峡谷位于圣地亚哥市，坐落在昆布雷斯国家公园，峡谷长12千米，东马德雷山脉的拉古尼亚斯河流经该处冲刷形成多个瀑布，瀑布落差1～27米，潭水湛蓝清澈。峡谷山路崎岖，且多水潭和滑坡，即使体力好、有经验的探险爱好者也要花几个小时才能走完峡谷。

马塔卡内斯峡谷

## 埃尔奇皮廷峡谷（Cañón El Chipitín）

埃尔奇皮廷瀑布

埃尔奇皮廷峡谷位于圣地亚哥市的波特雷罗·雷东多（Potrero Redondo）镇，坐落在圣地亚哥山脉，峡谷以落差70多米的埃尔奇皮廷瀑布命名。峡谷深且陡峭，从谷顶到谷底要经数次绳降，还需攀岩、涉水等，适合深度峡谷探险。

## 拉鲁莫罗莎峡谷（Cañón La Rumorosa）

拉鲁莫罗莎峡谷

拉鲁莫罗莎峡谷又称埃尔皮科雷特（El Picorete）峡谷，与马塔卡内斯峡谷相连，地势复杂，要经20次绳降才到谷底，因此也被称作“20次绳降峡谷”，适合极度峡谷探险。“拉鲁莫罗莎”在西班牙语中意为“风声或水声”，峡谷因有风拍岩石和潺潺流水之声而得名。峡谷与下加利福尼亚州的拉鲁莫罗莎峡谷同名。

## 圣克里斯托瓦尔峡谷（Cañón de San Cristóbal）

圣克里斯托瓦尔峡谷位于圣地亚哥市的昆布雷斯国家公园，坐落在圣克里斯托瓦尔山，以附近的圣克里斯托瓦尔村的村名命名。峡谷岩壁陡峭，难于攀登，适合深度峡谷探险。

圣克里斯托瓦尔峡谷

## 伊德罗福维亚峡谷

（Cañón de Hidrofobia）

伊德罗福维亚峡谷位于圣地亚哥市，深藏在大山深林之中，地形复杂，有30多个水潭，水潭深2～18米。峡谷探险游需数小时，这期间要游过水潭，再经数次绳降和滑坡，该处被公认是墨西哥探险难度最大的峡谷之一。

伊德罗福维亚峡谷

## 拉博卡水库

（Presa de La Boca）

拉博卡水库位于圣地亚哥市，正式名称为罗德里戈·戈梅斯水库，1963年在圣胡安河建坝而成，水库为纪念在当地出生的墨西哥央行前行长罗德里戈·戈梅斯而命名，面积4.5平方千米，可划艇、骑马、野营、滑水、垂钓和骑水上摩托。

拉博卡水库

# 第15章 格雷罗州

Estado de Guerrero

## 格雷罗州（Estado de Guerrero）

米斯特卡人

格雷罗州位于墨西哥南部，面积63596平方千米，几千年前就有印第安人生活在那里，他们留下很多宝贵的史前岩画，包括胡斯特拉瓦卡、奥斯托蒂特兰和卡卡瓦米尔帕等溶洞岩画。格雷罗州原住民先后有纳瓦·科伊萨人、约佩人、奎特拉特科人、特拉帕内科人、米斯特卡人、纳瓦人和阿穆斯戈人。格雷罗州是约佩文化、墨斯卡拉文化等印第安文化的发祥地，迄今已发现1000多处印第安文化遗址，包括特奥潘特夸尼特兰古城遗址、特瓦卡尔科古城遗址、拉奥尔加内拉·索奇帕拉古城遗址和奎特拉胡奇特兰古城遗址等。格雷罗州保留了很多殖民时期建筑，老建筑有塔斯科·德·阿拉尔孔市的圣普里斯卡（Santa Prisca）教堂、阿尔塔米拉诺（Altamirano）市大教堂和现为阿卡普尔科市历史博物馆的圣迭戈（San Diego）要塞。

## 奇尔潘辛戈·德·洛斯·布拉沃（Chilpancingo de los Bravo）市

奇尔潘辛戈·德·洛斯·布拉沃市坐落在南马德雷山脉北侧的瓦卡帕河（Huacapa）左岸，是格雷罗州州府，海拔1360米，始建于1591年，原住民先后有纳瓦·科伊萨人、约佩人和纳瓦人。“奇尔潘辛戈”在纳瓦语中意为“小黄蜂窝”。“布拉沃”是为了纪念在墨西哥革命中对国家作出贡献的布拉沃家族。奇尔潘辛戈·德·洛斯·布拉沃市的老建筑有市政大楼、升天圣母教堂、州高级法院大楼和圣马特奥教堂。

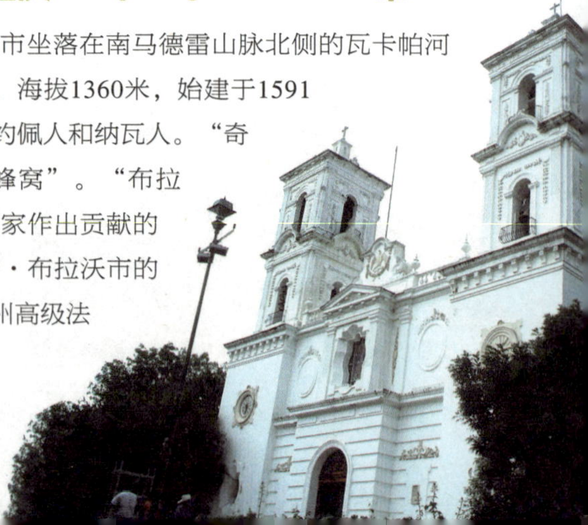
升天圣母教堂

## 阿卡普尔科·德·华雷斯（Acapulco de Juárez）市

阿卡普尔科·德·华雷斯市始建于1599 年，原是小渔港，1565—1815年曾是墨西哥与菲律宾海上贸易的主要港口，从马尼拉驶来的“中国之船”给墨西哥带来中国的茶叶、丝绸、陶瓷和香料等商品，又从这里把银锭、银元、玉米、番茄、辣椒和可可等墨西哥产品转回中国。“阿卡普尔科”在纳瓦语中意为“芦苇被摧毁的地方”，“华雷斯”为纪念贝尼托·华雷斯总统。阿卡普尔科·德·华雷斯市分三个区，即老区、黄金区和钻石区，老区是老城区和港口，黄金区是靠海的旅馆区，钻石区是靠山的别墅区。阿卡普尔科海湾呈半月形，东西长5千米，南北宽3千米，最大水深100米，是墨西哥太平洋沿岸最大的天然良港之一。阿卡普尔科·德·华雷斯市依海湾而建，地处热带，气候温和舒适，旅游设施齐全，经济以旅游业为主。海湾有一道狭窄海沟，两边悬崖高耸，怪石嶙峋，景观独特，每天都有扣人心弦的悬崖跳水表演。阿卡普尔科·德·华雷斯市有20多处海滩，一年四季都可游泳，晚上可乘游船出港湾观赏夜景。

阿卡普尔科海湾

## 魔幻小镇

### 塔斯科·德·阿拉尔孔（Taxco de Alarcón）市

塔斯科·德·阿拉尔孔市离墨西哥城160千米，从墨西哥城出发沿西马德雷山脉穿过犬牙交错的谷地山峰，2个小时车程就到塔斯科，“塔斯科”在纳瓦语中意为“球场”，“阿拉尔孔”为纪念当地著名戏剧作家胡安·鲁伊斯·德·阿拉尔孔。塔斯科原为偏僻小山村，1751年，何塞·德·拉·博尔达首先在该处发现银矿，直至2007年关闭最后一座银矿，塔斯科一直是墨西哥主要产银区之一。博尔达发财后，出资修建了圣普里斯卡教堂，这座塔斯科最古老的教堂是城市的标志性建筑，其他老教堂有圣贝尔纳尔迪诺教堂、圣特立尼达教堂、奥赫达耶稣教

圣普里斯卡教堂

堂和圣尼古拉斯教堂等。1929年美国人威廉·斯帕拉特林来到塔斯科，他精通银器制作工艺，教会了当地人制作银器，之后银作坊如雨后春笋般涌现。今天的塔斯科有上千家银器作坊和商店，是闻名遐迩的银城，1990年被墨西哥政府列为国家历史古迹保护区。塔斯科有“戏曲之城”美称，每年举办多个戏曲节。

## 西瓦塔内霍·德·阿苏埃塔（Zihuatanejo de Azueta）市

西瓦塔内霍·德·阿苏埃塔市

西瓦塔内霍·德·阿苏埃塔市位于西瓦塔内霍海湾，西临太平洋，东靠南马德雷山脉，“西瓦塔内霍”在普雷佩查语中意为“黄土高坡之水”。西瓦塔内霍·德·阿苏埃塔市是一座新兴旅游城市，以风景秀美的海滩闻名。西瓦塔内霍海滩浪小沙细，是墨西哥最受游客青睐的海滩之一。老建筑有瓜达卢佩圣母教堂和因格兰纳家族（Ingrana Familia）庄园。

伊斯塔帕海滩

## 伊斯塔帕海滩（Playa Ixtapa）

伊斯塔帕海滩位于西瓦塔内霍·德·阿苏埃塔市，离市区5千米，因靠近西瓦塔内霍海滩，人们习惯把两处海滩合称为伊斯塔帕·西瓦塔内霍海滩。伊斯塔帕海滩在20世纪80年代开发，2千米长的海滩区布满游艇、私人别墅、餐馆、商店、俱乐部、网球场和高尔夫球场。现在的伊斯塔帕·西瓦塔内霍海滩是继坎昆海滩和阿卡普尔科海滩之后的墨西哥第三大著名海滩。

## 帕尔马·索拉岩画

（Pinturas Rupestres de Palma Sola）

帕尔马·索拉岩画

帕尔马·索拉岩画位于阿卡普尔科·德·华雷斯市附近的埃尔贝拉德罗（El Veladero）山，分布在18个巨大的花岗岩石上，刻绘的时间约为前800—公元750年，这些神秘的岩画用粗犷的线条勾画出人像，这些人像被认为是古印第安人的部落首领或祭师。

## 奥尔梅卡文化遗址

### 特奥潘特夸尼特兰（Teopantecuanitlán）古城遗址

特奥潘特夸尼特兰古城遗址

特奥潘特夸尼特兰古城遗址位于科帕利略（Copalillo）市，坐落在墨斯卡拉（Mezcala）河和阿马苏亚克（Amazuac）河的交界处，“特奥潘特夸尼特兰”在纳瓦语中意为“美洲豹神殿之地”。遗址由奥尔梅卡人所建，是格雷罗州迄今发现的唯一的奥尔梅卡文化遗址，存在年代约为前1400—前600年，面积约1.6平方千米，主城区面积约2公顷。遗址出土了一尊奥尔梅卡巨型人头石像。

## 约佩文化遗址

### 特瓦卡尔科（Tehuacalco）古城遗址

特瓦卡尔科古城遗址

特瓦卡尔科古城遗址位于奇尔潘辛戈·德·洛斯·布拉沃市的小庄园（La Haciendita）村，是格雷罗州目前唯一可参观的约佩文化遗址，古城存在年代约为前650—公元1100年，面积约80公顷，现已整理出20处建筑，包括金字塔、神殿、大宫殿、水镜神庙、球场和民居。整个古城用灰浆和石板按横竖排列修建，地震时建筑有晃动，但不会倒塌。约佩人是半游牧部落，有学者认为约佩人属纳瓦族，其社会阶级分明，最上层是部落首领和祭师，下层是武士、商人、手工艺者和农民。遗址还有古印第安人留下的史前岩画。

约佩文化年代约为前650—公元1521年，也称约佩斯文化、约皮斯文化、约皮尼斯文化和约佩梅斯文化（Yopes、Yopis、Yopines o Yopimes），分布在格雷罗州。约佩文化是墨西哥中部最古老的印第安文化之一，约佩人建有两座大城市，即北部山区的特拉帕（Tlapa）和沿海地区的约皮钦戈（Yopitzingo）。由西班牙传教士在1554年编写成的图德拉（Tudela）手抄本等殖民时期早期古籍对约佩文化有详尽描述。古籍描述的约佩人无论男女均赤身裸体、女人用棕榈叶、男人用鹿皮遮挡私处。男孩子满7岁就要出门用弓箭狩猎，打不到猎物不许吃饭。

约佩人从事农业，掌握初步的冶炼技术，擅长石建筑。为防止房屋因地震倒塌，约佩人把石板块横竖搭配，然后用灰浆抹缝。约佩人信奉西佩–托特克等诸神，使用月历，有一定的计数常识。约佩人是墨西哥最勇敢善战的战士，尤其善用弓箭和擅长山地作战，令敌对的印第安人尤其是阿兹台克人惧怕，因此，当阿兹台克王国在墨西哥中部兴起并不断侵犯其他印第安部落时，约佩王国是为数不多成功抗其侵犯的王国。殖民初期约佩人一直强烈反抗西班牙殖民统治，1531年终于在库奥特佩克（Cuautepec）市爆发一场大起义，结果被殖民军残酷镇压。起义失败导致全体起义军阵亡，流离失所的约佩人纷纷逃往山区零星散居，约佩文化从此消失。

## 墨斯卡拉文化遗址

### 拉奥尔加内拉·索奇帕拉（La Organera Xochipala）古城遗址

拉奥尔加内拉·索奇帕拉古城遗址位于爱德华多·内里（Eduardo Neri）市的索奇帕拉镇，坐落在墨斯卡拉（Mezcala）河流域，墨斯卡拉河流域是墨斯卡拉文化的发祥地，“索奇帕拉”在纳瓦语中意为“有做染料的花的地方”。古城存在年代约为前200—公元965年，由奎特拉特科人所建，面积约1.8万平方米，现存古建筑30多处。每年的5月3日索奇帕拉镇的印第安人成群结队登上特拉洛坎（Tlalocan）山祭拜求雨。

人们对墨西哥印第安文化的了解可以1519年西班牙开启殖民统治来划分，殖民前已经消失的文化，由于有的印第安种族没有文字，或只有简单的图形文字，只能从遗址考古发现去了解他们的历史。假如没有遗址留存或遗址发掘时间太短，就难以深入了解其历史。殖民后才消失或至今仍存在的文化，由于提供的信息丰富，对其历史了

拉奥尔加内拉·索奇帕拉古城遗址

奎特拉特科人的石雕像

解多些，因为16—17世纪，西班牙传教士多用手抄本记录印第安文化历史，这些图文并茂的手抄古籍成为今天人们了解古文化的主要途径。

分布在格雷罗州的墨斯卡拉文化年代约为前200—公元1000年，是墨西哥早期印第安文化之一，深受奥尔梅卡文化影响。由于殖民前已消失，人们对其历史知之甚少。已知原住民为奎特拉特科人，奎特拉特科语于1960年彻底消失，至今仍无法确定属于哪种语系，被认为是一种独立语言。墨斯卡拉王国的面积约为2.5万平方千米，奎特拉特科人从事农业和狩猎，擅长玉石等宝石制作。石雕人像特征是轮廓鲜明，形象消瘦。墨西哥现代人像刻画风格深受其影响。

## 印第安文化遗址

### 奎特拉胡奇特兰（Cuetlajuchitlán）古城遗址

奎特拉胡奇特兰古城遗址位于维丘科·德·洛斯·菲格罗亚（Huitzuco de los Figueroa）市的帕索·莫雷洛斯（Paso Morelos）镇，坐落在巴尔萨斯（Balsas）河谷，“奎特拉胡奇特兰”在纳瓦语中意为“有红花的地方”。该遗址于1991年修路时被发现，面积约35公顷，年代约为前800—公元300年，尚不清楚古城由谁所建，原建筑用石灰岩和灰浆建成，现仅存低矮的祭祀平台和雕石。

奎特拉胡奇特兰古城遗址

## 胡斯特拉瓦卡溶洞（Grutas de Juxtlahuaca）

胡斯特拉瓦卡溶洞

胡斯特拉瓦卡溶洞位于克丘尔特南戈（Quechultenango）市，长约5千米，有18个洞厅，里面有形态各异的钟乳石和石笋，鬼斧神工，令人叹为观止。洞内有约4000年前刻绘的史前岩画，画中表现古印第安人捕猎的场面，岩画在离洞口1.3千米远的洞厅，是已知墨西哥最深的洞穴史前岩画。

## 奥斯托蒂特兰溶洞（Grutas de Oxtotitlán）

奥斯托蒂特兰溶洞位于奇拉帕·德·阿尔瓦雷斯（Chilapa de Álvarez）市的阿卡特兰（Acatlán）镇，洞内外有前900—前500年的岩画，岩画面积200平方米，多数为黑白涂画，少数为彩画。溶洞有5个洞厅，最大的高10米、宽20米，最小的宽2～3米。

奥斯托蒂特兰溶洞

## 卡卡瓦米尔帕溶洞（Grutas de Cacahuamilpa）

卡卡瓦米尔帕溶洞

卡卡瓦米尔帕溶洞坐落在南马德雷山脉，位于卡卡瓦米尔帕国家公园，是世界上最大的溶洞之一，洞长10多千米，有90个30～70米高的大洞厅，洞厅布满形态各异的钟乳石和石笋，这些石灰岩石经数百万年的地下河水冲刷而成。

# 第16章 圣路易斯波托西州

Estado de San Luis Potosí

## 圣路易斯波托西州（Estado de San Luis Potosí）

瓦斯特卡人

圣路易斯波托西州面积61138平方千米，约20%的面积属瓦斯特卡·波多西地区，原住民有瓦斯特卡人、奥托米人、帕梅人和纳瓦人。瓦斯特卡人自称特恩内克人，“瓦斯特卡人”在玛雅语中意为“以自己的语言、血脉和思想生活在这里的人”，瓦斯特科语是玛雅语变体，瓦斯特卡人是唯一讲玛雅语却没有居住在玛雅地区的玛雅语系群体。

1910年11月6日，弗朗西斯科·伊格纳西奥·马德罗发表了在圣路易斯波托西州起草的墨西哥革命社会政治纲领《圣路易斯波托西计划》，号召民众武装起义推翻独裁统治墨西哥长达30年的波菲里奥·迪亚斯独裁政权，拉开了墨西哥革命的序幕。《圣路易斯波托西计划》明确提出“要真正的选举，不得连选连任”（Sufragio efectivo, no reelecciones）的口号，墨西哥革命胜利后100多年来的总统选举一直秉承这个常出现在各级政府文件抬头的口号。

圣路易斯波托西州多山谷河谷，水量充足，山泉水形成许多瀑布，包括油梨（El Aguacate）瀑布、西利特拉（Xilitla）水潭瀑布、加利福尼亚（California）瀑布、老矿（Minas Viejas）瀑布、长尾猴（Micos）瀑布、塔马索波（Tamasopo）瀑布和达木尔（Tamul）瀑布。

## 圣路易斯波托西（San Luis Potosí）市

州府大楼

圣路易斯波托西市是圣路易斯波托西州州府，也是墨西哥的矿业重镇和大工业城市之一，“圣路易斯”是为纪念法国国王路易斯四世，“波托西”则以当时玻利维亚最大的波托西矿命名，意在赶超波托西矿。该市有宗教城之称，有20多座老教堂，包括圣路易斯波托西教堂、瓜达卢佩教堂和卡门教堂。该市是一座广场城，有10多个广场，老城的中心广场是武器广场。老城中心有很多殖民时期建筑，老城中心于2010年被联合国教科文组织列为世界文化遗产。国家面具博物馆坐落在卡门广场，收藏1300多件面具及传统服饰，是全国最大的面具博物馆。面具表现了墨西哥传统文化，以印第安人、动物、鬼怪和神话人物等为蓝本制作的各种各样的面具常出现在宗教仪式和民间舞蹈中。

## 瓦斯特卡·波托西地区（Región Huasteca Potosina）

瓦斯特卡地区（Región Huasteca）包括塔毛利帕斯州南部、圣路易斯波托西州东部、韦拉克鲁斯州北部、克雷塔罗州北部、伊达尔戈州东部和普埃布拉州北部，因大多数原住民为瓦斯特卡人而得名，“瓦斯特卡”在纳瓦语中意为“小蜗牛”。约3000年前瓦斯特卡人就已经生活在瓦斯特卡地区，他们的子孙后代至今仍在此繁衍生息。瓦斯特卡地区其他原住民还有特佩万人、奥托米人、托托纳卡人等。瓦斯特卡·波托西地区是瓦斯特卡地区的重要组成部分，覆盖圣路易斯波托西州东部20多个市，面积1.14万平方千米，东马德雷山脉从北向南穿过瓦斯特卡·波托西地区，流经的河流有塔木因（Tamuín）河、帕努科（Pánuco）河、加伊纳斯（Gallinas）河、莫克特苏马（Moctezuma）河和巴耶斯（Valles）河，大湖泊有大岸（Orilla Grande）湖、虎（Tigre）湖和拉瓦德罗斯（Lavaderos）湖，2006年瓦斯特卡·波托西地区被联合国教科文组织列为世界生态保护区。瓦斯特卡·波托西地区有很多瀑布，包括燕子洞（Sótano de las Golondrinas）瀑布、老矿（Minas Viejas）瀑布、塔马索波（Tamasopo）瀑布、上帝之桥岩洞（Cueva Puente de Dios）瀑布、长尾猴（Micos）瀑布、水洞（Cueva de Agua）瀑布和埃尔梅科（El Meco）瀑布等。

瓦斯特卡·波托西地区

## 爱德华·詹姆斯雕塑花园（Jardín Escultórico de Edward James）

爱德华·詹姆斯雕塑花园

酷爱艺术、崇尚超现实主义的英国诗人和建筑师爱德华·詹姆斯被西班牙画家萨尔瓦多·达利形容为“最疯狂的超现实主义者”。20世纪40年代詹姆斯来到墨西哥，目的是在墨西哥建造一个超现实主义现代伊甸园，他在瓦斯特卡·波托西地区花巨资买下面积37公顷的土地，亲自设计和带领200多名工人建造了这个位于西利特拉市的雕塑公园，当地人把这个地方叫做水潭，他建造的花园也被称作水潭花园（Jardín Las Pozas），他去世后花园一度荒废，后被州政府购买，成为公园。维奇瓦杨（Huichihuayan）河流经花园，形成9个瀑布，最大的瀑布是水潭（Las Pozas）瀑布。詹姆斯设计的27处超现实主义人文景观全部利用地形建造，有眼形浴缸、无头阶梯、哥特式门窗、翻转石柱等，使人浮想联翩，如入仙境，被誉为魔幻世界，2012年爱德华·詹姆斯雕塑公园被墨西哥政府列为国家艺术遗产。

老矿瀑布

## 老矿瀑布（Cascadas de Minas Viejas）

老矿瀑布位于埃尔纳兰霍（El Naranjo）市的老矿村，离市区15千米，埃尔纳兰霍河流经该处形成2处蔚为壮观的大瀑布，瀑布飞流直下50米后形成4个湛蓝的大水潭，可野营、爬山和游泳。

塔马索波瀑布

## 塔马索波瀑布（Cascadas Tamasopo）

塔马索波瀑布位于瓦斯特卡·波托西地区的塔马索波（Tamasopo）市，塔马索波河流经该处形成3个落差25米的瀑布，瀑布区树木繁茂，可游泳和登山。

## 上帝之桥岩洞（Cueva de Puente de Dios）

上帝之桥岩洞

上帝之桥岩洞位于塔马索波市的拉帕尔马（La Palma）村，离市区3千米。岩洞不大，洞内多钟乳石和石笋。阳光通过洞壁缝隙映照洞内，使石壁和石柱呈蓝色，洞外是一片瀑布，瀑布形成20多米深的水潭，可游泳。

## 长尾猴瀑布（Cascadas de Micos）

长尾猴瀑布

长尾猴瀑布位于瓦斯特卡·波托西地区的巴耶斯城（Ciudad Valles）市的埃尔帕拉塔尼托（El Platanito）村，因当地有长尾猴而得名。长尾猴河流经该处形成7级落差、高1～20米的瀑布，每级瀑布下都有水潭，瀑布延绵1千米，逐级而下，蔚为壮观，第一级的斗牛瀑布落差20米，瀑布区可爬山、游泳、瀑布跳水、绳降和划艇。

## 水洞（Cueva del Agua）

水洞位于瓦斯特卡·波托西地区的阿基斯蒙市，乘木排顺汤帕翁（Tampaón）河直下，登上约100米高的山腰即可到达水洞。水洞长15米，宽15米，洞内是数十米深的水潭，钟乳石与湛蓝潭水交相辉映，阳光照耀使水洞如同仙境。

水洞

## 燕子地洞（Sótano de las Golondrinas）

燕子地洞

燕子地洞位于阿基斯蒙市，坐落在喀斯特地貌的石灰岩构造平原，是经过数百万年雨水和地下水冲刷下陷形成的。燕子地洞为倒锥形单体洞穴，洞口小、洞底宽，洞口直径60米，洞底宽60～300米，是墨西哥第一和世界第三大单体洞穴，1967年被发现后备受游人青睐。瓦斯特卡·波托西地区大多数景观可供游人涉足，唯燕子地洞游人无法进入，只能在洞口观看。燕子地洞栖息着成千上万只白颈楼燕，地洞因此得名。每日清晨和傍晚是观燕子的最佳时刻。清晨成群结队的燕子离洞而出，伴随着喧闹声，飞向蓝天，蔚为壮观。2001年燕子地洞和周边面积达2.85平方千米的地区被墨西哥政府列为自然保护区。

## 塔穆尔瀑布（Cascada de Tamul）

塔穆尔瀑布位于阿基斯蒙市的坦查钦（Tanchachín）村，坐落在圣玛利亚河谷，瀑布由加伊纳斯河（“加伊纳斯”在西班牙语中意为“母鸡”）汇流到圣玛利亚河形成，两河在瀑布下方汇成汤帕翁河。瀑布落差105米，是圣路易斯波托西州落差最大的瀑布，可从坦查钦村或巴耶斯城市乘船前往观赏。

塔穆尔瀑布

## 埃尔梅科瀑布（Cascada El Meco）

埃尔梅科瀑布位于埃尔纳兰霍市的埃尔梅科镇，瀑布落差38米，周围是森林和甘蔗地，通往瀑布的道路崎岖难行，但瀑布很壮观。

埃尔梅科瀑布

## 埃尔萨尔多瀑布（Cascada de El Salto）

埃尔萨尔多瀑布位于埃尔纳兰霍市，“埃尔萨尔多”在西班牙语中意为“瀑布”，墨西哥不少瀑布都叫埃尔萨尔多瀑布，如普埃布拉州的埃尔萨尔多瀑布等。埃尔纳兰霍河流经该处形成落差60多米的瀑布，瀑布下方是落差数米的数级水潭，雨季水量足，潭水深可游泳，瀑布区可绳降、攀岩和瀑布跳水。

埃尔萨尔多瀑布

## 半月湖（Laguna de la Media Luna）

半月湖位于绿河（Río Verde）市的野猪（El Jabalí）村，因形状像半月而得名，被墨西哥政府列为生态保护区。半月湖属喀斯特地貌，面积2.5公顷，湖水深37米，呈碱性，清澈透亮。半月湖由若干地下泉水汇成，水温20℃，可游泳、浮潜、深潜和划艇。地下河长年冲刷将远古的大型动物骨骼化石冲刷到湖底，从湖底挖出猛犸象、野牛和骆驼古化石等。

半月湖

## 拉斯瓦瓦斯地洞（Sótano de las Huahuas）

拉斯瓦瓦斯地洞

拉斯瓦瓦斯地洞位于阿基斯蒙市的圣伊西德罗·坦帕萨尔（San Isidro Tampaxal）区，由地质钙化造成地陷形成，因洞内栖息着一种当地印第安人称作“瓦瓦斯”的绿鹦鹉（Perico Verde）而得名。与同在瓦斯特卡·波托西地区的垂直的燕子地洞不同，拉斯瓦瓦斯地洞是一个斜面半地洞，人容易接近。洞口宽70～90米，深478米，绳降可走近洞口或进洞内。拉斯瓦瓦斯地洞是白颈楼燕栖息的地方，在早晨和傍晚可看成千上万只燕子出入地洞。

## 曼特丘莱尔山洞
（Cuevas de Mantetzulel）

曼特丘莱尔山洞位于阿基斯蒙市，离市区8千米，由圣灵（Espíritu Santo）洞、阳光（Rayo del Sol）洞和埃尔阿瓜卡蒂略（El Aguacatillo）洞等4个山洞组成，洞内有钟乳石、石笋和地下河，游客可进洞参观。

曼特丘莱尔山洞

## 油梨瀑布（Cascada El Aguacate）

油梨瀑布位于塔马索波市的油梨（El Aguacate）村，油梨瀑布因油梨村而得名。瀑布由圣尼古拉斯山脉的冷河（Río Frío）流经该处形成，落差75米，是圣路易斯波托西州第二大瀑布。瀑布坐落在密林之中，瀑布区树木繁盛，鸟语花香，去油梨瀑布的道路曲折，到油梨村后还要步行一段路。

油梨瀑布

## 加利福尼亚瀑布（Cascada California）

加利福尼亚瀑布位于塔马索波市的坦帕斯金湖（Ciénaga de Tampasquín）区，坦帕斯金湖区很大，湖区几个小镇包括卡韦萨斯（Cabezas，“卡韦萨斯”在西班牙语中意为“脑袋”）镇、卡普奇纳斯（Capuchinas，“卡普奇纳斯”在西班牙语中意为“修女”）镇等。坦帕斯金湖区是一片沼泽地，植被丰富，几处溪河汇合后缓缓流过形成落差仅8米的加利福尼亚瀑布。湖区生活着美洲蜥蜴，这种蜥蜴身长2.5米。

加利福尼亚瀑布

## 瓦斯特卡文化遗址

### 坦托克（Tamtoc）古城遗址

坦托克古城遗址位于瓦斯特卡·波托西地区的塔穆因（Tamuín）市，古城年代约为前600—公元1500年，由瓦斯特卡人所建，“坦托克”在瓦斯特科语中意为“有云的地方”，一说是有托克特（toc'te）的地方，托克特是一种可提取蓝

坦托克古城遗址

色染料的灌木。遗址面积约2平方千米，原有250多处建筑，已挖掘整理出70多处，包括几处高21～36米的圆形建筑。出土文物包括一尊女性石像，这尊真人大小的石像可能是女祭司雕像，雕刻于2500年前，被称为“坦托克古城的维纳斯”。

### 孔苏埃洛（Consuelo）古城遗址

孔苏埃洛古城遗址位于塔穆因市的孔苏埃洛（Consuelo）镇，坐落在汤帕翁河畔，也称作塔穆因（Tamuín o Tamohi）古城遗址。古城面积约2.1平方千米，以大型祭台为中心，周围是民房。瓦斯特卡人在古城居住的时间为13—16世纪，人口最多时约1万人，16世纪初阿兹台克人曾攻占古城。1917年遗址出土一尊石像，这尊名为“瓦斯特卡少年”的雕像是瓦斯特卡地区最珍贵的文物之一。

孔苏埃洛古城遗址

### 钦钦–卢胡普（Tzintzin-Lujub）古城遗址

钦钦–卢胡普古城遗址位于塔穆因市的埃尔乌拉坎（El Huracán，“埃尔乌拉坎”在西班牙语中意为“飓风”）农庄，离市区19千米，现称新水（Agua Nueva）古城遗址，它和坦托克古城遗址以及孔苏埃洛古城遗址同为塔穆因市以及圣路易斯波托西州的三大瓦斯特卡文化遗址。

钦钦–卢胡普古城遗址

## 圣佩德罗山（Cerro de San Pedro）市

圣佩德罗山市原住民为瓜奇奇尔人，16—17世纪因矿业而兴盛。圣佩德罗山露天矿是于1592年开采的墨西哥第一座露天银矿，后随着银矿资源枯竭，人口流失，经济败落。依托殖民时期建筑和废旧矿山利用，现在的圣佩德罗山市是一座旅游城市，老教堂有圣尼古拉斯·德·托连蒂诺教堂和圣佩德罗使徒教堂。

圣佩德罗山露天矿

## 魔幻小镇

### 阿基斯蒙（Aquismón）市

阿基斯蒙市原居民是瓦斯特卡人，“阿基斯蒙”在瓦斯特科语中意为“水潭下的树”。阿基斯蒙市有很多自然景观，包括曼特丘莱尔山洞、上帝之桥岩洞、燕子地洞、拉斯瓦瓦斯地洞和塔穆尔瀑布等。还有一处令人向往的景点是坦瓦克山泉（Nacimiento de Tambaque），它位于离市区8千米远的坦瓦克镇，山泉有多级瀑布和水潭，是一个天然浴场。

坦瓦克山泉

### 雷阿尔·德·卡托尔塞（Real de Catorce）市

雷阿尔·德·卡托尔塞市坐落在卡托尔塞山脉，海拔2750米，是圣路易斯波托西州海拔最高的城市。“雷阿尔”在西班牙语中意为“皇家”，源于这里的银矿是皇家银矿；“卡托尔塞”在西班牙语中意为“14”，源于这里曾经有过14个窃术高超的小偷。雷阿尔·德·卡托尔塞市是墨西哥殖民时期主要的银产地之一，至今保留着上百座殖民时期建筑，被墨西哥政府列为国家历史古迹保护区，老建筑有瓜达卢佩教堂、斗鸡场（Palenque de Gallos）和无玷始胎圣母教堂等。奥加里奥隧道（Túnel Ogarrio）建于1901年，长2千米，是当年矿工下班回住地的通道，现为交通隧道。

奥加里奥隧道

### 西利特拉（Xilitla）市

西利特拉市盛产咖啡和甘蔗，“西利特拉”在纳瓦语中意为“辣椒之乡”，原居民为纳瓦人和瓦斯特卡人。西利特拉市以山洞、地洞和山

圣奥古斯丁教堂

萨利特雷山洞

拉西耶塔山

泉著称，有36个山洞和地洞，包括萨利特雷山洞（Cueva del Salitre）和特拉玛雅地洞（Sótano de Tlamaya），很多山洞和地洞还没开发。这些山洞、地洞离市区仅3～18千米，由于交通方便，吸引了很多洞穴探险爱好者。名胜古迹有爱德华·詹姆斯雕塑花园、圣奥古斯丁教堂等。圣奥古斯丁教堂是圣路易斯波托西州最古老的教堂，建于1550年，也是少有的有军事用途的城堡式教堂。拉西耶塔（“拉西耶塔”在西班牙语中意为“椅子”）山位于何塞·卡斯蒂略上校（Coronel José Castillo）村，海拔1253米，离市区24千米，山顶是一块单体巨石，形状像一把靠背椅，该山适合攀登。

## 毛毛雨瀑布（Cascada de La Lloviznosa）

毛毛雨瀑布位于拉古尼亚斯（“拉古尼亚斯”在西班牙语中意为“湖”）市，坐落在长满半干旱植物的山地，由绿河流经形成，落差40米，粗犷的岩石、黑玄武岩石柱，加上瀑布冲击岩石发出的声音，让人流连忘返，瀑布离市区较远，游人甚少，适合探险游。

毛毛雨瀑布

# 第17章 米却肯州

Estado de Michoacán

## 米却肯州（Estado de Michoacán）

米却肯州南临太平洋，沿海为狭窄平原，北部是新火山山脉，面积58599平方千米，全称为米却肯·德·奥坎波州。“米却肯”在纳瓦语中意为“渔民之乡”，“奥坎波”为纪念当地著名科学家和政治家梅尔乔尔·奥坎波·塔皮亚。原住民先后有丘皮夸罗人、普雷佩查人（塔拉斯科人）、马萨瓦人、马特拉钦卡人和奥托米人，他们的祖先在这里留下很多印第安文化遗址，包括钦逊灿古城遗址、三山古城遗址、奥特罗古城遗址、廷加尼奥（Tinganio）古城遗址、西拉瓦托 （Zirahuato）古城遗址和伊瓦兹奥（Ihuatzio）古城遗址等。米却肯州土地肥沃，气候温凉，经济以矿业和农牧业为主，是墨西哥主要产粮区之一，农作物有玉米、小麦、甘蔗、油梨（牛油果），豆类和水果。墨西哥是世界最大的油梨生产国，约占世界产量的33%，米却肯州是墨西哥最大的油梨产地，乌鲁亚潘市是米却肯州最大的油梨产区。考古发现，墨西哥油梨种植跟玉米一样有着数千年的历史，但直到最近200多年，油梨才跟玉米一样成为墨西哥人的家常菜肴。墨西哥人把油梨和米饭、豆类、沙拉搭配食用，或把油梨做成酱料蘸墨西哥玉米薄饼（tortilla）吃。米却肯州多山泉、温泉和湖泊，包括卡梅夸罗（Camécuaro）山泉、伊斯特兰（Géiser de Ixtlán）间歇喷泉、奎泽奥（Cuitzeo）湖、帕兹夸罗（Pátzcuaro）湖和西拉乌恩（Zirahuén）湖等。

普雷佩查人

马萨瓦文化年代约为1200—1521年，分布在墨西哥州和米却肯州。马萨瓦人是现在墨西哥州人口最多的印第安种族，是托尔特卡人和奇奇梅卡人的混血后裔。马萨瓦语属奥托–曼格语系。“马萨瓦”在纳瓦语中意为“鹿人”，也有学者认为源自传说中马萨瓦王国第一位国王——马萨特库特利（Mazatecuhtli）的名字。现在的马萨瓦人除了从事农牧业，也从事羊毛纺织业、制陶业和木工活。

## 莫雷利亚（Morelia）市

莫雷利亚市是米却肯州州府，坐落在瓜扬加雷奥（Guayangareo）山谷，始建于1541 年，原名瓜扬加雷奥，1828年以在该市出生的墨西哥独立运动领袖何塞·玛利亚·莫雷洛斯的名字命名。莫雷利亚市是墨西哥唯一没有中心广场的城市，但老城中心有很多殖民时期建筑，老城中心被联合国教科文组织列入世界文化遗产。莫雷利亚大教堂始建于1660年，1744年建成，是本市最高的建筑，属巴洛克风格，规模宏大，内部装饰极尽奢华，包括纯银洗礼盆和1903年德国制造的风琴。教堂两侧钟楼高66.8米，是拉美巴洛克建筑风格建筑物中最高的，也是墨西哥第四高钟楼，教堂藏品丰富，有绘画、雕塑和陶瓷等。莫雷利亚水渠是用粉红石头砌成的拱桥高架水道，建于1785年，长5千米，现为城市的标志性建筑之一。维亚隆欣喷泉（Fuente de Villalongín）建于1788年，为引山泉水所建，现改造成街心公园，喷泉池的雕像是罗马神话中的花神芙罗拉，代表春天与鲜花。老教堂有瓜达卢佩圣母教堂和玫瑰圣母教堂等。莫雷洛斯故居博物馆位于莫雷洛斯街和索托·萨尔达尼亚（Soto Saldaña）街交叉处，是莫雷洛斯投身独立运动前生活过的地方。墨西哥独立战争爆发后，在米却肯州卡拉夸罗（Caracuaro）市和诺库佩塔罗（Nocupétaro）市当神父的莫雷洛斯曾率领一支起义部队为独立而战，1813年他主持召开了独立战争爆发后的第一次国会会议，国会通过了《北美洲独立庄严声明》，首次宣布墨西哥独立，并于次年发布了墨西哥第一部政治宪法——《阿帕钦甘宪法》（Constitución de Apatzingán）。他的部队后来被殖民军打败，仅剩千余人，他本人最终被俘，并于1815年12月22日在墨西哥州的圣克里斯托瓦尔·埃卡特佩克（San Cristóbal Ecatepec）镇被枪决。

老城中心

莫雷利亚水渠

# 普雷佩查文化遗址

## 钦逊灿（Tzintzuntzan）古城遗址

钦逊灿古城遗址位于钦逊灿市，坐落在帕兹夸罗湖边的亚拉瓦托（Yarahuato）山和塔里亚克里（Tariaqueri）山的山坡上。古城面积约6平方千米，为普雷佩查人所建，存在年代约为1325—1521年，现存5座半圆形和长方形相结合的金字塔石台基，这种造型的金字塔在墨西哥印第安人建筑中绝无仅有，普雷佩查人称这种灰色金字塔为亚卡塔（Yacata），意为“塔罐”，该遗址因此也被称为亚卡塔遗址。“钦逊灿”在普雷佩查语中意为“有蜂鸟的地方”。

普雷佩查（tarasca）文化存在年代约为900—1521年。“普雷佩查”是普雷佩查人的自称，在普雷佩查语中意为“有人的地方”。普雷佩查王国是在被殖民前仅次于阿兹台克王国的墨西哥第二大印第安王国，面积包括整个米却肯州以及格雷罗州、墨西哥州、瓜纳华托州和哈利斯科州部分地区。

普雷佩查的别称塔拉斯科有两种解释。一种说法是源自普雷佩查人信奉的塔拉斯·乌佩梅（Tharas Úpeme）生育女神的名称。另一说法是，当年西班牙远征军打败阿兹台克人后来到普雷佩查王国，普雷佩查人看到西班牙人打败了自己的宿敌阿兹台克人，感到很高兴，于是就把一些女孩送给西班牙人。西班牙人离开时，普雷佩查人很友好地向他们高喊“塔兹基亚，塔拉斯奎查（Tatzikia tarhashkuecha）”，意为“再见，姐夫妹夫”。西班牙人以为这是普雷佩查人的自称，就把他们称作塔拉斯科人。

钦逊灿古城遗址

不过，普雷佩查人不喜欢西班牙人给他们的这个称谓。

普雷佩查王国是政教合一社会，国王（Cazonci o Irecha）是鹰王，统领军事和祭祀。国王是父子世袭，但下属部落首领不是民选，而是国王指定。社会阶层包括贵族、武士、祭师、商人、手工业者、农民、渔民和农奴等。王国的首都是钦逊灿古城，王国下辖3个小王国：帕兹夸罗（Pátzcuaro）、伊瓦兹奥（Ihuatzio）和钦逊灿（Tzintzunzan）。

学术界认为普雷佩查人的祖先是从南美洲的秘鲁沿着东太平洋海路北上，到达米却肯州沿海定居的印第安人，根据是普雷佩查语（习惯称为塔拉斯科语）跟秘鲁的瓦里人（los wari）的普罗托克初亚语（protoquechua）很相近，却跟墨西哥其他印第安语言差异很大。另外，建筑风格、深井墓穴（tipo pozo）、陶器等工艺品制作以及宗教信仰等与秘鲁印第安人的类似。最关键的是，他们掌握着当时只有南美印第安人的青铜冶炼技术。

普雷佩查人信奉诸神和主神库里皋埃里（Curicaueri），库里皋埃里是太阳神、火神、光明神和战神。其他神包括塔拉斯·乌佩梅生育女神、奎拉瓦佩里（Cuerauáperi）母亲神和雨神、阿维卡米内（Avicamine）饥饿神和苦难神以及佩瓦梅（Pehuame）分娩女神等。

普雷佩查人认为宇宙分为下中上3个世界，即“库曼切夸罗”（Cumánchecuaro）——亡人的地下世界、“埃切伦杜”（Echerendu）——活人的地上世界 和“奥安达尔胡”（Aúandarhu）——诸神的天上世界。

普雷佩查人是墨西哥唯一掌握青铜提炼技术和青铜器具制作工艺的印第安人。普雷佩查文化遗址出土不少青铜器皿，但多数被西班牙殖民者搜刮走并遗失，现存世不多。普雷佩查人还掌握着金银提炼技术。米斯特卡人等其他印第安人的冶炼技术也许只能简单提炼出金，还没能提炼出青铜。到目前为止，还没发现有墨西哥印第安人能提炼铁。

目前尚不清楚普雷佩查人如何获得冶炼技术，也不知道他们如何提炼出青铜和制作青铜器，只知道普雷佩查人开始是挖掘裸露在地表的铜矿石，后来在酒精灯湖（Laguna del Infiernillo）一带开矿挖铜矿石。这里的铜矿石含有金、银、锌和铅等金属成分，普雷佩查人只需在冶炼过程中加锡，就可以提炼出青铜。

普雷佩查武士使用圣栎树木做的大头木棒，有的木棒头还装上青铜尖刺，武士首领的木棒头包着青铜。

据说阿兹台克人特别喜欢普雷佩查人的青铜器，想获得他们的青铜器和冶炼技术，但遭到普雷佩查人的拒绝。阿兹台克人于是派出4万大军进攻普雷佩查王国，结果被普雷佩查人打败。有学者认为普雷佩查人之所以取胜，是因为他们的战斧、狼牙棒等青铜武器比阿兹台克人的石刃、石斧等武器先进。

### 三山（Tres Cerritos）古城遗址

三山古城遗址位于奎泽奥市，因主建筑形似三个山头得名，有160多处岩画。建于1200年前后，为普雷佩查人所建，现存建筑有庙台、祭台、古墓等。

三山古城遗址

### 奥特罗（Otero）古城遗址

奥特罗古城遗址位于希基尔潘市，建于前900年前后，为普雷佩查人所建，现存祭台、古墓和城墙残垣。

奥特罗古城遗址

## 魔幻小镇

### 钦逊灿（Tzintzuntzan）市

钦逊灿市坐落在帕兹夸罗湖畔，始建于1534年，原住民是普雷佩查人，老教堂有圣弗朗西斯科教堂和孤独圣母教堂。

圣弗朗西斯科教堂

巴斯克·德·基罗加广场

### 帕兹夸罗（Pátzcuaro）市

几个世纪以来，帕兹夸罗市一直是米却肯州的宗教中心，老教堂有瓜达卢佩圣母教堂、同心教堂、耶稣会教堂和圣物教堂等，老城中心的巴斯克·德·基罗加（Vasco de Quiroga）广场以16世纪米却肯州大主教的名字命名，是墨西哥最漂亮的广场之一，周围都是殖民时期建筑。帕兹夸罗市是一座手工艺城，以做工精细的木、锻铁、铜、铁、陶和纺织等工艺品闻名。地方民间工艺博物馆是一栋建于16世纪的建筑，原址为基罗加大主教创办的圣尼古拉斯皇家学校，藏品主要是普雷佩查地区的民间工艺品。

## 安甘格奥（Angangueo）市

无玷始胎圣母教堂

安甘格奥市坐落在新火山山脉，“安甘格奥”在印第安语中意为“山村”，殖民时期是墨西哥主要产银区之一，后矿产资源枯竭，1954年该市的最后一座矿山关闭，现保留一些老矿供参观。老教堂有无玷始胎圣母教堂和圣西蒙·阿瓦德教堂，有名的钦夸山脉蝴蝶谷和普列托山蝴蝶谷就在安甘格奥市。

## 奎泽奥（Cuitzeo）市

前奥古斯丁·德·圣玛利亚修道院

奎泽奥市坐落在奎泽奥湖畔，因湖而得名，原住民先后有特奥蒂瓦坎人、丘皮夸罗人、托尔特卡人和普雷佩查人。奎泽奥市是一座殖民时期风格小城，到处是石路和石墙红瓦房。老教堂有建于1550年的前奥古斯丁·德·圣玛利亚修道院；建于1526年的瓜达卢佩圣母教堂，最初是弗朗西斯科所建的教会医院的教堂。

## 圣克拉拉·德尔·科夫雷（Santa Clara del Cobre）镇

国家铜博物馆

圣克拉拉·德尔·科夫雷镇是萨尔瓦多·埃斯卡兰特（Salvador Escalante）市政府所在地，原住民是普雷佩查人，“科夫雷”在西班牙语中意为“铜”。老教堂有无玷始胎圣母教堂和圣物圣母教堂。科夫雷镇是有名的铜镇，有很多铜作坊和一流工艺水平的铜匠，他们用手工锤锻、打造凸纹等传统方法制作出精美的铜工艺品和日用品。在中央广场的环形门廊，有很多铜制品商店，科夫雷镇的国家铜博物馆是墨西哥最大的铜博物馆。离镇12千米的西拉胡恩湖是米却肯州的大湖泊之一，传说普雷佩查部落首领坦加索安王（Rey Tangaxoán）有一个美若天仙的女儿叫埃莲迪拉公主，后来不幸被西班牙人抓上山当人质，公主垂泪央求放她回去，她日哭夜哭，眼泪流成河形成了今天的西拉胡恩湖，最后公主逃脱后投湖自杀，变成一条美人鱼。湖区绿树掩映，湖水清澈，可泛舟、漫步、骑马、登山和骑山地车。

## 特拉尔普哈瓦（Tlalpujahua）市

特拉尔普哈瓦市是一座矿城和手工业城，原住民是马萨瓦人，"特拉尔普哈瓦"在纳瓦语中意为"松软的土地"。洛佩斯·拉永（López Rayón）兄弟博物馆是综合性博物馆，以当地名门望族拉永家族命名。拉永家几兄弟对墨西哥独立战争颇有贡献，哥哥伊格纳西奥·洛佩斯·拉永是米格尔·伊达尔戈的秘书和独立起义军将领，弟弟拉蒙·洛佩斯·拉永曾是独立起义军将军，1817年因长时间被围困不得已投降殖民军，后在奥古斯丁·德·伊图尔维德一世的墨西哥第一帝国期间任米却肯州州长。1937年双星（Dos Estrellas）矿尾矿溃堤，淤泥淹没了卡门区，仅剩卡门教堂的钟楼。双星矿曾经是世界上最大的银矿，1937年发生矿难后关闭，现为双星矿博物馆。拉永国家公园也称斗鸡场国家公园，离市区2千米，面积25公顷，原属拉永家族所有，1952年成为国家公园，公园松树繁茂，动植物资源丰富。该市的老教堂有圣地亚哥·普斯特拉教堂等。

洛佩斯·拉永兄弟博物馆

## 塔坎瓦罗（Tacámbaro）市

阿尔韦尔卡火山湖

塔坎瓦罗市位于新火山山脉南面，是一座历史悠久的山城，原住民是普雷佩查人，广场有武器广场、尼古拉斯·雷古莱斯（Nicolás Régules）广场和圣婴（Santo Niño）广场，老教堂有法蒂玛圣母教堂、圣玛利亚·玛格达莱娜教堂等。自然景观有韦科山（Cerro Hueco）公园、玛格达莱娜（Magdalena）湖和阿尔韦尔卡火山湖（Cráter-Lago de la Alberca，“阿尔韦尔卡”在西班牙语中意为“水池”）等。阿尔韦尔卡火山海拔2030米，火山湖直径750米，面积11公顷，离市区2千米，湖水清澈，呈翡翠般的绿色，湖区可划艇、登山和垂钓。塔坎瓦罗市还有冷溪（Arroyo Frío）、圣保拉（Santa Paula）等瀑布。

何塞·克莱门特·奥罗斯科所作的壁画

## 希基尔潘（Jiquilpan）市

希基尔潘市坐落在希基尔潘河畔，原住民是普雷佩查人，居民多从事玉米秆草编织品等工艺品和日用品的制作。希基尔潘市完好保留着殖民时期建筑，华雷斯公园中心小山头的石屋（Casa de Piedra）是一栋西班牙风格建筑，原为森林图书馆。加维诺·奥尔蒂斯（Gabino Ortíz）图书馆小有名气，1940年墨西哥壁画三杰之一的何塞·克莱门特·奥罗斯科在这里作了10多幅壁画，壁画以墨西哥历史为题材，被视为城市的瑰宝。老教堂有瓜达卢佩圣母教堂、救赎圣母教堂、圣弗朗西斯科教堂和圣阿尼塔教堂。市内有拉萨罗·卡尔德纳斯故居，卡尔德纳斯出生在希基尔潘市，20世纪40年代任总统期间将石油收归国有。

加尔尼卡山国家公园

## 加尔尼卡山国家公园
（Parque Nacional Cerro de Garnica）

加尔尼卡山国家公园横跨位于新火山山脉地区的克伦达罗（Queréndaro）市和伊达尔戈（Hidalgo）市，海拔2300～3000米，面积9.68平方千米，公园地形复杂，气候温和、湿润宜人，有茂密的松树林，游客常见到野鹿、狐狸，以及白尾蛇等多种动物。

## 帕里库廷火山（Volcán Paricutín）

墨西哥是多火山国家，新火山山脉是墨西哥最有名的火山山脉，这条贯穿墨西哥中部，东西长800千米、南北宽100千米的火山带，呈锯齿状耸立着很多海拔超过3000米的火山。帕里库廷火山位于乌鲁亚潘（Uruapan）市，坐落在重建的新圣胡安·帕兰加里库蒂罗（San Juan Parangaricutiro）镇和安加万（Angahuan）镇之间，帕里库廷火山是火山山脉最年轻的火山。1943年2月20日，一位名叫迪奥尼西奥·普利多的村民正在自家的玉米地干活，突然看到脚下裂开一个口子，随后喷出岩浆，他成了整个美洲最年轻火山诞生的见证人。火山熔岩很快就分几路向四周蔓延，有的狂奔10多千米，其中两路淹没了邻近的圣胡安·帕兰加里库蒂罗镇和帕里库廷（Paricutín）镇，所幸两个小镇的2000多名居民安然无恙，但两个镇的所有建筑荡然无存，仅剩下圣胡安·帕兰加里库蒂罗镇主教堂的一个钟楼顶。圣胡安·帕兰加里库蒂罗镇后得以重建，帕里库廷镇却彻底消失了，现在的火山以帕里库廷镇命名。火山喷发了整整9年，1952年停止喷发时，火山高度达424米。帕里库廷火山为盾形火山，被认为属一次性爆发火山。可登火山口眺望四周数条蜿蜒数千米的岩浆河和仍在冒烟的火山喷气孔。

帕里库廷火山

## 埃尔罗萨里奥蝴蝶谷（Santuario El Rosario）

埃尔罗萨里奥蝴蝶谷

埃尔罗萨里奥蝴蝶谷位于奥坎波市的埃尔罗萨里奥村，坐落在坎帕纳里奥山脉，是墨西哥最大的蝴蝶谷之一，也是墨西哥唯一有观光道的蝴蝶谷景区。景区观光道蜿蜒上山，两旁是茂密的松树林，树上布满帝王蝶，游客穿行其中宛若进入魔幻世界。景区观光道尽头的山顶是一片更为茂密的森林，漫山遍野的帝王蝶让人目不暇接，令人叹为观止。

钦夸山脉蝴蝶谷

## 钦夸山脉蝴蝶谷（Santuario de Sierra Chincua）

钦夸山脉蝴蝶谷坐落在墨西哥帝王蝶生态区中部，面积为整个生态区面积的16.73%，海拔2400～3600米，横跨米却肯州的安甘格奥市、奥坎波市、阿波罗（Aporo）市和特拉尔普哈瓦市以及墨西哥州的圣菲利普·德尔·普罗格雷索（San Felipe del Progreso）市。钦夸山脉蝴蝶谷景区离安甘格奥市区10千米，是墨西哥最大的蝴蝶谷景区之一。

普列托山蝴蝶谷

## 普列托山蝴蝶谷（Santuario de Cerro Prieto）

普列托山蝴蝶谷位于安甘格奥市的普列托山村，坐落在拉斯帕帕斯平原（Plano de las Papas），也称拉斯帕帕斯蝴蝶谷。

## 奎泽奥湖（Lago Cuitzeo）

奎泽奥湖面积约300平方千米，是墨西哥第二大淡水湖，仅次于查帕拉湖。位于米却肯州和瓜纳华托州。该湖生活着黑翅长脚鹬等20多种鸟类，约2万只。湖边生长了近百种植物，其中一种叫薄纱（Tule）的植物，普雷佩查人把它晒干制成纤维用来编织篮子、脚垫、草帽等工艺品。

奎泽奥湖

## 帕兹夸罗湖（Lago Pátzcuaro）

帕兹夸罗湖离莫雷利亚市63千米，海拔2027米，长约50千米，最宽处33千米，面积260平方千米，平均水深5米，最深11米，可划艇和垂钓，湖中有帕坎达（Pacanda）、尤努恩（Yunuén）、特奎纳（Tecuena）、哈尼兹奥（Janitzio）和乌兰登·莫雷洛斯（Urandén Morelos）等岛屿，有的岛屿已经有公路与陆地连接。帕坎达岛是风景最美的岛屿，适合休闲度假。帕兹夸罗湖周围有帕兹夸罗市、埃隆加里夸罗（Erongarícuaro）市等20多个城镇，湖区是普雷佩查印第安文化发祥地。

帕兹夸罗湖

# 第18章 坎佩切州

Estado de Campeche

## 坎佩切州（Estado de Campeche）

坎佩切州位于尤卡坦半岛西部，南临危地马拉，西临墨西哥湾，面积57508平方千米，经济以农业、渔业为主，农作物有玉米、大米、甘蔗和杧果、椰子等。自然环境优越，40%的面积属自然保护区，包括卡拉克穆尔（Calakmul）生态区和佩腾（Los Petenes）生态区。坎佩切州有500多千米长的海岸线和很多岛屿，是玛雅文化的发祥地之一，原住民先后有玛雅族的伊察人、基切人、伊西尔人和克克奇人，玛雅文化遗址有卡拉克穆尔古城遗址、埃茨纳古城遗址等。坎佩切州有名博物馆有：埃尔帕拉西奥博物馆（埃尔帕拉西奥、El Palacio在西班牙语中意为“宫殿”）、坎佩切考古博物馆、贝卡尔博物馆（Museo Bécal）等。

坎佩切妇女

## 坎佩切（Campeche）市

坎佩切市位于墨西哥湾的坎佩切湾，全称圣弗朗西斯科·德·坎佩切，是坎佩切州州府。该市原是1540年西班牙人建的定居点，过去常遭到海盗洗劫，为抵御海盗进犯，坎佩切人在城周围修建了不少碉堡和要塞。为把分散的碉堡和要塞连起来，坎佩切人建了护城墙，城墙先后由德国军事工程师詹姆·弗兰克和法国工程师路易斯·布沙德·贝克尔等人设计建造。城墙从1686年动工，1710年完工，长2560米，连接8个碉堡和要塞。老城中心是西班牙安达卢西亚大区的建筑风格，跟护城墙、碉堡和要塞一起被联合国教科文组织列为世界文化遗产，老教堂有无玷始胎圣母大教堂和圣罗曼教堂。

护城墙

# 玛雅文化遗址

## 卡拉克穆尔（Calakmul）古城遗址

卡拉克穆尔古城遗址

卡拉克穆尔古城遗址位于卡拉克穆尔市，坐落在热带雨林。“卡拉克穆尔”在玛雅语中意为“两座山”，源于古城最高的两个金字塔就建在两座山上。古城存在年代约为前400—公元900年，面积70多平方千米，鼎盛时期人口约5万人。古城有6000多处建筑，包括金字塔、神庙、民居和球场。遗址出土了120多块石碑，数量之多，居墨西哥玛雅文化遗址之首。

## 埃茨纳（Edzná）古城遗址

埃茨纳古城遗址位于坎佩切市，坐落在埃茨纳山谷，是一座古城，由玛雅伊察人建造，存在年代约为前400—公元1450年，鼎盛时期为400—1000年，面积约25平方千米，人口约2.5万人，“埃茨纳”在玛雅语中意为“伊察人的家园”。建筑为佩腾风格，现存20多处建筑，包括五层楼（Edificio de Cinco Pisos）、面具神庙（Templo de los Mascarones）和诺乔茨–纳神庙（Templo Nochoch-na）等。伊察人过着农耕生活，他们修建引水渠和人工湖来解决生活和灌溉用水问题。

埃茨纳古城遗址

## 贝坎（Becán）古城遗址

贝坎古城遗址位于卡拉克穆尔市，“贝坎”在玛雅语中意为“有水的山谷”。分内城和外城，内城低，外城高，中间有人工挖掘的坑，内城可能是部落贵族的住处，外城是民居。古城存在年代约为前600—公元1450年，鼎盛时期是600—1000年。古城属切内斯风格，外墙镶嵌有类似国际象棋盘图案的石板，神庙和神殿周边的塔窄而高耸。

贝坎古城遗址

## 托科克（Tohcok）古城遗址

托科克古城遗址位于霍佩尔琴（Hopelchén）市的塔科克（Tahcok）镇，离市区6千米。古城面积5公顷，建筑为普乌克风格。“托科克”在玛雅语中意为“真正的夜莺”，遗址仅存一些拱形建筑和圆石柱的残垣断壁。

托科克古城遗址

## 茨伊维尔诺卡克（Dzibilnocac）古城遗址

茨伊维尔诺卡克古城遗址位于特纳沃（Tenabo）市。“茨伊维尔诺卡克”在玛雅语中意为“有画的拱顶”，因古城有些房子拱顶刻有图形文字和图案而得名。考古发现前300年前后就有人在此居住。古城始建年代不详，但大多数建筑的建造时间为600—800年。古城在1000年前后被遗弃。古城的建筑属贝克风格。面积1.32平方千米，建筑包括金字塔、神台、神庙、拱形神殿和民居。主建筑神殿（Templo-Palacio）建于600—800年，长76米，宽30米，神殿的通道刻有土地魔王（Monstruo de la Tierra）面具和查亚克雨神像。

茨伊维尔诺卡克古城遗迹

## 圣罗莎·斯坦帕克（Santa Rosa Xtampac）古城遗址

圣罗莎·斯坦帕克古城遗址

圣罗莎·斯坦帕克古城遗址位于霍佩尔琴市，“斯坦帕克”在玛雅语中意为“旧墙”。古城存在年代约为前250—公元1000年，鼎盛时期为600—800年，人口约1万人，面积约9平方千米，建筑为切内斯风格，主建筑是建在高坡上的大殿。大殿有3层，共44个房间，正面墙刻有象征土地魔王的大嘴蛇。

奥尔米格罗古城遗址

## 奥尔米格罗（Hormiguero）古城遗址

奥尔米格罗古城遗址位于卡拉克穆尔市，“奥尔米格罗”在西班牙语中意为“蚂蚁窝”，因20世纪30年代发现遗址时，当地有一处被称作蚂蚁窝的采树胶工人宿舍而得名。古城存在年代约为250—900年，兴盛时期为600—800年，属玛雅文化时期中等城市，其建筑为贝克风格，原有数百处建筑。古城主建筑是大神殿，正面墙雕刻着人面大嘴，玛雅人认为大嘴是通往地下世界的大门。

斯卡伦金古城遗址

## 斯卡伦金（Xcalumkín）古城遗址

斯卡伦金古城遗址位于赫塞尔查坎（Hecelchakán）市，“斯卡伦金”在玛雅语中意为“阳光照耀下的肥沃土地”。古城存在年代约为600—1000年，面积约10平方千米，其建筑属普乌克风格，主建筑是圆柱殿（Palacio de los Cilindros）。遗址出土的一尊名为老妇的人形（La Vieja）雕像被认为是玛雅文物瑰宝之一。古城是当时玛雅人的经济中心，周围有20多个玛雅人村落。

## 奇坎纳（Chicanná）古城遗址

奇坎纳古城遗址位于卡拉克穆尔市，离贝坎古城遗址2千米，“奇坎纳”在纳瓦

奇坎纳古城遗址

语中意为“蛇口之家”。古城存在年代约为前300—公元1300年，鼎盛时期是550—700年，主建筑是东神殿（Palacio del Este）。东神殿为长形建筑，外墙分别雕刻着查亚克雨神和伊灿纳创世神，殿内的白墙上画着红蓝色装饰条纹和图形文字。

## 斯普希尔（Xpujil）古城遗址

斯普希尔古城遗址位于卡拉克穆尔市，以该市政府所在的斯普希尔镇命名，古城面积约5平方千米，“斯普希尔”在玛雅语中意为“猫尾巴”。古城建于前400年前后，鼎盛时期为500—700年，1100年前后被遗弃。古城的主建筑是一座宽大的神庙，神庙由三座高塔组成，建筑属贝克风格，现存17座建筑。

斯普希尔古城遗址

## 霍乔普（Hochob）古城遗址

霍乔普古城遗址位于霍佩尔琴市，古城由玛雅族琴人建于300年前后，鼎盛时期为850—1000年，“霍乔普”在玛雅语中意为“玉米棒”。古城不大，主建筑建在一座30米高的小山上。玛雅人喜欢用雕刻着蛇口的石板装饰建筑的面墙，他们把蛇口作为伊灿纳创世神的化身。

霍乔普古城遗址

埃尔库约古城遗址

## 埃尔库约（El Cuyo）古城遗址

埃尔库约古城遗址位于帕利萨达市，离市区1千米，古城存在年代为前100—公元900年，为玛雅人所建。古城位于乌苏马辛塔河畔的一座小山上，主建筑神庙用染色木做地桩，用土覆盖后再用烧砖砌成，是供奉水神的神庙。

## 魔幻小镇

### 帕利萨达（Palizada）市

帕利萨达市坐落在帕利萨达河畔，原住民为玛雅人，该市保留了很多殖民时期的法式红瓦房。游人可泛舟帕利萨达河，近看两岸风景，远听两岸猴叫。帕利萨达河两岸密林栖息着多种动物，有猴子、白鹤、白鹈鹕、乌龟、海牛和鳄鱼等，老教堂有圣华金教堂等。

圣华金教堂

## 卡门（Carmen）市

卡门市下辖卡门岛等岛屿，市政府所在的卡门岛北临卡门湾，南临特尔米诺斯（Términos）湖，市内有萨拉戈萨（Zaragoza）公园，老建筑有卡门圣母教堂、市政

卡门市俯瞰

剧院和大学文化中心。维多里安诺·涅维斯（Victoriano Nieves）博物馆是综合性博物馆。卡门大学（UNACAR ）植物园面积30公顷，种植有当地特有的红树和坎佩切彩树等上千棵树木。卡门市集海景和湖景于一身，有海螺（Caracol）滩、蓬蒂亚（Puntilla）海滩、曼尼瓜（Manigua）海滩、北（Norte）海滩、巴哈米塔斯（Bahamitas）滩海和海龟（Tortugueros）海滩等。特尔米诺斯湖生态区面积7050平方千米，是墨西哥最大的生态区之一，特尔米诺斯湖是海湖，帕利萨达河、琼潘（Chumpán）河和坎德拉里亚（Candelaria）河汇合流入该湖，河水和海水在海湖交界处汇合流入墨西哥湾。“特尔米诺斯”在西班牙语中意为“分界”，因人们原误以为该湖是尤卡坦半岛和中美洲大陆的分界，故名。

## 阿瓜达岛（Isla Aguada）镇

阿瓜达岛镇位于卡门市的阿瓜达岛西端，北临卡门湾，南临特尔米诺斯湖，与卡门岛相隔一出海口。阿瓜达岛镇是一个居住着数千居民的小渔村，但有很多海滩和河

阿瓜达岛镇海滩

滩，最美的海滩在沙滩屿（Cayo Arena）。该镇附近的海域常有海豚出没，可乘船出海或出湖看海豚。附近的鸟岛离卡门市市区46千米，栖息着成千上万只鸟，包括军舰鸟、鹈鹕等。

## 米格尔·科罗拉多天然井

（Cenote Miguel Colorado）

米格尔·科罗拉多天然井位于昌波通（Champotón）市的米格尔·科罗拉多镇，是三个天然井的统称，它们是蓝（Azul）井、鸭子（los Patos）井和K41井。三个井的井壁高几十米，最大的蓝井直径达250米。鸭子井离蓝井400米，井口宽200米，因井里有野鸭而得名。K41井因距离铁路K线41千米而得名，井深115米，井底和井壁有很多蝙蝠，在早晚可观看成群结队的蝙蝠离归巢。

蓝井

## 斯塔昆维尔苏纳安溶洞（Grutas de X’tacumbilxuna’an）

斯塔昆维尔苏纳安溶洞位于霍佩尔琴市，形成于约700万年前，是尤卡坦半岛古老的溶洞之一，溶洞长200米，深80米。洞口被茂密的植被覆盖，洞内是造型各异的钟乳石和石笋，登女巫台（Balcón de la Bruja）可俯瞰整个洞厅。“斯塔昆维尔苏纳安”在玛雅语中意为“女人藏身的地方”，这源于玛雅人传说：一位叫洛尔·贝的姑娘，因父亲蒂莫特和母亲洛尔·阿反对她嫁给苏林，就把她禁锢在洞里，洛尔·贝后被苏林找到，但洛尔·贝为兑现对父母的承诺，没有跟苏林走，最后化为一尊怀抱孩子的石头人。

斯塔昆维尔苏纳安溶洞

# 第19章 尤卡坦州

Estado de Yucatán

## 尤卡坦州（Estado de Yucatán）

尤卡坦州位于尤卡坦半岛北部，北临墨西哥湾，面积39524平方千米，有370多千米长的海岸线，大港口有塞莱斯顿（Celestún）港、普罗格雷索（Progreso）港。尤卡坦州是玛雅文化的发祥地之一，据不完全统计，玛雅人在尤卡坦州先后建了1600多座城镇，大多数在殖民时期前已被遗弃，殖民时期不少城镇建在玛雅文化遗址或原址上。尤卡坦州的古玛雅建筑虽很多被毁，但至今仍有不少保存完好的玛雅文化遗址，包括奇琴·伊察古城遗址、埃克·巴兰古城遗址、茨伊维尔查尔顿古城遗址、乌斯马尔古城遗址和伊萨马尔古城遗址。尤卡坦州是墨西哥最早的殖民地之一，有很多殖民时期风格的城镇和自然景观，是遐迩闻名的旅游胜地。

玛雅人

## 梅里达（Mérida）市

梅里达市是尤卡坦州州府，原为玛雅人的特霍（T'Ho）城，始建于1542年，多殖民时期建筑，房子外墙多为白色，有“白城”之称。梅里达市集玛雅文化和殖民文化于一体，被誉为“美洲文化之都”，市中心大广场周围的老建筑包括市政大楼、州府大楼、圣伊尔德丰索教堂和蒙特霍故居。州府大楼建于1879年，大楼正面装饰一口仿多洛雷斯·伊达尔戈市悲伤圣母教堂大钟造的钟，内有当地壁画家费尔南多·卡斯特罗以当地历史为题材画的27幅壁画。玛雅世界（Mundo Maya）博

州府大楼

物馆介绍玛雅历史，收藏有上千件玛雅文物，其建筑灵感源自绿树，外立面绿色外观象征着树叶，圆形楼梯象征树干。尤卡坦人类博物馆原是坎通·罗萨多家族（familia Cantón Rosado）私宅，建于1904年。蒙德赫故居原为尤卡坦半岛首任总督弗朗西斯科·德·蒙德赫建于1564年的住宅，现为博物馆。

## 玛雅文化遗址

### 奇琴·伊察（Chichén Itzá）古城遗址

奇琴·伊察古城遗址位于蒂努（Tinum）市，“奇琴·伊察”在玛雅语中意为“伊察人的井口”。奇琴·伊察是墨西哥最早、最大的玛雅古城之一，建于300年前后，大多建筑建在800—1100年。900—1500年该古城是尤卡坦半岛玛雅人的宗教、政治和经济中心。奇琴·伊察古城遗址分布在东西2000米长、南北3000米宽的范围内，现存数百座建筑，1988年被联合国教科文组织列为世界文化遗产。库库尔坎神庙（金字塔）（Templo o Pirámide de Kukulcán）被誉为世界新七大奇观之一。“库库尔坎”在玛雅语中意为“羽蛇神”，库库尔坎羽蛇神是奇琴·伊察古城的伊察人在10世纪从墨西哥中部引进的外神，被玛雅人供奉的时间不长，形象为头和尾都带冠状羽毛的大头蛇，他也是玛雅人信奉的风神和水神。库库尔坎神庙（金字塔）底座为边长55.5米的正方形，塔高24米，塔顶上的神庙高6米，四面各有91级台阶，连登顶的一级，共365个台阶，代表玛雅太阳历一年365天。库库尔坎神庙（金字塔）的雕刻和壁画以鹰、蛇、豹等动物以及玛雅人的生活为题材。金字塔底座刻着基尼茨·卡克·莫去瘟神像，其是玛雅诸神之一，也是基尼茨·阿豪太阳神的化身。神像形象为人身鹦鹉头，身上有与太阳有关的竖沟装饰。“基尼茨·卡克·莫”在玛雅语中意为“长着太阳脸的火金刚鹦鹉”，玛雅人相信他在中午从炽热的太阳下到墓地净化祭品，消除瘟疫，因此每逢瘟疫，玛雅人都要用供品祭拜该神。

大球场（Gran Juego de Pelota）位于库库尔坎神庙（金字塔）附近，是尤卡坦半岛玛雅古城中最大的球场。整体长166米，宽68米，内部两侧排列着刻有球员形象的石板。

千柱神庙（Grupo de las Mil Columnas）原来是一座由数百根石柱支撑建成的神庙，现在只剩下约200根石柱。

库库尔坎神庙（金字塔）

武士神庙（Templo de los Guerreros）在千柱神庙附近，这座四层神庙被认为是所有玛雅神庙中最美观的一座。神庙有很多浮雕，大门两根蛇形石柱纤细，蛇头雕刻精美。

观象台（Observatorio）为高 12.5 米的圆形建筑，建在两层高底座上，内部有旋梯。台阶和阶梯平台的数目分别代表一年的天数和月数，阶梯朝东南西北四个方向，52 块有雕刻图案的石板象征着玛雅历法中 52 年为一轮回。观象台可以观察四季昼夜平分点、月亮最大南北倾斜及其他天文现象。玛雅人用太阳照射在屋内形成的阴影来判断夏至与冬至。

其他建筑物有鹰和美洲豹神庙（Templo de las Águilas y Jaguares），得名于内墙画有正在吃人心的鹰和美洲豹；球场南神庙（Templo Sur del Juego de Pelota）；大胡子神庙（Templo del Hombre Barbudo），得名于内墙画有一个大胡子的人；金星神庙（Templo de Venus），得名于外墙石板雕刻着金星所在位置；高原神庙（Templo de las Mesas），得名于一层层的造型酷似高原；北石柱（Pilares del Norte）；墓地（El Osario）神庙；坟墓神台（Plataforma de las Tumbas）；彩屋（Casa Colorada）；鹿屋（Casa del Venado）；教堂（La Iglesia）神庙，得名于内室像一个小教堂；神圣（Cenote Sagrado）天然井——奇琴·伊察古城遗址有三个天然井，神圣天然井是其中之一。

## 埃克·巴兰（Ek Balam）古城遗址

埃克·巴兰古城遗址位于巴亚多利德（Valladolid）市，离市区30千米，“埃克·巴兰”在玛雅语中意为“美洲豹之星或黑美洲豹”。古城存在年代约为300—1500年，面积约12平方千米，人口1.2万～1.8万人，现存40多座建筑，主建筑是位于北面的卫城（Acrópolis），卫城长146米，宽55米，高29米，内有11世纪时古城首领乌基特·坎·雷克·托克的墓，石墙裙画有一条张嘴露齿的大蛇，首领两旁是站立武士。古城的壁画被认为是尤卡坦半岛玛雅绘画中的佼佼者，人物和动物栩栩如生，跃然壁上。其他建筑物有椭圆形神殿（Palacio Oval）、球场、双子金字塔和首领乌基特·霍尔·阿库尔（Ukit Jol Ahkul）石像等。

埃克·巴兰古城遗址

奥斯金托克古城遗址

## 奥斯金托克（Oxkintok）古城遗址

奥斯金托克古城遗址位于马斯卡努（Maxcanú）市，“奥斯金托克”在玛雅语中意为“三个太阳的石头”。古城存在年代约为前300—公元1200年。遗址发现不少图形文字，包括475—487年的玛雅日历的记录，主建筑迷宫（Laberinto）长20米，宽10米，高7米，里面是一位首领的墓，迷宫被认为是祭师和医师的考场。

## 查克穆尔顿（Chacmultún）古城遗址

查克穆尔顿古城遗址

查克穆尔顿古城遗址位于特卡斯（Tekax）市的查克穆尔顿镇，离市区7千米，“查克穆尔顿”在玛雅语中意为“红石头堆”，得名于古城用凹凸石方砌成，由于石头里面的微生物跟空气和水接触，石头呈红色。古城存在年代约为前300—公元1500年，鼎盛时期为600—1000年，面积约1平方千米，分4个小区，主建筑是面积1200平方米的多边形平台，平台上有5座神庙，神庙外墙镶嵌石马赛克，内墙画有人和动物的壁画。

## 拉普纳（Labná）古城遗址

拉普纳古城遗址

拉普纳古城遗址位于奥斯库兹卡普（Oxkutzcab）市，坐落在普乌克山脉，其建筑属普乌克风格，“拉普纳”在玛雅语中意为“老房子”。古城存在年代约为前200—公元1000年，面积2.2平方千米，鼎盛时期人口约3000人，1996年被联合国教科文组织列为世界文化遗产。主建筑有长120米的神殿和建于600—900年的拱门，拱门的石外墙雕工精美。

## 卡瓦（Kabah）古城遗址

卡瓦古城遗址

卡瓦古城遗址位于圣埃莱娜（Santa Elena）市，面积1.2平方千米，“卡瓦”在玛雅语中意为“有力之手的人”。古城存在年代约为前300—公元450年，大部分建筑建于7—11世纪，古城位于普乌克之路（Ruta Puuc），与拉普纳古城遗址、乌斯马尔古城遗址、萨伊尔古城遗址等同属普乌克地区。主建筑是科茨·波奥普神殿（Palacio de Codz Poop），“科茨·波奥普”在玛雅语中意为“卷起的毯子”，神殿建在高台上，长45米，高6米，外墙装饰丰富多彩，镶嵌有200多个查亚克雨神面具，故亦称面具神殿。神殿对面是祭台，祭台两侧雕刻有玛雅图形文字。凯旋门（Arco Triunfal）在古城中央，出拱门后有一条长约18千米的古道（Sacbé）通向乌斯马尔古城。其他建筑有大金字塔（Gran Pirámide）、特奥卡伊神殿（Palacio Teocalli）等，其中大金字塔又称红手（Manos Rojas）金字塔。

## 茨伊维尔查尔顿（Dzibilchaltún）古城遗址

茨伊维尔查尔顿古城遗址位于梅里达市，离市区20千米，“茨伊维尔查尔顿”在玛雅语中意为“在石板上刻文字的地方”。古城存在年代约为前500—公元1500年，面积约16平方千米，原有8400多座建筑，人口约4万人，是尤卡坦半岛历史最长的玛雅古城之一。遗址的玛雅人博物馆收藏有700多件文物，包括古玛雅人的日用品、祭祀品、陶器、石刻和石碑等，其中不乏3000多年前的文物。主建筑是七娃娃神庙（Templo de las Siete Muñecas），得名于20世纪50年代神庙出土的7尊小陶人。七娃娃神庙也称太阳神庙，每年春分和秋分，阳光从神庙东门照射到西门，可见玛雅人已掌握一定的天文知识。古城还有斯拉卡（Xlacah）天然井。

茨伊维尔查尔顿古城遗址

## 乌斯马尔（Uxmal）古城遗址

乌斯马尔古城遗址位于圣埃莱娜市，1996年被联合国教科文组织列为世界文化遗产。古城存在年代约为前300—公元1150年，鼎盛时期为700—900年，面积约12平方千米，人口约2万人，是尤卡坦半岛北部玛雅人的政治、经济和宗教中心，也是普乌克地区人口最多和面积最大的古城之一。古城是普乌克建筑风格的代表：平整低矮的墙壁，装饰精美的墙裙，茅草搭建的房顶，外墙雕刻有成串成串的蛇形装饰、查亚克雨神面具和张着大嘴的羽蛇。“乌斯马尔”在玛雅语中意为“三次建设”，可能指古城重建了三次。一说意为“将要出现之城”，源于乌斯马尔由侏儒国王用巫术一夜建成的传说。根据最早用拉丁文拼写的玛雅语古籍《奇兰·巴兰·德·丘马耶尔》（Chilam Balam de Chumayel）记载，987—1007年乌斯马尔曾被来自墨西哥中部的玛雅族图图尔·休人占领，“图图尔·休”在玛雅语中意为“品德高尚的人”（一说古城由图图尔·休人所建）。古城秉承玛雅建筑传统，主要建筑都位于一条南北方向的中轴线上。

占卜金字塔（Pirámide del Adivino）为椭圆形底座，长70米，宽50米，高26米，是墨西哥唯一塔基为椭圆形的玛雅建筑。金字塔顶建有神庙，整座金字塔高35米，历经300多年建成，是古城最高的建筑，也是尤卡坦半岛普乌克地区最高的建筑。从塔基到塔顶的台阶狭窄陡峭。占卜金字塔设计精密，每年夏至日落时分，金字塔西的台阶正好被太阳余晖所照射。神庙中间是一扇方形大门，象征着查亚克雨神张开的大嘴。门的上方是巨型眼睛和向外突出的鼻子。门的两边是条纹装饰，象征查亚克雨神的胡须和牙齿。占卜金字塔又称巫师金字塔或侏儒金字塔，这源于玛雅人的一个古老传说：远在18千米外的卡瓦（Kabah）城住着一个老女巫师，她捡到一个鸡蛋，有一天鸡蛋变成一个小男孩。小男孩一直不长个儿，成年后才知道是侏儒，他就是侏儒顿库尔。一天，顿库尔击鼓，鼓声被乌斯马尔城的国王听到，他听出鼓声预示他的统治将要结束，于是他找到顿库尔，问他如何才能避免结束统治。顿库尔要他建一条连通卡瓦城和乌斯马尔城的路。国王答应并很快修好了路。顿库尔到乌斯马尔城见到国王后又提出用椰

占卜金字塔

枣砸两人的脑袋比试，结果国王被当场砸死，顿库尔当上新国王。老女巫师教导顿库尔国王要听众神和民众的话。在侏儒国王的统治下，乌斯马尔城很长时间平安无事，人民幸福安康。老女巫师死后，侏儒国王开始变坏，变成一个滥用权力、高傲自大的暴君。侏儒国王派人做了一尊泥神像，在火炉烧制时神像震动发出声音，民众信以为神，纷纷祭拜。诸神认为侏儒国王亵渎神灵，于是决定惩罚他和他统治的乌斯马尔城，众神派武士占领、洗劫、火烧了乌斯马尔城，将民众对侏儒国王曾经统治过乌斯马尔城的记忆抹掉。

四方鸟屋（Cuadrángulo de los Pájaros）建在陡峭的山坡，为一组长形建筑，中央是大院，房子上面有一排42个方格洞。四方鸟屋因西屋外墙雕着金刚鹦鹉（Guacamayo）而得名。

四方修女院（Cuadrángulo de las Monjas）建在一方形大院四边的房子，四面高高的平台上是四座长形建筑，总共有88个房间，外墙装饰精美。西屋有7个门，门上方是各不相同的雨神图腾。

首领宫（Palacio del Gobernador）是一座宏伟建筑，墙裙用石马赛克装饰，图案包括查亚克雨神和羽蛇神等。首领宫位于占卜金字塔以北，以打磨过的石灰石为建材，是乌斯马尔乃至所有现存玛雅文化遗迹中最为宏大、精美的建筑。首领宫长98米，宽12米，沿着下层高台中央宽阔的台阶可进宫内。

乌龟屋（Casa de las Tortugas）位于离首领宫不远处的平台上，是一座小型正方形建筑，得名于建筑上随处可见的乌龟图案雕饰。

大金字塔（Gran Pirámide）位于首领宫旁边，也称大神庙（Templo Mayor），塔高32米，有陡峭的台阶直通塔顶。

## 斯拉帕克（Xlapak）古城遗址

斯拉帕克古城遗址位于奥斯库兹卡普市，为普乌克建筑风格，以建筑物严格对称和外墙装饰精美著称，建城年代不详，鼎盛时期为600—1000年，1996年被联合国教科文组织列为世界文化遗产。古城现存的蓄水池证明当时的玛雅人已进入人工灌溉的农耕社会。斯拉帕克是普乌克地区所有玛雅古城中的贸易中心，玛雅人在

斯拉帕克古城遗址

这里用易货方式买卖盐、糖、棉花、蜡和羽毛等。古城现存包括金字塔在内的20座建筑，主建筑是正面镶嵌着查亚克雨神面具的小神殿（Pequeño Palacio），其墙裙雕刻着多个查亚克雨神面具和回纹图案。

石柱殿遗址

## 阿凯（Ake）古城遗址

阿凯古城遗址位于蒂斯科科普（Tixkokob）市，“阿凯”在玛雅语中意为“有藤树的地方”。古城面积约8平方千米，年代约为前300—公元1450年。古城有一条长32千米的古道与伊萨马尔古城相连，主建筑是石柱殿（Palacio de las Pilastras）。

## 阿坎塞（Acanceh）古城遗址

阿坎塞古城遗址位于阿坎塞市区，“阿坎塞”在玛雅语中意为“鹿鸣”。古城由玛雅族查坎人所建，存在年代约为前300—公元1000年，面积约3平方千米，属佩腾建筑风格，原有300多处建筑，主建筑有面具金字塔和灰浆图纹神殿（Palacio de los Estucos）。面具金字塔是查坎人祭祀基尼茨·阿豪太阳神的神殿，“基尼茨·阿豪”在玛雅语中意为“圣人”（Sagrado Señor），被认为是查坎人首领的祖先。面具金字塔建在边长为32米的正方形平台上，平台四面共刻有8个大型面具。根据玛雅日历，玛雅人每隔60天、260天和18980天到面具金字塔举行公祭，祭祀基尼茨·阿豪太阳神。

面具金字塔遗址

灰浆图纹神殿长50米，高8米，为建筑群神殿。古城附近还有卡尼卡普（Canicab）、波希拉（Poxila）、埃克穆尔（Ekmul）等玛雅文化遗址。

### 萨伊尔（Sayil）古城遗址

萨伊尔古城遗址位于圣埃莱娜市，坐落在普乌克地区一小山上，面积约5平方千米，1996年被联合国教科文组织列为世界文化遗产。普乌克地区属渗透岩地，少地表河溪，跟其他普乌克地区的古城一样，萨伊尔人只能打地洞修建蓄水池或雨水池用于饮用和灌溉。萨伊尔是普乌克地区主要的古城之一，建于800—1000年，人口约1.7万人。萨伊尔古城离卡瓦古城7千米，离斯拉帕克古城和拉普纳古城5千米，它们之间有古道相连。古城原有300多处建筑，主建筑有大神殿（Gran Palacio）和楼台（Mirador）等，大神殿建在双层地台上，地台正面有石台阶通往神殿。

大神殿遗址

### 亚苏纳（Yaxunáh o Yaxuná）古城遗址

亚苏纳古城遗址位于亚斯卡瓦（Yaxcabá）市，属普乌克建筑风格，“亚苏纳”在玛雅语中意为“绿房子”。古城建于前900—前600年，11世纪被遗弃。从亚苏纳古城通往金塔纳罗奥州的科瓦古城的古道是尤卡坦半岛最长的古道，长100千米。北卫城（Acrópolis Norte）现存3座金字塔。古城附近的亚苏纳镇文化中心专门收藏亚苏纳古城遗址出土的文物。

亚苏纳古城遗址

### 斯坎沃（Xcambo）古城遗址

斯坎沃古城遗址位于茨埃穆尔（Dzemul）市，距墨西哥湾2千米，“斯坎沃”在玛雅语中意为“易货的地方”，或意为“神圣的鳄鱼”。斯坎沃古城属典型的佩腾建

斯坎沃古城遗址

筑风格：阶梯式金字塔，建筑多为圆角，正面雕刻着巨型面具，围墙和台阶用巨石砌成。古城存在年代约为前100—公元1500年，鼎盛时期为250—600年。斯坎沃盛产盐，斯坎沃人用盐、宝石、贝壳、黑曜石等跟其他部落易货，是尤卡坦北部玛雅人的贸易中心。主要建筑有十字神庙（Templo de la Cruz）、祭祀神庙（Templo de los Sacrificios）等。

### 伊萨马尔（Izamal）古城遗址

基尼茨·卡克·莫太阳神神庙遗址

伊萨马尔古城遗址位于伊萨马尔市内，属普乌克建筑风格。古城存在年代约为前300—公元1500年，9—11世纪是尤卡坦半岛北部最大的城市之一，现存建筑有伊察马图尔（Itzamatul）、兔子（Conejo）、哈布克（Habuc）和基尼茨·卡克·莫太阳神庙等5座大金字塔和神庙，它们建在人工堆成的土基上，全部堆土超过100万立方米，仅基尼茨·卡克·莫太阳神神庙的堆土就有70万立方米，大多数建筑建在150—600年。伊萨马尔城有4条古道分别通往邻近的阿凯古城等古城。

## 魔幻小镇

### 伊萨马尔（Izamal）市

前300年前后，伊萨马尔市就有玛雅人居住，并以创世神伊灿纳的名字命名，传说

圣烛圣母教堂

伊灿纳是有超人智慧的玛雅导师和祭师，“伊灿纳”在玛雅语中意为“天上雨露”。伊萨马尔古城在1500年前后被遗弃，西班牙人后来在古城遗址上修建了新城。印第安文化、殖民文化和现代文化三种文化高度融合，使这座小城显得特别，有“三文化城市”之称。前圣安东尼奥·德·帕杜亚修道院，即圣烛圣母教堂建于1549年，建在伊萨马尔古城五大神庙之一的帕普–霍尔–查克（Pap-hol-chac）神庙遗址上，“帕普–霍尔–查克”在玛雅语中意为“国王宫殿”。圣烛圣母教堂占地面积达8000平方米，四周门廊有75座拱门，前院是世界上第二大的教堂庭院，仅次于梵蒂冈的圣彼得大教堂广场。

### 巴亚多利德（Valladolid）市

市政大楼

巴亚多利德市是1543年西班牙人在玛雅萨西古城遗址上建造的城市，极具殖民时期建筑风格，有“西方明珠”美称。巴亚多利德市以天然井出名，有名的天然井有萨西（Zací）、茨伊努普（Dzinup）、萨穆拉（Samula o Samulhá）和斯凯肯（X'Keken）。印第安文化遗址有埃克·巴兰（Ek Balam）古城遗址等，老建筑有建于16世纪的市政大楼、圣赫尔瓦西奥教堂、圣烛教堂和圣安娜教堂。圣罗克（San Roque）博物馆是综合性博物馆，收藏当地玛雅文明时期的文物、工艺品和草药标本等。埃克·巴兰生态公园离埃克·巴兰古城遗址1.5千米，可攀岩、绳降和在天然井游泳。

## 拉斯科罗拉达斯粉红湖（Lago Rosa de Las Coloradas）

拉斯科罗拉达斯粉红湖位于与金塔纳罗奥州交界的拉加尔托斯河（Río Lagartos）市的拉斯科罗拉达斯镇，坐落在拉斯科罗拉达斯国家公园，是一个海水湖。湖水含盐量高达5%，海藻产生大量的含盐细菌，阳光照耀下湖水呈现深粉红色，可媲美世界上最美的9个粉红湖。拉斯科罗拉达斯粉江湖最佳观湖时间是阳光明媚的晴天，湖区可观看火烈鸟，盐湖中的藻类和浮生物是它们的主要食物。这些食物所产生的虾青素，经过火烈鸟的胃液分解，会令火烈鸟的皮肤呈现出粉色，这是它们“一身红装”的原因。

拉斯科罗拉达斯粉红湖

## 洛尔–顿溶洞（Grutas de Lol-Tun）

洛尔–顿溶洞位于奥斯库兹卡普市，离市区7千米，“洛尔–顿”在玛雅语中意为“石头上的花”，源于洞内的史前岩画有花卉图画。溶洞深60米，有9个洞口和多个洞厅、洞廊和侧洞，总长约10千米。洞内有约1万年前的145处史前岩画和42处玛雅图形文字，还有古玛雅人用过的陶器、石器、贝壳，以及古人留在洞壁上的手印。洞内的钟乳石形态各异，根据其形似，当地人把它们叫做大教堂、大峡谷、玉米穗、钟乳和石屋等。

洛尔–顿溶洞

## 尤卡坦半岛（Cenotes de Yucatán）天然井

尤卡坦半岛属喀斯特地貌的石灰岩层地带，少河流和湖泊，但有很多地下河和数千个大小不一的天然井。在漫长的地质变化过程中，石灰岩层经雨水或地下河水长时间侵蚀渗透，导致地面下陷使地下河露出形成天然井，根据形成时间分为老、中、青3种天然井：青年天然井的岩层还没塌陷，地面只有裂缝或井口；中年天然井的岩层已半塌陷，井底水潭部分露天；老年天然井为地面全部塌陷，水潭全部露天。虽然天然井的大小和井龄各异，但天然井有一个共同点，就是井下都有水池，水色从浅绿到深

天然井

蓝不等，阳光穿过井口映照井内，使天然井看起来五光十色，恍若仙境。玛雅人把天然井称作茨奥诺特（Dz'onot），意为“水洞”。天然井是玛雅人主要的生活水源，也是祭神的地方，很多玛雅古城就建在有天然井的地方。玛雅人将金银珠宝投入水池祭祀诸神。

玛雅热带雨林天然井

## 玛雅热带雨林天然井（Cenote Selva Maya）

玛雅热带雨林天然井位于巴亚多利德市，为全露天老年天然井。

## 帕洛米塔斯天然井（Cenote Palomitas）

帕洛米塔斯天然井位于巴亚多利德市的亚尔科瓦（Yalcobá）镇的瓜达卢帕纳（Guadalupana）庄园，“帕洛米塔斯”在西班牙语中意为“小鸽子”，井身直径约60米，深45米，井内多钟乳石和石笋。水潭的边缘很宽，建有全景式观景台，属地面局部塌陷的青年天然井，潭水湛蓝，可游泳。

帕洛米塔斯天然井

# 第20章 金塔纳罗奥州

Estado de Quintana Roo

## 金塔纳罗奥州（Estado de Quintana Roo）

古代玛雅人

金塔纳罗奥州位于尤卡坦半岛东部，西与尤卡坦州接壤，北临墨西哥湾，东向加勒比海，南接伯利兹和墨西哥坎佩切州，面积44705平方千米，历史上是尤卡坦州的一部分，1974年建州，以在梅里达市出生的墨西哥独立运动领袖安德烈斯·金塔纳·罗奥的名字命名。金塔纳罗奥州经济以农业和旅游业为主，地理环境优越，多热带雨林，盛产乌木、剑麻、玉米和木薯等。金塔纳罗奥州有很多热带景观，玛雅海岸有很多风光旖旎的海滩，包括有名的坎昆海滩。金塔纳罗奥州是玛雅文化的发祥地之一，有很多玛雅文化遗址，大的遗址有图伦古城遗址、科瓦古城遗址、茨伊万切古城遗址等。

## 切图马尔（Chetumal）市

切图马尔市是金塔纳罗奥州州府，位于加勒比海切图马尔湾，地处热带，全年分雨季和旱季，气候宜人，经济以林业和旅游业为主，“切图马尔”在玛雅语中意为“红木之地”。帕尔马尔（Palmar）泉水浴场离市区32千米，适合生态游；玛雅文化遗址科洪利茨古城遗址离市区65千米；奇迹（Milagros）湖也称劳达莱斯（Raudales）湖，长3千米，宽2千米，湖区景色优美，湖水清澈泛蓝，适合生态游；博物馆有玛雅文化博物馆和切图马尔市博物馆。

奇迹湖

## 坎昆（Cancún）镇

坎昆岛

坎昆镇位于尤卡坦半岛东北部，坐落在加勒比海玛雅（Riviera Maya）海岸北端，是贝尼托·华雷斯市政府所在地，“坎昆”在玛雅语中意为“蛇窝”。坎昆镇的坎昆岛是一个海岛，长约23千米，宽约400米，两端有桥与陆地相连。20世纪70年代坎昆镇还是一个只有数百居民的小渔村，在政府投资建了完善的旅游设施后，很快就成为新兴旅游小镇。坎昆岛旅馆区有140多家酒店、近3万间客房和400多家餐厅。坎昆海滩是世界十大著名海滩之一。坎昆岛地处热带，一年分雨旱两季，常年阳光明媚，四季如春，气候宜人，海水清澈，沙滩松软细白。玛雅海岸从坎昆岛向南沿加勒比海蜿蜒140多千米，有景色秀丽的海滩、风景如画的海岸城镇、大片的热带丛林，是世界上最热门的旅游地区之一，生态公园有斯卡雷特公园、塞尔–哈海上公园、斯–波洛尔公园等。

## 玛雅文化遗址

### 图伦（Tulum）古城遗址

图伦古城遗址坐落在玛雅海岸，离坎昆镇128千米，古城建在一处高出加勒比海

图伦古城遗址

海面15米的陡峭海岸，是墨西哥唯一建在海边的玛雅古城。古城原名萨马（Zamá），“萨马”在玛雅语中意为“早晨”，后称图伦，“图伦”在玛雅语中意为“城墙”，因古城除东面临海外，其余三面建有城墙。古城存在年代约为564—1521年，遗址保存完好，现存60多座石建筑。古城建筑充分体现了玛雅人的宇宙观：四个城角向着东南西北四个方向，城市为四方形，建筑整齐，布局合理，既有祭祀众神的神台神庙，也有民居。临海而建的城堡属图伦城最早期的建筑，也是古城最高的建筑，是祭祀太阳的神庙和灯塔。坠落之神神庙（Templo del Dios Descendente）的正门顶部壁龛刻着戴翅膀从天而降的人像，壁画神庙（Templo de los Frescos）描绘的是属于玛雅地下世界的人物，风神神庙（Templo del Dios del Viento）是祭祀库库尔坎羽蛇神的神庙。

## 科瓦（Cobá）古城遗址

科瓦古城遗址位于图伦市，坐落在热带雨林中，“科瓦”在玛雅语中意为“有苔藓的水”。古城是尤卡坦半岛的玛雅大古城之一，存在年代约为前100—公元1521年，面积约70平方千米。有45条古道通向周边城镇，最长的是通往尤卡坦州的亚苏纳古城的100千米长的古道。主建筑包括42米高的诺霍茨·穆尔金字塔（Pirámide de Nohoch Mul）、绘画神庙（Templo las Pinturas）和汤普森先生神庙（Templo del Señor Thompson）。

诺霍茨·穆尔金字塔遗址

## 夏曼-哈（Xaman-Há）古城遗址

夏曼-哈古城遗址位于索利达里达（Solidaridad）市的普拉亚卡尔（Playacar）镇，“夏曼-哈”在玛雅语中意为“北部之水”。古城濒临加勒比海，存在年代不详，是古玛雅人进行海上贸易的小港城，现仅存三处建筑。

夏曼-哈古城遗址

斯卡雷特古城遗址

## 斯卡雷特（Xcaret）古城遗址

斯卡雷特古城遗址位于斯卡雷特主题公园内，建于公元1年前后，鼎盛时间为1000—1521年，出土文物包括玉石、黑曜石、水晶石等制品，其中不少产自洪都拉斯等中美洲地区，印证了古城是古玛雅人进行近海贸易的港口城市。古玛雅人从古城乘小船去科苏梅尔岛祭祀伊斯·切尔月亮女神。

## 科洪利茨（Kohunlich）古城遗址

科洪利茨古城遗址离切图马尔市65千米，属贝克建筑风格，“科洪利茨”是玛雅语和英语的合称，意为“椰林山”。古城存在年代约为前200—公元1200年，面积约9公顷，现存200多座建筑。主建筑是面具金字塔（Templo de los Mascarones），金字塔正面台阶分三段阶梯，台阶左右两边均有刻饰面具。其他建筑有石碑广场（Plaza de las Estelas）和道路（Conjunto de las Vías）、皮夏安（Conjunto Pixa’an）、27台阶（Conjunto de los 27 Escalones）等建筑群。

科洪利茨古城遗址

奥斯坦卡古城遗址

## 奥斯坦卡（Oxtankah）古城遗址

奥斯坦卡古城遗址位于奥通·庞佩约·布兰科（Othón Pompeyo Blanco）市，是切图马尔湾最大的玛雅古城，“奥斯坦卡”在玛雅语中意为“树枝围着的地方”。古城存在年代约为前600—公元1100年，属佩腾建筑风格，规模庞大，仅城中心就有10多个广场、2座大院、30多处建筑、多个蓄水池和1个天然井，奥斯坦卡人主要从事农业和海上贸易。

### 茨伊万切（Dzibanché）古城遗址

茨伊万切古城遗址

茨伊万切古城遗址位于奥通·庞佩约·布兰科市，“茨伊万切”在玛雅语中意为“木雕”，因第六号神庙木门楣上雕刻着古玛雅日历而得名。古城存在年代约为前200—公元1200年，分为四大区，它们是图蒂尔（Tutil）、拉马伊（Lamay）、基尼茨纳（Kinichná）和茨伊万切，主建筑有布霍神庙（Templo del Búho）和鱼鹰神庙（Templo de los Cormoranes）。

### 圣米格利托（San Miguelito）古城遗址

圣米格利托古城遗址

圣米格利托古城遗址位于坎昆岛，坐落在尼丘普特（Nichupté）湖湖口，是玛雅人的重要海港。古城存在年代约为1200—1550年。古城现存40多座建筑，大金字塔塔基高12米，塔身高8米。龙建筑群（Los Dragones）于20世纪70年代出土了蛇头石雕，当地人认为这些蛇头是龙头，建筑群因此得名。查亚克雨神建筑群因有一座祭祀查亚克雨神的神庙而得名，离遗址2千米处是另一处玛雅文化遗址国王古城（El Rey）。

## 科苏梅尔岛（Isla de Cozumel）

科苏梅尔岛位于尤卡坦半岛以东20千米的海面，是墨西哥第三大岛，第二大岛是下加利福尼亚州的天使岛（Ángel de la Guarda），第一大岛是索诺拉州的鲨鱼（Tiburón）岛。科苏梅尔岛属珊瑚礁岩岛，早在2000多年前就有玛雅人居住，“科苏梅尔”在玛雅语中意为“有燕子的地方”。科苏梅尔岛南北长48千米，东西宽14.8千米，面积500平方千米，圣米格尔镇是岛上唯一的小镇。海滩有圣弗朗西斯科海滩、阳光海滩等，岛周边的珊瑚礁延绵300多千米，是世界上第二大的珊瑚礁群，可游泳、潜水和垂钓。玛雅文化遗址有位于南角（Punta Sur）公园的海螺神庙（Templo El Caracol）和圣赫尔瓦西奥（San Gervasio）遗址。昌卡纳普（Chankanab）湖有水道与外海相连，是多种水上动物的栖息地，也是天然水族馆。

科苏梅尔岛

## 魔幻小镇

### 女人岛（Isla Mujeres）

女人岛是一座市级岛屿，女人岛既是市名也是岛名，岛长约8千米，离尤卡坦半岛东岸6千米，16世纪初西班牙人登岛时发现岛上有很多玛雅人用于祭拜伊斯·切尔月亮女神的女性雕像，于是称其为女人岛。女人岛有多处沙细水蓝、风景如画的海滩，最有名的是北海滩。岛南端有祭祀伊斯·切尔月亮女神的神庙，岛上有海龟和海豚养殖场，埃尔加拉丰（El Garrafón）海洋公园可潜水、划艇和绳降。

女人岛

卡门海滩镇

### 卡门海滩（Playa del Carmen）镇

卡门海滩镇东临加勒比海，与科苏梅尔岛隔海相望，是玛雅海岸的大城镇之一，也是索利达里达市政府所在地，经济以旅游业为主，每年接待数百万来自国内外的游客。第五大道是主要街道，4千米长的大街两旁都是工艺品店、酒吧、舞厅、饭馆和旅馆。斯卡雷特主题公园和斯-普洛尔主题公园离镇中心约6千米。

## 斯-普洛尔主题公园（Parque X-Plor）

斯-普洛尔主题公园位于玛雅海岸，坐落在热带雨林中，离卡门海滩镇中心约6千米。有多条探险游线路，可乘越野车或顺滑索穿越丛林，也可划着小木筏进钟乳石洞探险。

斯-普洛尔主题公园

## 塞尔-哈主题公园（Parque Xel-Ha）

塞尔-哈主题公园位于索利达里达市，离图伦古城9千米。游人可在天然小港湾游泳、漂流、潜水，或在丛林的小道上骑车，又或顺滑索穿越丛林。

塞尔-哈主题公园

## 斯卡雷特主题公园（Parque Xcaret）

斯卡雷特主题公园位于加勒比海海岸，离卡门海滩镇中心约6千米，面积80公顷，内有热带雨林、小港湾、海滩和玛雅文化遗址。公园由于坐落在地下河入海口，鱼类繁多，是一个天然水族馆，“斯卡雷特”在玛雅语中意为“小港湾”。公园可浮潜，地下河漂流，观赏动物，游百鸟乐园、蝴蝶谷，看水族馆等，晚上有大型玛雅文化舞蹈表演。

斯卡雷特主题公园

## 魔幻小镇

### 巴卡拉尔（Bacalar）镇

巴卡拉尔镇是巴卡拉尔市政府所在地，坐落在巴卡拉尔湖畔，离切图马尔市中心约40千米，经济以旅游业为主，“巴卡拉尔”在玛雅语中意为“芦苇荡”。巴卡拉尔湖湖水经深水（Hondo）河和查亚克雨神沼泽地（Estero de Chaac）流入切图马尔湾，湖区旅游娱乐设施完备，可游泳、潜水和划艇。圣费利佩要塞（Fuerte de San Felipe）建于1729年，现为博物馆，展示巴卡拉尔镇的历史，包括玛雅人反抗殖民者的统治和当地人抗击海盗等。

巴卡拉尔湖

圣费利佩要塞

## 蓝天然井（Cenote Azul）

蓝天然井位于巴卡拉尔市，离市区4千米，属地面全塌陷的老年天然井，长360米，水深90米。井区怪石嶙峋，树木茂盛，风景优美，可游泳和潜水。

蓝天然井

## 魔幻小镇

### 图伦（Tulum）市

图伦市坐落在玛雅海岸，是一座新兴旅游城市，有很多海滩，最有名的是天堂海滩。天然井有水晶（Cristal）天然井、偏

西安·卡安生态区

僻（Escondido）天然井、骷髅头（El Calavera）天然井等，玛雅文化遗址图伦古城遗址就在图伦市。西安·卡安（Sian Ka'an）生态区是美洲豹、猴子、美洲狮、豹猫、海龟和鸟类的栖息地，1987年被联合国教科文组织列为世界生态保护区。拉普纳哈（Labnaha）生态公园的玛雅魔幻世界是大型游乐园，可绳降、划艇、天然井浮潜等。阿克顿·琴（Aktun Chen）公园则适合地下河和岩洞探险和绳降。

## 乔奥·哈天然井（Cenote Choo Ha）

乔奥·哈天然井

乔奥·哈天然井位于图伦市，坐落在科瓦古城遗址附近，“乔奥·哈”在玛雅语中意为“滴水”，得名源于布满井内的钟乳石和石笋常年滴水。该井属地面刚开始塌陷的青年天然井。水潭离地面12米，可游泳。

## 坦卡茨-哈天然井（Cenote Tankach-Ha）

坦卡茨–哈天然井位于图伦市，与乔奥·哈天然井和穆尔顿·哈（Multum Ha）天然井同在一个地方，潭水深9～35米，属地面刚开始塌陷的青年天然井，有10米高的跳台，可跳水和游泳。

坦卡茨–哈天然井

## 双眼天然井（Cenote de Dos Ojos）

双眼天然井

双眼天然井位于图伦市，离市区20千米，因有两口井而得名。双眼天然井相连的地下河是世界十大地下河之一，长约80千米。第一口天然井深118米，直径70米，水深8～10米，井水清澈湛蓝，适合深潜看水底的鱼化石，以及海螺、海贝等水下动物。第二口天然井有长400米的溶洞与第一口天然井相连，潭水较浅，只适合游泳和浮潜。从第二口天然井蹚过一条狭窄的水路可到蝙蝠洞看蝙蝠。

## 大天然井（Gran Cenote）

大天然井位于图伦市，离市区3.5千米，属地面刚开始塌陷的青年天然井，水潭深10米，可深潜和浮潜。

大天然井

# 第21章 普埃布拉州

Estado de Puebla

## 普埃布拉州（Estado de Puebla）

以“普埃布拉战役”为题材的绘画作品

普埃布拉州面积34309平方千米，是墨西哥城–韦拉克鲁斯州经济走廊最重要的工农业区，工业以汽车、汽配和纺织产业为主，农作物有咖啡、甘蔗、玉米等。普埃布拉州是墨西哥最多印第安人的州之一，原住民先后有奥尔梅卡人、托尔特卡人、米斯特卡人、波波洛卡人、马萨特卡人和托托纳卡人等。印第安文化遗址有托尔特卡文化遗址之乔卢拉古城遗址和坎托纳（Cantona）古城遗址等。特瓦坎（Tehuacán）地区是人类最早种植玉米和红薯的地方。普埃布拉州有很多自然景观，最负盛名的是波波卡特佩特火山，很多地方适合徒步旅行、登山、露营、漂流和滑翔等。西班牙人在普埃布拉州建了很多教堂，数量名列墨西哥各州前茅。值得一提的是普埃布拉战役：1858年墨西哥保守党和自由党为争夺政权开始交战，这场内战以自由党获胜宣告结束，经历了三年内战后，自由党政府财政枯竭，1861年7月，华雷斯总统宣布暂停偿还外债两年。保守党人请求拿破仑三世帮助建立法国庇护下的君主制，拿破仑三世也想把墨西哥变成法国的附属国，于是法国以墨西哥停付外债为借口，与英国和西班牙结成“神圣同盟”，对墨西哥进行武装侵略。1861年12月—1862年1月，首批侵略军在韦拉克鲁斯登陆，自由党政府同英西两国展开谈判，订立了《索莱达条约》，英国和西班牙随后撤出了他们的军队，唯独法国赖着不走，其部队向墨西哥城开进，进入墨西哥城后法国将奥地利大公马克西米利亚诺作为傀儡皇帝强加给墨西哥，墨西哥人民被迫进行了五年抗法卫国战争，最终打败了法国侵略军。普埃布拉战役发生在普埃布拉市郊，1862年5月5日发生的这场以伊格纳西奥·萨拉戈萨将军率领墨西哥军队完胜法国军队的战役，是墨西哥独立以来唯一的胜仗，被墨西哥人民视为民族的骄傲。普埃布拉战役日是法定节日，每年5月5日都举行有关庆祝活动。

## 普埃布拉（Puebla）市

普埃布拉市是普埃布拉州州府，位于普埃布拉–特拉斯卡拉山谷，离波波卡特佩特火山43千米，老城中心于1987年被联合国教科文组织列为世界文化遗产，这座建于1531年的城市有100多座建筑风格各异的教堂。无玷始胎圣母教堂坐落在老城中心索卡洛广场，始建于1575年，历时74年建成，教堂本身就是一座历史博物馆，建筑装饰和摆设都是数百年来积累的珍品，包括绘画、雕塑、大量古籍、精美的金银器皿和技艺高超的木工艺品等。5月5日居民文化中心（Centro Cívico Cultural 5 de Mayo）有普埃布拉战役（la No Intervención）博物馆、人类博物馆、天文台、和谐湖、蝠鲼鱼形（Mantarraya）观景台、伊格纳西奥·萨拉戈萨将军墓、洛雷托（Loreto）要塞、瓜达卢佩（Fuerte de Guadalupe）要塞、自然历史博物馆、展览中心、音乐厅和5月5日主题公园等。洛雷托要塞和瓜达卢佩要塞坐落在阿奎亚梅特佩克（Acueyametepec）山，原为教堂，1816年西班牙殖民军为抵抗墨西哥独立起义军进攻，将教堂改建成要塞，后成为普埃布拉战役的主战场，现为历史博物馆。中国姑娘（China Poblana）雕像位于市东面的一个街心公园，传说一位名叫美兰的中国姑娘，17世纪初出生在中国富人家庭，在一次海上航行中被海盗劫持，后作为奴隶在菲律宾马尼拉市场上出售。一个墨西哥商人买下了美兰，乘马尼拉大帆船将她带到阿卡普尔科港转卖给了普埃布拉市大商人米格尔·索萨作为女仆。美兰当时才十几岁，美丽朴实，聪明伶俐，赢得主人的好感和同情。米格尔·索萨给她取名为卡塔丽娜·德·圣胡安。美兰教当地人刺绣，还设计了后来被称为“普埃布拉”的中国姑娘裙衣（Traje de china poblana），这款漂亮的裙衣颇受当地妇女的喜爱，并在墨西哥中部和东南部广泛流行。为了表彰美兰的功绩，当地人民为她修建了一尊雕像，即普埃布拉的中国姑娘像。奎斯科马特（Volcán Cuexcomate）火山是世界上最小的火山，仅13米高，火山口直径仅8米，山底部直径23米，整个火山重400吨。火山形成于1064年，是一座死火山。其他有名的老建筑有圣罗萨博物馆、圣多明戈教堂和耶稣会教堂等。

无玷始胎圣母教堂

乔卢拉古城遗址

## 托尔特卡文化遗址

### 乔卢拉（Cholula）古城遗址

乔卢拉古城遗址位于圣佩德罗·乔卢拉市，古城存在年代不详。考古学者推断古城由奥尔梅卡人所建，奥尔梅卡人消失后，托尔特卡人成为古城居民，1300年前后托尔特卡人消失，乔卢尔特卡人成为古城最后的居民。古城主建筑是特拉奇瓦尔特佩特金字塔（Pirámide de Tlachihualtépetl），即乔卢拉大金字塔。“特拉奇瓦尔特佩特”在纳瓦语中意为“用手堆起来的山”，它是世界上体积最大的金字塔，塔基面积16万平方米，堆土450万立方米，高65米，高度与特奥蒂瓦坎古城的太阳金字塔差不多。乔卢拉大金字塔顶原有托尔特卡人祭祀奇科纳基亚维特雨神的神庙，西班牙人在神庙原址上建了波波卡特佩特救赎圣母教堂。乔卢拉大金字塔下方是祭台广场（Patio de los Altares），广场的东面、西面和北面分别建有3个对称的祭台。

尽管不知道乔卢拉古城何时始建，但大规模扩建乔卢拉古城的是乔卢尔特卡人。托尔特卡人可能是在1168年前后离开乔卢拉，从此到1521年在乔卢拉居住的是乔卢尔特卡人。由此推算乔卢尔特卡文化年代约为1168—1521年。乔卢尔特卡人可能是奥尔梅卡–西卡扬卡人后裔，分布在普埃布拉州和特拉斯卡拉州的乔卢尔特卡王国政教合一，国王分别是鹰王阿基亚茨（Aquiach）和美洲豹王特拉基亚茨（Tlaquiach）。国王下面有6位助手顾问，分别负责宗教事务、与神有关的占卜、制定法令、诉讼、观天文星象和医疗事务。乔卢尔特卡人主要从事农业，种植玉米、豆类、苋菜（amaranto）等，擅长制陶，陶器远销到特诺茨蒂特兰城和其他地区。

## 波波卡特佩特救赎圣母教堂（Santuario de la Virgen de los Remedios Popocatépetl）

波波卡特佩特救赎圣母教堂位于圣佩德罗·乔卢拉市，坐落在波波卡特佩特火山脚下，1594年建在特拉奇瓦尔特佩特金字塔顶的神庙原址上。教堂雕像雕刻精美，祭坛镀金，美轮美奂，在教堂可远眺波波卡特佩特火山。

波波卡特佩特救赎圣母教堂

## 魔幻小镇

### 圣佩德罗·乔卢拉（San Pedro Cholula）市

圣加布列尔修道院

圣佩德罗·乔卢拉市原住民先后为奥尔梅卡人、托尔特卡人和乔卢尔特卡人，“乔卢拉”在纳瓦语中意为“水从高处落下”。1519年10月，埃尔南·科尔特斯率西班牙远征军在特拉斯卡尔特卡人的帮助下攻打乔卢拉，但遭到乔卢尔特卡人的拼命反抗，科尔特斯恼羞成怒，命令屠城，整个乔卢拉市血流成河，从平民到贵族无一幸免，这场历时6天的屠城，史称“乔卢拉大屠杀”。传说乔卢拉市有365座教堂，一天去一个教堂也要花一年时间，事实上乔卢拉有100多座教堂。印第安人建了不少神庙，西班牙殖民者来了以后，在神庙原址或遗址上修建教堂。乔卢拉的每座教堂都有自己的保护神的节日，所以乔卢拉隔三差五就有宗教节。老教堂有圣加布列尔修道院、波波卡特佩特救赎圣母教堂、圣佩德罗·乔卢拉教堂和圣弗朗西斯科·阿卡特佩克教堂等，“阿卡特佩克”（Acatepec）在纳瓦语中意为“在芦苇山上”。

## 波波卡特佩特火山（Volcán Popocatépetl）

波波卡特佩特火山位于墨西哥州、普埃布拉州和莫雷洛斯州三州交界，离墨西哥城72千米，“波波卡特佩特”在纳瓦语中意为“冒烟的山”。波波卡特佩特火山口直径660～840米，深约150米，海拔5540米，是仅次于韦拉克鲁斯州和普埃布拉州交界的西特拉尔特佩特火山（奥里萨瓦火山）的墨西哥第二高火山。火山口终年被水蒸气和火山灰覆盖，顶峰终年积雪，东坡有常年结冰的冰川，内有含硫磺的沉积物。波波卡特佩特火山形成于约73万年前，纳瓦族特夸尼帕人记录的1289年的火山喷发是迄今知道的最早记录。1994年，火山共有18次大喷发，1994年后几乎每几年就喷发一次，是非常活跃的火山。附近能眺望火山的城市有韦霍钦戈（Huejotzingo）市、圣

波波卡特佩特火山

萨尔瓦多·埃尔·贝尔德（San Salvador El Verde）市、多明戈·阿雷纳斯（Domingo Arenas）市、圣尼古拉斯·德·洛斯·兰乔斯（San Nicolás de los Ranchos）市和托奇米尔科（Tochimilco）市。

## 魔幻小镇

### 阿特利斯科（Atlixco）市

阿特利斯科市始建于1579年，“阿特利斯科”在纳瓦语中意为“有水的山谷”，原住民先后有奥尔梅卡–西卡扬卡人、奇奇梅卡人和特拉斯卡尔特卡人，老教堂有前卡门修道院、弗朗西斯科会第三会教堂和施恩圣母教堂等。阿特利斯科市的经济以花卉种植业为主，有普埃布拉州最大的花卉交易市场，有“花城”之美誉，大的花卉种植场有阿特里斯兰花园（Vivero Orquidáceas Atlix）、树林（Arboledas）花圃和萨尔帕特拉科（Xalpatlaco）花圃。

前卡门修道院

### 西科特佩克·德·华雷斯（Xicotepec de Juárez）镇

西科特佩克·德·华雷斯镇是西科特佩克市政府所在地，坐落在普埃布拉北山脉，“西科特佩克”在纳瓦语中意为“有丸花蜂的地方”，原住民是奥托米人。索卡洛广场是普埃布拉州最漂亮的城市广场，树木繁多，鲜花簇拥，主教堂是建于1571年的圣胡安·包蒂斯塔教堂。拉索奇皮拉（La Xochipila）祭祀中心是1052年印第安人建的祭台，祭台建在13.5吨重的岩石上，每年的胡安·特查查尔科节（Fiesta de Juan Techachalco），当地印第安人汇集而来，祭拜索奇皮利花和爱神。卡兰萨故居现为墨西哥革命博物馆，墨西哥革命领袖和总统维努斯蒂亚诺·卡兰萨在1917年主持起草了墨西哥革命后的第一部宪法《墨西哥合众国政治宪法》，1920年被反对派暗杀身亡，其遗体曾存放于这里。

圣胡安·包蒂斯塔教堂

耶稣圣墓教堂

## 库奥奇南戈（Huauchinango）市

库奥奇南戈市坐落在魔幻（Mágica）山脉，原住民是奇奇梅卡人，居民多以花卉种植为生，“库奥奇南戈”在纳瓦语中意为“在树林之中”。1116—1121年，奇奇梅卡部落首领索洛特命令他儿子诺帕尔钦在特斯卡帕（Texcapa）河边建新的部落，该据点就是库奥奇南戈市的前身。该市的老建筑有耶稣圣墓教堂、市政大楼等，特色景观有托托拉帕（Totolapa）瀑布和小（Chico）瀑布。

## 萨卡特兰（Zacatlán）镇

萨卡特兰镇坐落在普埃布拉北山脉，是萨卡特兰市政府所在地，盛产苹果，有“苹果之乡”的美称，“萨卡特兰”在纳瓦语中意为“牧草茂盛的地方”。花钟（Reloj Floral）坐落在镇中心广场，直径5米的大钟布满鲜花。老教堂有前弗朗西斯科修道院和圣佩德罗·圣保罗教堂。百年钟厂为纪念墨西哥独立100周年所建，是拉美地区第一家大型建筑专用大钟制造厂，现为钟博物馆。马赛克壁画（Mosaico Monumental）由当地艺术家用马赛克砖以萨卡特兰镇风景为题创作，长100米。玻璃观景台可眺望罗斯希尔格罗斯（Los Jilgueros）山谷和远处的马尾瀑布。圣佩德罗（San Pedro）瀑布在萨卡特兰镇郊区，落差有20米。

花钟

## 奇格纳瓦潘（Chignahuapan）市

奇格纳瓦潘市是一座海拔2280米的小山城，以精美手工艺品的制作而著称，包括红陶器、炒锅、花盆和羊毛织物等。老教堂有无玷始胎圣母大教堂和小蘑菇（Honguito）教堂，小蘑菇教堂因1880年在教堂附近发现有一个小蘑菇化石酷似耶稣而得名。奇格纳瓦潘湖也称阿尔莫洛亚（Almoloya）湖，由9个小湖组成，可泛舟、垂钓和游泳。奇格纳瓦潘湖的湖水流入特科卢特拉河形成图利曼（Tuliman）瀑布和克察拉潘瀑布。库奥特洛卢尔科（Cuautelolulco）水库也称阿霍洛特拉（Ajolotla）水库，离市区12千米，可垂钓和泛舟。

无玷始胎圣母大教堂

## 奎察兰·德尔·普罗戈雷索（Cuetzalan del Progreso）市

瓜达卢佩圣母教堂

奎察兰·德尔·普罗戈雷索市坐落在普埃布拉北山脉，是一座殖民时期建筑风格小城，“奎察兰”在纳瓦语中意为“克察尔（los quetzales）人居住的地方”，“普罗戈雷索”在西班牙语中意为“进步”。该市的老建筑有瓜达卢佩圣母教堂、无玷始胎圣母教堂和市政大楼。民族（Etnográfico）博物馆展出印第安文化遗址约瓦利昌（Yohualichan）的出土文物以及克察尔人的服饰和工艺品。

## 帕瓦特兰（Pahuatlán）市

帕瓦特兰市坐落在普埃布拉北山脉，“帕瓦特兰”在纳瓦语中意为“有果实的地方”，因盛产咖啡和油梨等而得名，最早原住民是托托纳卡人，后来是纳瓦人和奥托米人，纳瓦人和奥托米人世代相争，西班牙人到来后强令他们通婚才结束了纷争。帕瓦特兰人能歌善舞，保留传统舞蹈空中飞人舞（Danza de los voladores），也擅长跳瓦潘戈（Huapango），瓦潘戈是当地特有的印欧混血种人的民间舞蹈。帕瓦特兰人保留着古印第安人的用榕树做纸的工艺和草药疗法。阿伊拉观景台（Mirador de Ahila）位于近郊，在该处可眺望远处的东马德雷山脉，自然景观有坎帕纳（Campana）

阿伊拉观景台

瓦斯特拉耶稣教堂

微风瀑布

湖、特科马特（Tecomate）湖、萨卡帕瓦亚（Zacapahuaya）湖、鹰洞和萨尔蒂略溶洞。

## 特拉特拉乌基特佩克（Tlatlauquitepec）市

特拉特拉乌基特佩克市坐落在普埃布拉北山脉，原住民先后是奥尔梅卡人、托尔特卡人和奇奇梅卡人，"特拉特拉乌基特佩克"在纳瓦语中意为"红山"。老教堂有瓦斯特拉耶稣教堂和前圣玛利亚修道院。大头（Cabezón）山位于市郊，在阳光照耀下山体显红色。大头山有很多溶洞，最有名的是奥林特乌特利（Olinteutli）洞，洞内有钟乳石和石笋，以及古印第安人留下的玉石和黑曜石等石器；山上有观景台，在该处览胜，城市和山景尽收眼底。

## 微风瀑布（Cascada Las Brisas）

离市区3.5千米的微风瀑布位于奎察兰·德尔·普罗戈雷索市，落差17米，瀑布下方的水潭可游泳。

## 阿孔科瀑布（Cascadas de Aconco）

阿孔科瀑布位于特特拉·德·奥坎波（Tetela de Ocampo）市的萨尔塔腾帕·德·卢卡斯（Xaltatempa de Lucas）镇，瀑布落差35～50米，“阿孔科”在纳瓦语中意为“装满水的锅”。

阿孔科瀑布

## 克察拉潘瀑布
（Cascada El Salto de Quetzalapan）

克察拉潘瀑布位于奇格纳瓦潘市，离市区8千米，由克察拉潘河流经该处形成，落差100米，从山下到瀑布区要爬365级台阶。

克察拉潘瀑布

# 第22章 奇瓦瓦州

Estado de Chihuahua

## 奇瓦瓦州（Estado de Chihuahua）

塔拉乌马拉人

奇瓦瓦州北邻美国新墨西哥州和得克萨斯州，面积247413平方千米，是墨西哥面积最大的州，原住民有塔拉乌马拉人、阿帕切人、科曼切人、帕基梅人、科科约梅人等。该州的经济以农林畜牧业为主，农林产品有水果、坚果和木材等，畜牧业以养牛羊为主，产金、银、铅和锌等金属。约1万年前奇瓦瓦州就有人类居住，印第安文化遗址萨马拉尤卡（Samalayuca）和科罗拉多农庄（Rancho Colorado）遗址出土过古印第安人使用过的箭镞等工具。奇瓦瓦州有广阔的沙漠、沙丘和森林，还有多个国家公园和生态保护区，自然景观丰富。

科科约梅人居住过的山洞

科科约梅文化年代约为前1100—公元500年，分布在奇瓦瓦州，是旱地中美洲早期印第安文化。由于消失在1000多年前，科科约梅人的历史只见诸民间口头传说。他们可能是被塔拉乌马拉人打败后消失，或跟后者同化。传说当年科科约梅人跟塔拉乌马拉人争夺地盘时，会捕获并吃掉塔拉乌马拉人的孩子。现已发现不少科科约梅人居住过的山洞、土房和岩画，出土文物包括土罐、土饼铛、石碾盘和石碾棒等。

## 奇瓦瓦（Chihuahua）市

奇瓦瓦市是奇瓦瓦州州府，经济以制造业和服务业为主，是一座殖民时期建筑风格城市，老建筑有奇瓦瓦大教堂、市政大楼和州府大楼。奇瓦瓦大教堂始建于1727年，历时100多年建成，用红石块和大理石建造，是城市的标志性建筑之一。州府大楼现为墨西哥独立战争博物馆，1811年7月30日，米格尔·伊达尔戈在此英勇就义，后人在他就义的地方建有伊达尔戈祖国祭坛（Altar a la Patria），大楼一层回廊有墨西

奇瓦瓦大教堂

哥壁画家阿亚龙·皮尼亚·莫拉以墨西哥独立至墨西哥革命期间的历史为题材的大型壁画。加梅罗斯之家（Quinta Gameros）建于20世纪初，是墨西哥装饰风（Art Nouveau）艺术风格建筑的代表作，原是当地富豪加梅罗斯的私宅。潘乔·维亚故居原为1911年他任奇瓦瓦州州长时购买的私宅，他曾在此居住到1923年，同年他在奇瓦瓦州伊达尔戈·德尔·帕拉尔市遇刺身亡。潘乔·维亚故居现为墨西哥革命历史博物馆，展品包括他用过的物品以及他领导的农民起义军的文物。伊达尔戈牢房（Calabozo de Hidalgo）博物馆，也称奇瓦瓦之家，1811年米格尔·伊达尔戈被关押在此三个月后就义。水渠（Acueducto Colonial）长5千米，建于1751年，为引入丘维斯卡尔（Chuviscar）河的河水而建。

## 铜峡谷（Barrancas del Cobre）

铜峡谷位于奇瓦瓦州西南部，坐落在塔拉乌马拉山脉，因17世纪末发现大铜矿而得名。峡谷长约60千米，由多个小峡谷组成，原住民为塔拉乌马拉人。铜峡谷是富埃尔特（Fuerte）河、马约（Mayo）河和亚基（Yaquí）河的源头，其区域广阔、树林茂密、生物多样，适合生态和探险游。铜峡谷有巴萨塞亚奇瀑布国家公园和铜峡谷探险公园，可露营、在湖泊泛舟、观瀑布、漂流等。铜峡谷也是200多种鸟类、爬行动物和哺乳动物的栖息地。

铜峡谷

## 巴萨塞亚奇瀑布国家公园（Parque Nacional Cascada de Basaseachi）

巴萨塞亚奇瀑布国家公园位于奥坎波（Ocampo）市，坐落在塔拉乌马拉山脉的铜峡谷，面积58平方千米，“巴萨塞亚奇”在塔拉乌马拉语中意为“有灰狼的地方或瀑布”，其中的坎达梅尼亚（Candameña）峡谷有两大瀑布：落差246米的巴萨塞亚奇瀑布和落差453米的飞石（Piedra Volada）瀑布。巴萨塞亚奇瀑布由桃树（Durazno）溪和巴萨塞亚奇溪在山上合流后形成，是常年有水流的瀑布，而飞石瀑布只有雨季才有水流。传说巴萨塞亚奇瀑布是塔拉乌马拉国王坎达梅尼亚的女儿巴萨塞亚奇的化身，所以塔拉乌马拉人把该瀑布称为巴萨塞亚奇瀑布。公园松树和圣栎树长得十分茂密，可登山、骑山地车和野营，幸运的话可看到老鹰、啄木鸟、火鸡、美洲狮、鹿和狐狸等动物。

巴萨塞亚奇瀑布

## 比萨维拉奇山谷（Valle de Bisabírachi）

比萨维拉奇山谷位于博科伊纳（Bocoyna）市，坐落在塔拉乌马拉山脉。大自然的鬼斧神工造就了该处仙境般的美景，山谷有清澈湖泊、飞流瀑布和造型各异的石林。石林为石灰岩石，高60多米，形状为尖利的石柱。石林由200多万年前的强烈地壳运动造成。由于石柱像一众站立沉思的修士，比萨维拉奇山谷也称修士山谷（Valle de los Monjes）。

石林

## 鲁基拉索瀑布（Cascada de Rukiraso）

鲁基拉索瀑布位于博科伊纳市的克雷尔（Creel）镇，坐落在莫乔格亚奇（Mochogueachi）山谷的塔拉雷夸（Tararecua）小峡谷，由圣伊格纳西奥（San Ignacio）溪流经该处形成，落差30米。

鲁基拉索瀑布

## 埃尔切佩列车（Tren de El Chepe）

埃尔切佩列车全称奇瓦瓦-太平洋列车（Tren Chihuahua-Pacífico），线路起点为奇瓦瓦市，终点为锡那罗亚州阿奥梅（Ahome）市政府所在地的洛斯莫奇斯（Los Mochis）镇，途经奇瓦瓦州库奥特莫克市的托波洛万波（Topolobampo）港、博科伊纳市的克雷尔镇、奥希纳加（Ojinaga）市的埃尔迪维萨德罗（El Divisadero）镇，以及锡那罗亚州埃尔富埃尔特（El Fuerte）市等地。1961年投入运行，全程653千米，横穿西马德雷山脉，途经86个隧道和37座桥梁，沿途经过的山脉海拔100～2600米，游客可欣赏瀑布、峡谷、森林和湖泊等大自然风光。可途中下车歇息游览，择日重上列车继续旅行。

埃尔切佩列车

## 上帝名义溶洞（Grutas de Nombre de Dios）

上帝名义溶洞位于奇瓦瓦市近郊，坐落在上帝名义山脉的马（Caballo）山的萨克拉门托（Sacramento）河下方约38米深处，溶洞长1492米，最窄处仅宽1.8米，有12个大洞厅和数个小洞厅，是墨西哥最大的溶洞之一，洞内布满千百万年来形成的钟乳石和石笋。

上帝名义溶洞

## 科亚梅溶洞（Grutas de Coyame）

科亚梅溶洞位于科亚梅·德尔·索托尔（Coyame del Sotol）市，离市区2千米，是墨西哥最大的溶洞之一，有17个洞厅，洞内布满钟乳石和石笋，岩壁上有恐龙化石。

科亚梅溶洞

## 马哈尔卡山国家公园（Parque Nacional Cumbres de Majalca）

马哈尔卡山国家公园横跨曼努埃尔·贝纳维德斯（Manuel Benavides）市和奥希纳加市，面积47.7平方千米。公园里的松树和圣栎树漫山遍野，栖息在公园的野生动物有美洲狮、白尾蛇、野鸡等。公园可爬山、野营和骑山地车，公园还有由于数百万年来水蚀风化所形成的奇形怪状的石林。

马哈尔卡山国家公园

## 纳穆拉奇峡谷（Cañón de Namúrachi）

纳穆拉奇峡谷位于圣弗朗西斯科·德·博尔哈（San Francisco de Borja）市，“纳穆拉奇”在塔拉乌马拉语中意为“有山洞的地方”。这个700米长的小峡谷中间是一块宽阔地，形似半圆形大厅，尽头是一个高25米的山洞。峡谷不大，但风光旖旎。

纳穆拉奇峡谷

萨马拉尤卡沙丘

## 萨马拉尤卡沙丘

（Dunas de Samalayuca）

萨马拉尤卡沙丘跨华雷斯（Juárez）市、阿斯森西翁（Ascensión）市和瓜达卢佩市，离华雷斯市区约50千米。沙丘以萨马拉尤卡镇命名，属白细硅沙丘，延绵150千米，可随风移动，属奇瓦瓦大沙漠的一部分，可滑沙和骑沙地摩托车。

## 科利纳湖（Lago Colina）

科利纳湖位于圣弗朗西斯科·德·孔乔斯（San Francisco de Conchos）市，是在孔乔斯（Conchos）河截流建成的水库湖，长8千米，宽3千米。附近有拉博基亚（La Boquilla）水库和洛斯菲尔特罗斯（Los Filtros）水库，该水库可垂钓、观鸟、泛舟、滑水和野营。

科利纳湖

## 辛福罗萨峡谷（Barranca de Sinforosa）

辛福罗萨峡谷坐落在塔拉乌马拉山脉，地貌呈多样性，洞穴有魔鬼（El Diablo）洞、百万（El Millón）洞、薄荷（La Hierbabuena）洞等，瀑布有落差10米的小瀑布（El Saltito）、落差20米的大瀑布（El Salto Grande）和落差80米的罗萨琳达（Rosalinda）瀑布，温泉有阿沃雷亚奇（Aboreachi）温泉、祖母绿（La Esmeralda）温

辛福罗萨峡谷

泉、卡沃拉奇（Cabórachi）温泉、格拉奇（Guérachi）温泉和峭壁（El Reventón）温泉等。石桥（Puente de Piedra）位于托纳奇（Tónachi）镇，是一个高10米的石拱门。流经该峡谷的河流有乌里克（Urique）河、绿（Verde）河、巴托皮拉斯（Batopilas）河、诺诺阿亚（Nonoava）河和巴耶萨（Balleza）河。辛福罗萨峡谷长60多千米，适合深度峡谷探险和洞穴探险。

## 佩圭斯峡谷（Cañón del Pegüis）

佩圭斯峡谷坐落在奥希纳加市，离市区40千米，因当地有一种叫佩圭斯的鸟而得名。峡谷长13千米，深200～350米。孔乔斯河流经谷底。峡谷地貌呈多样性，有石林、洞穴、水潭等。埃尔萨尔托一带长满仙人掌和仙人球。峡谷有古印第安人史前岩画，可乘皮划艇在孔乔斯河漂流和在水潭游泳。

佩圭斯峡谷

## 魔幻小镇

### 克雷尔（Creel）镇

克雷尔镇属博科伊纳市，坐落在塔拉乌马拉山脉，离市区16千米，海拔2000多米，原住民为塔拉乌马拉人，经济原以林业为主，现以旅游业为主。克雷尔镇风景秀丽，有“人间天堂”之美称。博物馆有圣伊格莱西奥·德·洛约拉（San Ignacio de Loyola）宗教艺术博物馆，老教堂有基督王教堂和露德圣母教堂，自然景观有阿拉雷科（Arareko）湖、鲁基拉索瀑布、雷科瓦塔（Recohuata）温泉、塔拉雷夸（Tararecua）峡谷和蘑菇（los Hongos）山谷。阿拉雷科湖离镇中心5千米，面积40公顷，湖区密布松树和圣栎树，是多种鸟类的栖息地，可泛舟、骑马和骑山地车。雷科瓦塔温泉离镇15千米，圣伊格莱西奥河流经该处形成大小各异的温泉池，适合泡温泉，“雷科瓦塔”在塔拉乌马拉语中意为“偏僻的地方”。

阿拉雷科湖

### 卡萨斯·格兰德斯（Casas Grandes）市

卡萨斯·格兰德斯市位于奇瓦瓦州西北部，“卡萨斯·格兰德斯”在西班牙语中意为“大房子”，最早的原住民为帕基梅人。19世纪末美国的摩门教徒开始移民，现有不少摩门教徒居住在该市。

卡萨斯·格兰德斯市

## 帕基梅文化遗址

### 帕基梅（Paquimé）古城遗址

帕基梅古城遗址

帕基梅古城遗址位于卡萨斯·格兰德斯市，1998年被联合国教科文组织列为世界文化遗产。帕基梅古城曾是墨西哥北部和美国南部的帕基梅人的中心城市，也是当时墨西哥北部人口最多的都市，存在年代约为700—1340年，鼎盛时期为1060—1340年，人口约1万人，面积约36公顷，有2000多处建筑，包括5层高的楼房，房子全部用夯土建成。帕基梅人以农耕为生，掌握先进的制陶工艺，因沙漠化缺水，古城在西班牙人到来之前已废弃。帕基梅文化中心收藏有在帕基梅古城遗址等地出土的2000多件文物。

尽管有学者认为3000年前帕基梅人就在此居住，种植玉米，但多数学者认为，帕基梅文化年代约为700—1500年，分布在奇瓦瓦州和美国南部地区。“帕基梅”在奥帕塔语（一说为纳瓦语）中意为“有大房子的地方”。奥帕塔人（los ópatas、tehuimas o tegüimas）是后来居住在这地区的印第安人，20世纪中叶消失。事实上帕基梅人建了很多六七层高的大房子，帕基梅人建房先用木板做墙模和顶模，然后用夯土夯实。为抵御外族侵略，帕基梅人还在城边筑有高墙和瞭望台。帕基梅人多在河边聚居，以农业为主，也做陶器，尤其擅长做形态各异的大陶罐。帕基梅人给陶罐上彩，画上动物或人像。

## 拉斯·夸连塔·卡萨斯（Asentamiento de Las Cuarenta Casas）古城遗址

拉斯·夸连塔·卡萨斯山洞

拉斯·夸连塔·卡萨斯山洞位于马德拉（Madera）市的巴耶西托镇（“巴耶西托”在西班牙语中意为“小山谷”），坐落在塔拉乌马拉山脉铜峡谷的瓦波卡（Huapoca）峡谷，“拉斯·夸连塔·卡萨斯”在西班牙语中意为“40间房子”，因遗址被发现时有40处房子而得名。山洞始建年代不详，兴盛时期为1200—1260年，1340年被废弃，曾是帕基梅人去加利福尼亚湾沿海地区做贸易的歇脚点和要塞。遗址有10多个石洞，包括窗（Las Ventanas）洞、猫儿（El Gato）洞、桥（El Puente）洞等，房子建在峡谷峭壁上的山洞里，用夯土建成。1521年后还有一群自称为霍瓦斯人（los jovas）的印第安人在此地居住，后来霍瓦斯人也消失了。

## 拉奥亚山洞（Cueva de La Olla）

拉奥亚山洞位于新卡萨斯·格兰德斯（Nuevo Casas Grandes）市，离市区47千米，“拉奥亚”在西班牙语中意为“锅”，得名于洞内有一粮仓，远看像一口大锅。除了粮仓，洞内还有7栋土房。远古时期西马德雷山脉的山洞（las Cuevas）山谷就有人类居住，山洞山谷遗址有拉斯·夸连塔·卡萨斯山洞、拉哈（Laja）洞、林孔（Rincón）洞等。山洞山谷出土过7000多年前种植的玉米化石，是迄今发现的世界上最古老的玉米

拉奥亚山洞

化石。13—15世纪，帕基梅人在山洞用夯土建房子和粮仓，用来储藏玉米、南瓜、苋菜籽等。

玉米是墨西哥最早种植的主要农作物之一，人工种植可以追溯到7000年前，后经不断杂交和培育尝试，提高了玉米单株的长度等，产量有了质的飞跃，种植由墨西哥中部向其他地区扩展，杂交玉米还能适应不同的种植环境。西班牙语“玉米（maíz）”一词源于加勒比海安的列斯群岛塔伊诺（mahiz en taíno）语，纳瓦人称玉米为特拉奥伊（tlaolli）、森特利（centli）或特拉约伊（tlayolli），玛雅人称玉米为纳尔（nal）或伊西因（ixi'm）。

## 哈诺斯生态区（Reserva de la Biosfera de Janos）

哈诺斯生态区位于哈诺斯市，面积5305平方千米，是墨西哥最大的天然牧场之一， 也是美洲野牛的栖息地。生态区的野生动物有野牛、草原狗、黑腿黄鼠狼、灰狼、獾、鹰、草原雕、龟和蛇等。游客可驱车登高远望草原。

美洲野牛

## 库萨拉雷瀑布（Cascada de Cusárare）

库萨拉雷瀑布位于塔拉乌马拉山脉地区的瓜乔奇（Guachochi）市的库萨拉雷镇，

库萨拉雷瀑布

离镇中心2千米，“库萨拉雷”在塔拉乌马拉语中意为“快马”。瀑布由库萨拉雷河流经该处形成，落差30米，周围是松树林，是墨西哥最有名的瀑布之一。

## 圣埃莱娜峡谷

（Cañón de Santa Elena）

圣埃莱娜峡谷位于曼努埃尔·贝纳维德斯市和奥希纳加市之间，峡谷长14千米，面积2.7平方千米。峡谷岩壁最高500多米，有松树、仙人掌、牧豆树等植被，有黑熊、鹰、游鹞、水狸、野猪、灰狼、野兔、野鸭、蛇和猞猁等近百种野生动物。

圣埃莱娜峡谷

## 波尔沃里亚斯（Polvorillas）石林

波尔沃里亚斯石林位于奥希纳加市，坐落在奇瓦瓦大沙漠，风景秀美。这里的石头好像人工摞起来一样，形态各异。“波尔沃里亚斯”在西班牙语中意为“容易发火的人”。

波尔沃里亚斯石林

## 奇瓦瓦大沙漠（Desierto de Chihuahua）

奇瓦瓦大沙漠

奇瓦瓦大沙漠位于东马德雷山脉和西马德雷山脉中间，西至奇瓦瓦州中部，东到科阿韦拉州中部，北至美国南部，南到圣路易斯波托西州，南北长约1280千米，东西宽约400千米，面积45万平方千米，是北美洲最大的沙漠，覆盖地区包括墨西哥的圣路易斯波托西州、萨卡特卡斯州、科阿韦拉州、杜兰戈州和奇瓦瓦州，以及美国的亚利桑那州、新墨西哥州和得克萨斯州。墨西哥境内的奇瓦瓦大沙漠有很多峡谷，包括佩圭斯峡谷、波尔沃里亚斯峡谷、圣卡洛斯（San Carlos）峡谷、平塔达（Pintada）峡谷、普罗韦埃多拉（Proveedora）峡谷等。奇瓦瓦大沙漠的自然景观数不胜数，有埃尔皮纳卡特火山群（El Pinacate）、拉埃斯夸德拉湖（La Escuadra）等。奇瓦瓦大沙漠的动物种类有很多，植物呈多样性，世界上有1500多种仙人掌，奇瓦瓦大沙漠就占了80%。奇瓦瓦大沙漠独有的小烛树（candelilla）的树皮可提取天然蜡，是包括化妆品在内的化工品的生产原料。墨西哥北部5个州的33个市的230多个乡镇开设有小烛树蜡工厂。

## 魔幻小镇

### 巴托皮拉斯（Batopilas）市

巴托皮拉斯市坐落在塔拉乌马拉山脉的铜峡谷，“巴托皮拉斯”在塔拉乌马拉语中意为“围住的河”，原住民为塔拉乌马拉人，经济以旅游业和手工业为主，历史上曾是一座繁华矿城，1708年发现银矿后经济一度繁荣。从该市的拉布法观景台可眺望巴托皮拉斯峡谷和巴托皮拉斯河，老建筑有市政大楼、萨特沃（Satevó）传教所、卡门圣母教堂、巴尔富松（Barffuson）之家和库拉尔（Cural）之家。

萨特沃传教所

# 第23章 伊达尔戈州

Estado de Hidalgo

## 伊达尔戈州（Estado de Hidalgo）

特佩瓦人

伊达尔戈州位于墨西哥中部，面积20821平方千米，地理位置优越，是墨西哥城通往北部的交通枢纽，农牧业发达，矿产资源丰富，殖民时期是墨西哥主要的矿区之一，原住民先后有托尔特卡人、纳瓦人、特佩瓦人和奥托米人，遗址有托尔特卡文化遗址图拉古城遗址、瓦帕尔卡尔科古城遗址等。伊达尔戈州有很多史前岩画和自然景观，200多处温泉、山泉遍布各地，最有名是托兰通戈溶洞温泉。伊达尔戈州有很多殖民时期建筑风格的城镇，16—17世纪建的教堂数不胜数，此外还有170多个庄园，是墨西哥庄园最多的州之一。

## 帕丘卡·德·索托（Pachuca de Soto）市

大钟楼

帕丘卡·德·索托市是伊达尔戈州州府，海拔2380米，经济以矿业和商业为主，最早原住民是托尔特卡人，后来是纳瓦人，“帕丘卡”在纳瓦语中意为“有草料的地方”。帕丘卡·德·索托市有“墨西哥足球故乡”之称，1901年举行过墨西哥历史上第一场足球赛。大钟楼（Reloj Monumental）高40米，为纪念墨西哥独立100周年而建，大钟由建造伦敦大本钟的公司承建。老教堂有前圣弗朗西斯科修道院等。鲁莱伯爵（Conde Rule）之家原为当地富豪弗朗西斯科·鲁莱的私宅，建于1896年，曾是州府大楼，现为市政大楼。市矿博物馆则介绍伊达尔戈州的矿业史。

## 托尔特卡文化遗址

### 图拉（Tula）古城遗址

图拉古城遗址

图拉古城遗址位于图拉·德·阿连德（Tula de Allende）市，“图拉”在纳瓦语中意为“长灯芯草的地方”。700—800年特奥蒂瓦坎文化消失后，托尔特卡人在墨西哥城以北地区建造了托扬·西科科蒂特兰（Tollan Xicocotitlán）城，史称小图拉（Tula Chico）城，后又建了大图拉（Tula Grande）城，即今天人们看到的图拉古城遗址。托尔特卡人通过贸易方式建立了一个庞大的王国，鼎盛时期人口超过5万人，几乎整个中美洲都在他们的贸易范围内。12世纪中叶，由于阿兹台克人的入侵和国内动乱，托尔特卡王国逐渐败落。图拉古城遗址现存建筑有特拉维斯卡尔潘特库特利金字塔（Pirámide de Tlahuizcalpantecuhtli）、人像（Atlantes）石柱和火烧神殿（Palacio Quemado）等，特拉维斯卡尔潘特库特利是托尔特卡人信奉的晨星之神。特拉维斯卡尔潘特库特利金字塔顶是神台，上面伫立着4尊4.5米高的玄武石人像和几个蛇形石柱，人像石柱雕刻的是保护神殿的武士。

### 瓦帕尔卡尔科（Huapalcalco）古城遗址

瓦帕尔卡尔科古城遗址位于图兰辛戈·德·布拉沃（Tulancingo de Bravo）市，坐落在瓦帕尔卡尔科高原，“瓦帕尔卡尔科”在纳瓦语中意为“有木房子的地方”。古

瓦帕尔卡尔科古城遗址

城存在历史不详，可能是托尔特卡人迁往图拉古城前的住地。古城现存一个长12米、高8米的金字塔，遗址附近的山崖和山洞发现的史前岩画证明约在1万年前该处就有人类居住。

## 特奥蒂瓦坎文化遗址

### 希乌因戈（Xihuingo）古城遗址

希乌因戈古城遗址位于特佩亚普尔科（Tepeapulco）市，离市区3千米，“希乌因戈”在纳瓦语中意为“计算年份的地方”，源于附近悬崖峭壁上的史前岩画有古印第安人用于天文计算的带点“十”字符号。希乌因戈是特奥蒂瓦坎人的早期古城，存在年代为300—750年，古城坐落在希乌因戈山脚下，海拔3240米，地理位置重要，是特奥蒂瓦坎古城通往墨西哥湾的交通枢纽。现存主建筑有特科洛特金字塔（Pirámide del Tecolote）等，“特科洛特”在西班牙语中意为“雕鸮”。

特科洛特金字塔

## 奥托米文化遗址

### 帕纽（Pañhú）古城遗址

帕纽古城遗址位于特科绍特拉市的拉梅西亚（La Mesilla）镇，遗址于1988年被发现，是奥托米人在埃尔巴希奥地区和墨西哥盆地之间通商的收税关卡或要塞。古城面积约3公顷，存在年代约为450—950年，现存宽17米、高10米的特克潘神庙（Templo de Tecpan）等建筑。“帕纽”在奥托米语中意为“炎热的道路”。700年前后，奥托米人在托卢卡山谷建立了萨尔托坎（Xaltocan）王国，范围包括韦拉克鲁斯州、墨西哥州、伊达尔戈州、克雷塔罗州和圣路易斯波托西州等地区，他们以种玉米等农作物、打鱼、狩猎和采果实为生，信奉的诸神包括奥通特库特利火神、约克西帕狩猎神和阿特特因雨神。墨西哥现有60多万奥托米人，是全国人口最多的印第安种族之一。奥托米人的经济以农业为主，擅长草药治病和古法治疗。殖民初期奥托米人曾英勇抗击西班牙远征军的侵

帕纽古城遗址

略。奥托米语属奥托–曼格语系，下面有很多变体，变体之间差异很大，甚至无法进行沟通。“奥托米人”是纳瓦人对他们的称谓，“奥托米”在纳瓦语中意为“拿弓箭的人”。有学者认为帕纽古城是萨哈伊人（xajay）所建，萨哈伊人是埃尔巴希奥地区的丘皮夸罗人后裔，古城属萨哈伊文化（450—1100年）；也有学者认为萨哈伊人是奥托米人分支，萨哈伊文化属奥托米文化，因此，奥托米文化年代应为450—1521年，而不是700—1521年。

## 魔幻小镇

### 特科绍特拉（Tecozautla）市

大钟楼

特科绍特拉市是一座殖民时期建筑风格小城，早期原住民是托尔特卡人，后来是奥托米人，“特科绍特拉”在纳瓦语中意为“有很多黄石的地方”。特科绍特拉坐落在由地质断层所造成的小高原组成的山谷，山谷多火山和温泉，最有名的是斯帕间歇喷泉。有的喷泉的水温高达95℃，斯帕间歇温泉浴场（Spa El Géiser）修筑了大小不一、错落有致的温泉池，是墨西哥城人休闲度假的好去处。大钟楼（El Torreón）为纪念墨西哥独立而建。塔西多泉（Manantiales de Taxidhó）长约2千米，可泛舟和游泳。拱门（Los Arcos）水渠则建于1702年。

### 米内拉尔·德尔·奇科（Mineral del Chico）市

米内拉尔·德尔·奇科市原名阿托托尼尔科·埃尔·奇科（Atotonilco El Chico）市，“米内拉尔”在西班牙语中意为“矿山”。该地16世纪发现银矿后，小山城兴盛了数百年，曾有300多座银矿。20世纪中叶银矿资源枯竭，部分废矿被开辟成旅游点，加上殖民时期建筑多，昔日矿城变为旅游小镇。老教堂有建于1569年的无玷始胎圣母教堂。本市银矿博物馆则收藏了数百件数百年来矿工们世代相传的挖矿工具。

无玷始胎圣母教堂

## 滕布莱克神父水渠（Acueducto del Padre Tembleque）

滕布莱克神父水渠

滕布莱克神父水渠位于伊达尔戈州和墨西哥州交界，横跨伊达尔戈州的森波亚拉（Zempoala）市和墨西哥州的诺帕尔特佩克（Nopaltepec）市、阿萨普斯科（Axapusco）市和奥顿瓦（Otumba）市，起于森波亚拉市的特卡赫特（Tecajete）山，止于奥顿瓦市，全长48.22千米，是当时北美洲最长的水渠。为引特卡赫特山泉水，这4个城市的40多个印第安部落，在滕布莱克神父的带领下，于1554—1571年建成水渠。水渠由6个连环拱桥连接，最大拱桥高39.65米，有3层68个拱门。印第安人没有脚手架和木拱架，他们就用土方法砌砖坯土墙代替，最高土墙高33米。当时没有水泥，印第安人就用烧干的泥浆加石灰和成灰浆堆砌石块。水渠是印第安人的传统建筑方法与西方建筑方法完美结合的代表作，2015年被联合国教科文组织列为世界文化遗产。

## 魔幻小镇

### 雷亚尔·德尔·蒙特（Real del Monte）镇

升天圣母教堂

雷亚尔·德尔· 蒙特镇是米内拉尔·德·蒙特（Mineral del Monte）市政府所在地，过去是一座矿城，鼎盛时期有140多座银矿，是墨西哥重要的产银区之一。19世纪很多英国人来雷亚尔·德尔·蒙特镇谋生，建了很多英式建筑，包括1885年建的中心公园喷泉。该市的老教堂有升天圣母教堂和塞隆特拉耶稣教堂，“塞隆特拉”在纳瓦语中意为“上帝与你同在”，源于耶稣救活一位矿工妻子的传说。拉迪菲库尔塔（La Dificultad）矿现为地方博物馆，展品包括当年墨西哥最大的矿山蒸汽机等。阿科斯塔（Acosta）矿原为铜矿，现为矿博物馆。埃尔伊洛切（El Hiloche）国家公园松林密布，环境优美，适合爬山和野营。

### 瓦斯卡·德·奥坎波（Huasca de Ocampo）市

瓦斯卡·德·奥坎波市坐落在帕丘卡山脉，主教堂是圣胡安·包蒂斯塔教堂。妖怪（Duendes）博物馆是墨西哥唯一的妖怪博物馆，收集了当地有关妖怪的民间传说，展品包括各种妖怪形象和故事等，不过妖怪已经拟人化，化身为助人为乐、为人服务的人物形象。圣胡安·韦亚潘（San Juan Hueyapan）庄园建于1535年，原主人是埃尔南·科尔特斯的外甥迭戈·德·帕斯。埃尔森森林生态区（Zona Ecoturístico Bosquest El Zembo）离市区7千米，公园内有栾生石（Peñas Cuatas）、伊兹特拉（Itztla）河等。河鳟森林生态公园（Parque Ecoturístico Bosque de las Truchas）可垂钓、野营、烧烤。阿瓜卡蒂特拉（Aguacatitla）峡谷位于梅兹蒂特兰（Metztitlán）峡谷生态保护区，可野营和峡谷探险。空中飞石（Peña del Aire）是一块远看像在天空飞着的玄武岩独石。该市还有圣米格尔·雷格拉庄园等。

妖怪博物馆

圣玛利亚·雷格拉石林

## 圣玛利亚·雷格拉石林

（Prismas Basálticos de Santa María Regla）

圣玛利亚·雷格拉石林是一片经数百万年的雨水和山泉水冲刷峡谷岩壁所形成的玄武岩石林，位于瓦斯卡·德·奥坎波市，坐落在圣玛利亚·雷格拉峡谷，被誉为墨西哥十三大自然景观之一。

## 圣玛利亚·雷格拉庄园

（Hacienda de Santa María Regla）

圣玛利亚·雷格拉庄园位于瓦斯卡·德·奥坎波市，离市区4千米，坐落在群山环绕的松树林中，不远处是圣玛利亚·雷格拉石林。该庄园于18世纪中叶由当地富豪矿主雷格拉伯爵所建，是

圣玛利亚·雷格拉庄园

他建造的4座庄园之一，有小教堂、地道等。当年庄园是银提炼场，地下通道为运送提炼出来的银锭所建。庄园现为旅馆，供参观圣玛利亚·雷格拉石林和到圣玛利亚·雷格拉峡谷探险的旅客歇息。

## 魔幻小镇

### 西马潘（Zimapán）市

西马潘市是一座旅游小城，老教堂有圣胡安·包蒂斯塔教堂和前托利曼修道院（“托利曼”在西班牙语中意为“长满灯芯草的地方”）。柏树（El Sabino）公园有一棵树龄达500多年的老柏树。坎甘多（Cangandhó）山是当地最高的山峰。萨哈（Xajha）溶洞可泡温泉。酒精灯（Infiernillo）峡谷有圣胡安河和图拉河流经该处，适合探险游。酒精灯水库附近的埃帕索特（Epazote）峡谷和巫师（las Brujas）峡谷可进行探险游。圣克里斯多瓦尔峡谷可进行野营和探险游。其他景观还有辛多（Xindhó）史前岩画、十字架（La Cruz）岩画、芦苇丛蜗牛山谷（Barranca El Caracol del Carrizal）、守护（El Vigilante）山和费尔南多·伊里亚尔特（Fernando Hiriart）水库。

圣胡安·包蒂斯塔教堂

### 维查潘（Huichapan）市

塔楼

维查潘市是一座殖民时期建筑风格小城，以温泉出名，“维查潘”在纳瓦语中意为“垂杨柳的河”，老建筑有市政大楼、耶稣受难教堂和圣马特奥使徒教堂，温泉有皇道（Camino Real）温泉等。为纪念墨西哥独立运动，1812年独立运动领导人安德烈斯·金塔纳·罗奥和米格尔·伊达尔戈的秘书伊格纳西奥·洛佩斯·拉永将军在塔楼（Chapitel）举行了首次纪念多洛雷斯呼声（Grito de Dolores）的仪式，这是现在每年9月15日晚上总统在墨西哥城索卡洛广场的国家宫主持独立纪念活动仪式的雏形，塔楼现为墨西哥独立运动博物

托兰通戈温泉

馆。人类历史博物馆介绍当地印第安文化、墨西哥独立运动和墨西哥革命。萹蓄（El Saucillo）公园原为萹蓄庄园，有建于18世纪的水渠，水渠有14个拱门，最高34米，可滑索、野营和爬山。柏树生态园有3棵树龄分别为800年、1200年和1500年的柏树。

## 托兰通戈溶洞（Grutas de Tolantongo）

托兰通戈溶洞位于卡尔多纳尔（Cardonal）市，坐落在托兰通戈峡谷，“托兰通戈”在纳瓦语中意为“热的地方”。峡谷有多个溶洞，大的溶洞有2个，溶洞中有钟乳石和石笋。溶洞流出的泉水沿峡谷的陡峭悬崖从上而下形成40多级大小高低不等的山泉浴池。

## 伊达尔戈州史前岩画（Pinturas Rupestres Prehistóricas del Estado de Hidalgo）

伊达尔戈州在1万多年前就有人类的足迹，前1500年前后，伊达尔戈州的印第安人进入半耕半猎社会，他们多寄居在溪河边的岩洞，在住地和附近留下无数史前岩画。伊达尔戈州是墨西哥史前岩画最多的州，有名的岩画有特科绍特拉市的班萨（Banzhá）岩画、维查潘市的博耶（Boyé）岩画、图兰辛戈·德·布拉沃市的瓦帕尔卡尔科（Huapalcalco）岩画和特佩亚普尔科市的西乌因戈（Xihuingo）岩画等。

特科绍特拉市的班萨岩画

# 第24章 克雷塔罗州

Estado de Querétaro

## 克雷塔罗州（Estado de Querétaro）

克雷塔罗州位于墨西哥中部，面积11691平方千米，原住民先后有丘皮夸罗人、阿穆斯戈人、米斯特卡人、奥托米人和帕梅人。克雷塔罗州历史悠久，孕育过丘皮夸罗文化、奥托米文化等多种印第安文化，迄今已发现的印第安文化遗址达上千处。克雷塔罗州地理环境优越，自然景观有戈尔达山脉（Sierra Gorda）生态区等，不少城镇和老城中心被联合国教科文组织列为世界文化遗产，包括克雷塔罗市和圣胡安·德尔·里奥（San Juan del Río）市的老城中心。克雷塔罗州有很多老教堂，大多是建于17—18世纪的巴洛克建筑风格的教堂，适合宗教文化旅游。

阿穆斯戈人

## 克雷塔罗（Querétaro）市

克雷塔罗市是克雷塔罗州州府，三面环山，一面是平原，海拔1800米，四季如春，气候宜人，以殖民时期建筑出名，是墨西哥游客最多的城市，老城中心于1996年被联合国教科文组织列为世界文化遗产。大水渠是城市的标志性建筑，1726年由当地富豪胡安·安东尼奥·德·乌鲁蒂亚捐资修建。水渠分地面段和拱桥段，拱桥段长1.28千米，拱桥有74个拱门，拱门最高28.5米。市长夫人之家（Casa de la Corregidora）建于18世纪，曾是

武器广场

米格尔·多明格斯市长和夫人何塞法·奥尔蒂斯的官邸。身为墨西哥独立运动地下领导人，夫妻俩曾在官邸从事独立运动，官邸现为州府大楼。艺术博物馆原为圣奥古斯丁修道院，收藏有17—19世纪国内外绘画、雕塑等艺术品。武器广场位于老城中心，树木环绕，绿树成荫，很受游客和当地市民青睐。修道院有耶稣的圣克拉拉皇家修道院（Santa Clara de Jesús）、圣罗莎·德·比特尔沃（Santa Rosa de Viterbo）皇家修道院、圣弗朗西斯科会修女院、卡门会修道院和耶稣的圣特雷莎（Santa Teresa de Jesús）修道院等。

## 拉卡尔沃内拉欧珀矿（Mina de Ópalo La Carbonera）

欧珀是世界上最珍贵的宝石之一，形成于中生代盆地的沉积岩中，欧珀集宝石之美于一身，可看到红宝石、紫水晶、祖母绿般的色彩，五彩缤纷，浑然一体，精美之极。欧珀分布在澳大利亚、墨西哥、巴西等国，尤以澳大利亚的产量最大，占世界产量的95%，澳洲华人习惯用英文发音称其为澳宝。墨西哥以产火欧珀（ópalo de fuego）出名，火欧珀指集黄、橙、红等颜色为一体的欧珀，它们大多数被包在石头里面，只有少数小块是裸露的。欧珀矿分布在墨西哥的中南部，克雷塔罗州是主要产欧珀的地区。拉卡尔沃内拉欧珀矿位于特基斯基亚潘市的拉特立尼达（La Trinidad）镇，坐落在特基斯基亚潘山谷，“拉卡尔沃内拉”在西班牙语中意为“炭窑”。特基斯基亚潘市有很多欧珀矿，有露天矿，也有洞矿，都是家族式小矿，基本靠人工用矿锹挖掘。拉卡尔沃内拉欧珀矿是当地最大的欧珀矿之一，参观矿区后可去欧珀加工场观看欧珀工艺品和首饰加工过程。

欧珀矿

欧珀

## 圣塞瓦斯蒂安·贝尔纳尔（San Sebastián Bernal）镇

圣塞瓦斯蒂安·贝尔纳尔镇属埃塞基埃尔·蒙特斯（Ezequiel Montes）市管辖，是有名的葡萄酒产区，以殖民时期建筑和百年老酒庄出名，“贝尔纳尔”在阿拉伯语中意为“巨石”。贝尔纳尔巨石（Peña de Bernal）高350米，是世界上第三高的独石，可绳降和爬山。镇中的古城堡建于17世纪，现为市政大楼。老教堂有亡灵教堂、圣十字架教堂和殉教者圣塞瓦斯蒂安教堂。

贝尔纳尔巨石

## 魔幻小镇

### 特基斯基亚潘（Tequisquiapan）市

特基斯基亚潘市始建于1551年，以温泉、葡萄种植、葡萄酒酿造和奶酪制造出名，“特基斯基亚潘”在纳瓦语中意为“有水和硝石的地方”。特基斯基亚潘市多殖民时期建筑，老教堂有升天圣母教堂。

升天圣母教堂

### 哈尔潘·德·塞拉（Jalpan de Serra）市

哈尔潘·德·塞拉市坐落在戈尔达山脉，原住民是帕梅人，老教堂有圣地亚哥传教所和坦科约尔（Tancoyol）光明圣母传教所。坦科约尔是当地一个镇名，“坦科约尔”在帕梅语中意为“有枣和羽叶棕的地方”。该市的印第安文化遗址有瓦斯特卡文化遗址之坦卡马古城遗址，戈尔达山脉地区历史博物馆原为1576年建的军事要塞。哈尔潘水库由埃斯卡内拉（Escanela）河截流而成，离市区2千米，可垂钓和泛舟。

哈尔潘·德·塞拉市

圣佩德罗·圣保罗教堂

## 卡德雷伊塔·德·蒙特斯（Cadereyta de Montes）市

卡德雷伊塔·德·蒙特斯市以苗圃和仙人掌植物园驰名，市植物园为墨西哥的最大植物园之一，老教堂有圣佩德罗·圣保罗教堂、圣阶教堂和孤独圣母教堂，郊外有西马潘（Zimapán）水库和弗雷塞内特（Freixenet）葡萄酒庄。比萨龙（Vizarrón）镇离市区15千米，是大理石产区，有很多大理石建筑，是名副其实的大理石镇。

## 圣华金（San Joaquín）市

圣华金市坐落在戈尔达山脉，盛产水银和朱砂，20世纪有上百座水银矿。原住民为奇奇梅卡人，早在1500年前奇奇梅卡人就在这里开采朱砂并贩卖到中美洲其他地区，中美洲印第安人有用朱砂涂抹亡人下葬的传统。圣华金市的印第安文化遗址有托卢基亚古城遗址、拉纳斯古城遗址等，老教堂有圣华金教堂，人类和矿业博物馆介绍印第安文化和水银矿历史。洛斯埃雷拉（Los Herrera）溶洞离市区2千米，洞深370米，是克雷塔罗州最大的溶洞，洞内的钟乳石和石笋形态各异。快乐田野（Campo Alegre）国家公园是森林公园，可骑车、爬山和野营。奇观（Las Maravillas）瀑布离市区12千米，落差60米，雨季时水流将两级瀑布相连，瀑布附近有埃尔杜拉斯诺史前岩画（“埃尔杜拉斯诺”在西班牙语中意为“桃树”）。小十字架观景台（Mirador La Crucita）位于市郊最高的小十字架山顶，在该处可眺望城市。大圆石（Piedra Redonda）是古印第安人用来压碎朱砂矿石用的碾石。每年4月圣华金市举办全国瓦潘戈舞（Huapango）大赛，瓦潘戈舞是墨西哥瓦斯特卡地区的民间舞蹈，特点是男舞者身穿白色衬衣和长裤，女舞者身穿白色裙子和花衬衣，舞者都是男女成双成对，舞风朴实无华，颇能体现印欧混血种人梅斯蒂索人的风采。

圣华金教堂

### 阿梅亚尔科·德·邦菲尔（Amealco de Bonfil）市

阿梅亚尔科·德·邦菲尔市地处山泉水充足的山区，原住民为奥托米人，“阿梅亚尔科”在纳瓦语中意为“泉水”。老建筑有升天圣母教堂、圣玛利亚教堂和市政大楼。奥托米文化遗址埃尔奎西略（El Cuisillo）古城遗址位于该市的圣伊尔德方索·图尔特佩克（San Ildefonso Tultepec）镇。

市政大楼

## 瓦斯特卡文化遗址

### 坦卡马（Tancama）古城遗址

坦卡马古城遗址位于哈尔潘·德·塞拉市，坐落在戈尔达山脉，离市区13千米，“坦卡马”在瓦斯特科语中意为“有火石的地方”。古城存在年代为200—900年，原有60多处建筑，分别建在3个大广场，即观景台（El Mirador）广场、圣地亚哥（Santiago）广场和许愿（La Promesa）广场。

坦卡马古城遗址

## 奥托米文化遗址

### 托卢基亚（Toluquilla）古城遗址

托卢基亚古城遗址位于圣华金市，坐落在戈尔达山脉的霍罗瓦多（Jorobado）山。古城由奥托米人所建，存在年代为400—1200年，原有120多处建筑。古城是一座矿城，奥托米人在这里采挖红赭石、朱砂石、石榴石和水银等，他们习惯用朱砂涂抹下葬前的亡人，用红赭石做颜料，用水银做祭品。

托卢基亚古城遗址

### 拉纳斯（Ranas）古城遗址

拉纳斯古城遗址

拉纳斯古城遗址位于圣华金市，坐落在戈尔达山脉，离市区3千米。古城存在时代为200—1000年，被认为是托卢基亚古城的姐妹城，同样是古奥托米人的矿城。该城产红赭石、朱砂石、石榴石和水银等，现存14个古矿井。

## 丘皮夸罗文化遗址

### 拉克鲁斯（La Cruz）古城遗址

拉克鲁斯古城遗址

拉克鲁斯古城遗址位于圣胡安·德尔·里奥（San Juan del Río）市，“拉克鲁斯”在西班牙语中意为“十字架”，古城大部分已隐没在市区，仅存拉克鲁斯山的金字塔。古城存在年代约为前500—公元1000年，由丘皮夸罗人所建，100—700年被特奥蒂瓦坎人占领，700—1000年从瓦哈卡州等地迁入其他印第安人，后为多印第安人种混居。

丘皮夸罗文化年代约为前500—公元250年，分布在米却肯州、瓜纳华托州和克雷塔罗州等州。该文化以瓜纳华托州阿坎瓦罗（Acámbaro）市的丘皮夸罗遗址命名。“丘皮夸罗”在普雷佩查语中意为“蓝色的地方”。丘皮夸罗人制作的彩陶人人物轮廓突出、线条优美，后来的原住民普雷佩查人的人物陶像深受其制作风格影响。丘皮夸罗人信奉诸神和主神生育女神，主要从事农业，农作物有玉米、辣椒、南瓜等。

### 埃尔塞里托（El Cerrito）古城遗址

埃尔塞里托古城遗址

埃尔塞里托古城遗址位于科雷希多拉市（“科雷希多拉”在西班牙语中意为“市长夫人”），“埃尔塞里托”在西班牙语中意为“小山岗”。古城存在年代约为300—1500年，原住民先后为丘皮夸罗人、特奥蒂瓦坎人、托尔特卡人和奥托米人，主建筑有高25米的大金字塔（Pirámide del Gran Cue）、头颅祭台（Altar de Cráneos）和四祭台神殿（Palacio de los Cuatro Altares），金字塔顶上的小堡垒是1887年由当时遗址所在的庄园主所建。

# 第25章 瓜纳华托州

Estado de Guanajuato

## 瓜纳华托州（Estado de Guanajuato）

奇奇梅卡–霍纳斯人

“瓜纳华托”（Quanaxhuato）在普雷佩查语中意为“有很多青蛙的山地”。瓜纳华托州位于墨西哥中部，面积30607平方千米，平均海拔1800米，有莱尔马河及其支流和湖泊形成的水系，物产丰富，豆类、马铃薯、玉米等农产品产量居全国前列，工业以石油提炼、化工、食品、皮革、纺织和制鞋产业为主，莱昂市是全国最大的鞋生产基地，有“鞋城”之称。瓜纳华托州是米格尔·伊达尔戈的出生地，1753年他出生在彭哈莫（Pénjamo）市的科拉莱霍（Corralejo）庄园，后来成为墨西哥独立战争的领导人之一。瓜纳华托州原住民先后有托尔特卡人、奇奇梅卡–霍纳斯人、奥托米人和普雷佩查人。印第安文化遗址有普拉苏埃拉斯古城遗址、佩拉尔塔古城遗址、奥尔杜尼亚·德·阿瓦霍古城遗址等。瓜纳华托市、圣米格尔·德·阿连德市和多洛雷斯·伊达尔戈市的老城中心被联合国教科文组织列为世界文化遗产。瓜纳华托州殖民时期是墨西哥的产银区之一，沿途参观废旧矿山的银矿之旅是一项颇受游客欢迎的新兴旅游项目。

## 瓜纳华托（Guanajuato）市

瓜纳华托市坐落在瓜纳华托山脉，是瓜纳华托州州府，1554年建市，是一座殖民时期建筑风格的山城和历史悠久的矿城，其老城中心被誉为墨西哥殖民时期建筑瑰宝，1988年被联合国教科文组织列为世界文化遗产。瓜纳华托市是墨西哥独立运动的摇篮，见证过很多重大历史事件。瓜纳华托市也是一座文化城市，拥有20多个博物馆，每年举办的塞万提斯国际艺术节是墨西哥乃至拉丁美洲最大的艺术节。该市的房子多被涂成五颜六色，从埃尔皮皮拉山观景台俯瞰，五彩缤纷的房子尽收眼底，被人们形容为“上帝打翻的颜料板”。瓜纳华托市更是一座花城，街心公园以及家家户户的花园和阳台种满花草，令人陶醉其中。

瓜纳华托地区博物馆（Museo Regional de Guanajuato）建于1798年，原为谷仓和谷物市场（Alhóndiga de Granaditas），建成不久后因爆发独立运动，被殖民军改为军事要塞。1810年9月，米格尔·伊达尔戈率领起义军攻打瓜纳华托城，矿工出身、绰号埃尔皮皮拉（El Pípila）的起义军战士胡安·何塞·德·洛斯·雷耶斯，身背一块大石板，冒着枪林弹雨，冲到谷仓点燃大门，为起义军攻破要塞立了大功。1811年1月，伊达尔戈率起义军与殖民军在瓜达拉哈拉城外交战，兵败被俘，同时被俘的还有起义军将领伊格纳西奥·阿连德、胡安·阿尔达马和何塞·马里亚诺·希门内斯。次年7月30日，这4位墨西哥独立运动领袖在奇瓦瓦市被处决后，头颅被分别悬挂在谷仓四角长达10年。

瓜纳华托大学建于1744年，原为圣特立尼达学院（“圣特立尼达”在西班牙语中意为“三位一体”），是墨西哥的老牌大学之一。圣母大教堂是该市的标志性建筑之一，供奉的一尊8世纪初西班牙制作的木雕圣母像是拉丁美洲最古老的圣母像，1557年由西班牙国王费利佩二世赠与瓜纳华托市，以感谢瓜纳华托的银矿给西班牙带来财富。华雷斯剧院始建于1872年，1903年落成。剧院列柱门廊华丽装潢，外墙上方是8尊缪斯女神雕像，代表古希腊神话中9位主司音乐舞蹈等文艺的缪斯女神。原计划在美国订做9尊3.5米高的镂空女神铜像，由于最后一个雕像迟迟未到，最终只立了8尊。剧院堪称折中主义建筑的代表作，是瓜纳华托市的标志性建筑之一。堂吉诃德肖像博物馆收藏了1200多件以塞万提斯小说《堂吉诃德》主人翁堂吉诃德形象为蓝本的绘画、雕塑、陶瓷等作品。埃尔皮皮拉山埃尔皮皮拉纪念碑（Monumento al Pípila）为纪念点燃谷仓门的埃尔皮皮拉所建。银矿隧道（Túneles de Guanajuato）原为银矿坑道，全长8千米多，现为地下交通道。亲吻小巷（Callejón del Beso）是一条不足一米宽的小窄巷，传说这里住着一个名叫卡门的姑娘，她爱上一个叫卡洛斯的年轻矿工，但她父亲一心要把女儿嫁给一老富翁，生气之下就把卡门关在屋里，卡洛斯为见到卡门，想方设法把对面的房子买下后，在阳台跟卡门幽会，父亲知道后发怒用短剑把卡门刺死，卡洛斯失去心上人后悲伤不已，跳崖殉情。1886年墨西哥壁画家迭戈·里韦拉出生在瓜纳华托市，里韦拉故居按原样摆设，展品包括他的100多件作品。

瓜纳华托地区博物馆

## 圣米格尔·德·阿连德（San Miguel de Allende）市

圣米格尔大天使教堂

圣米格尔·德·阿连德市是一座殖民时期建筑风格小城，鹅卵石街道，沿山坡建的西班牙式房子错落有致，五颜六色的外墙垂着藤蔓。圣米格尔·德·阿连德市有“艺术城”之美称，每年举办多场艺术节。圣米格尔·德·阿连德市是墨西哥独立运动领导人伊格纳西奥·阿连德和胡安·阿尔达马的出生地，也是拉丁美洲第一个宣布独立的城市，老城中心于2008年被联合国教科文组织列为世界文化遗产。圣米格尔大天使教堂建于17世纪，19世纪重建，为哥特式建筑风格。伊格纳西奥·拉米雷斯（Ignacio Ramírez）文化中心收藏有戴维·阿尔法罗·西格伊罗斯在1948年创作的大型室内壁画《伊格纳西奥·阿连德大元帅的生平和事业》。圣米格尔探险公园可爬山、滑索和骑山地车。

## 魔幻小镇

### 多洛雷斯·伊达尔戈（Dolores Hidalgo）市

悲伤圣母教堂

多洛雷斯·伊达尔戈市是墨西哥独立运动的摇篮。米格尔·伊达尔戈神父在这里建学堂，教当地人识字、做木匠和纺织等，并在此地开启了墨西哥独立运动。悲伤圣母教堂建于1712年，是伊达尔戈市的主教堂，属巴洛克–楚利盖拉建筑风格。1810年9月16日凌晨，伊达尔戈在悲伤圣母教堂前院号召民众武装起义争取独立，史称“多洛雷斯的呼声”，意为在悲伤圣母教堂发出的独立呼声，“多洛雷斯”在西班牙语中意为“悲伤”，现在的墨西哥总统任期内必有一年的独立节在悲伤圣母教堂举行“多洛雷斯的呼声”的纪念仪式。贵宾楼（Casa de Visitas）建于1786年，是州政府的迎宾馆，独立运动期间殖民官员曾被关押在该处。独立运动博物馆原为建于18世纪的监狱，伊达尔戈起义后释放了这里的囚犯并招募其为起义军。米格尔·伊达尔戈故居是伊达尔戈1803—1810年的住所，现为历史博物馆，故居介绍伊达尔戈生平和独立运动的历史。其他老教堂有弗朗西斯科会第三会教堂和升天圣母教堂。

## 米内拉尔·德·波索斯（Mineral de Pozos）镇

圣佩德罗教堂

米内拉尔·德·波索斯镇属圣路易斯·德·拉·帕斯（San Luis de la Paz）市，以矿业和庄园出名，原住民是瓜奇奇尔人和帕梅人。该镇曾是墨西哥主要的矿区之一，产金、银、铜、水银和铝，兴盛时期人口约10万人，后因水灾淹没矿井等，人口锐减。1982年墨西哥实施振兴国家历史宝藏计划，米内拉尔·德·波索斯镇成为新兴旅游小镇，老教堂有圣佩德罗教堂和圣安东尼奥·德·帕杜亚教堂。耶稣会冶炼炉（Hornos Jesuitas）是耶稣会传教士16世纪建的银矿冶炼炉。米内拉尔·德·波索斯镇最有名的庄园是奥尔特加庄园，它是电影《佩德罗·巴拉莫》的拍摄地。

## 哈尔帕·德·卡诺瓦斯（Jalpa de Cánovas）镇

哈尔帕·德·卡诺瓦斯镇属普里西马·德尔·林孔（Purísima del Rincón）市管辖，离市区23千米，有多个生态园，它们是拉阿拉梅达（La Alameda）公园、千棵橘树（Mil Azahares）生态园、科迈纳山脉（Sierra de Comaina）公园和黑人峡谷（Cañada de Los Negros）公园。老教堂有仁慈耶稣教堂，自然景观有圣埃杜维赫斯（Santa Eduviges）水坝。

仁慈耶稣教堂

## 萨尔瓦铁拉（Salvatierra）市

萨尔瓦铁拉市坐落在瓦钦德奥（Huatzindeo）山谷，是一座殖民时期建筑风格小城，原住民是奇奇梅卡人和普雷佩查人，老教堂有卡门修道院、光明圣母教堂和圣弗朗西斯科会修女院。

卡门修道院

## 尤里里亚（Yuriria）市

普雷佩查人称尤里里亚市为“尤里里阿蓬达罗”（Yuririhapundaro），其在普雷佩查语中意为“血染的土地”。尤里里亚市原是一座矿城，圣贝尔纳韦（San Bernabé）矿是1548年瓜纳华托州开采的第一座银矿。老教堂有健康耶稣教堂、耶稣圣血教堂和前圣奥古斯丁修道院。市郊的尤里里亚湖是1584年在莱尔马河建的水库，它是拉美地区第一项大型水利工程，水库长17千米，宽6千米，湖中有圣佩德罗（San Pedro）岛、利塞亚加要塞（Fuerte de Liceaga）岛和山羊（Las Cabras）岛，可泛舟和垂钓。

健康耶稣教堂

### 科蒙福特（Comonfort）市

圣弗朗西斯科教堂

科蒙福特市以墨西哥前总统伊格纳西奥·科蒙福特的名字命名，科蒙福特曾参加墨美战争，后被保守派武装杀害。该市的老教堂有圣弗朗西斯科教堂，博物馆有何塞·玛利亚·路易斯·莫拉（José María Luis Mora）博物馆，印第安文化遗址有奥尔杜尼亚·德·阿瓦霍古城遗址和洛斯雷梅迪奥斯（Los Remedios）古城遗址。

## 阿托托尼尔科（Atotonilco）镇

阿托托尼尔科镇属圣米格尔·德·阿连德市，离市区14千米，“阿托托尼尔科”在纳瓦语中意为“有温泉的地方”，老教堂有孤独圣母教堂和拿撒勒耶稣教堂。拿撒勒耶稣教堂建于1740年，是巴洛克建筑风格的代表作，内墙和房顶的壁画是18世纪当地名壁画家米格尔·安东尼奥·马丁内斯和其他画家历时30年所作。当年米格尔·伊达尔戈神父从拿撒勒耶稣教堂拿了一面画有瓜达卢佩圣母像的旗作为起义军军旗，教堂因此出名，被称为“神和祖国的教堂”。2008年，拿撒勒耶稣教堂与圣米格尔·德·阿连德市的老城中心一起被联合国教科文组织列为世界文化遗产。

拿撒勒耶稣教堂

## 瓜纳华托州银矿之路（Ruta de las Minas en Guanajuato）

18世纪末墨西哥进入了开明的专制统治时代，殖民政府加大了矿业投资，当时全国的银产量相当于世界其他地区产量的总和，银矿资源丰富的瓜纳华托州成为墨西哥乃至世界重要的产银区，鼎盛时期有上千座银矿。这要归功于瓜纳华托银矿脉，这条有名的银矿脉千百万年来一直深埋在瓜纳华托峡谷北和东北部的群山下。自1548年首批银矿开采后，经过数百年采挖，矿资源逐渐枯竭，沿矿脉留下无以计数的废旧矿井。今天不少废旧银矿经改造后，打造成旅游景点供人们参观和了解墨西哥的矿业史。银矿之路就是沿途参观废旧矿之旅，到了瓜纳华托州，最值得走的就是这条银矿之路。银矿之路主要银矿有：圣拉蒙（San Ramón）矿于1548年投产，井深350米，是16世纪墨西哥最大的银矿；仙人掌（El Nopal）矿于1868年投产，也是墨西哥的大银矿之一；卡塔（Cata）矿的特点是矿区入口有一座建于17世纪的小教堂；拉亚斯（Rayas）矿是1550年名为胡安·拉蒙的赶路人偶然发现的矿；瓦伦西亚纳（Valenciana）矿位于瓜纳华托市郊外的埃里索（Erizo）山，1548年投产，银产量一度达世界产量的30%，井深760米，是为数不多现在还在开采的银矿。

圣拉蒙矿

## 印第安文化遗址

### 普拉苏埃拉斯（Plazuelas）古城遗址

普拉苏埃拉斯古城遗址位于彭哈莫市的圣胡安·埃尔·阿尔托（San Juan El Alto）镇，坐落在彭哈莫山脉，古城存在年代为600—900年，面积约34公顷，是瓜纳华托州面积最大的印第安古城。古城附近峡谷岩壁有上千处史前岩画，现存残垣断壁和几个雕有羽蛇神图案的2米多长的石碑，尚不清楚古城为何人所建。

普拉苏埃拉斯古城遗址

## 埃尔巴希奥文化遗址

### 佩拉尔塔（Peralta）古城遗址

佩拉尔塔古城遗址位于阿瓦索洛（Abasolo）市的佩拉尔塔镇，坐落在墨西哥中部高原的埃尔巴希奥（El Bajío）低地，“埃尔巴希奥”在西班牙语中意为“低地”。埃尔巴希奥低地区是莱尔马河冲积平原，主要在瓜纳华托州境内。该地区有200多处印第安文化遗址，后人统称为埃尔巴希奥文化，它们有着共同的文化传统和社会结构，相互联系但各自独立，所有古城都依山傍水而建，由不同的院落组成。佩拉尔塔古城存在年代为200—700年，尚不清楚为何人所建。

佩拉尔塔古城遗址

墨西哥高原（Altiplano de Mexico）是墨西哥中北部干旱半干旱高原，平均海拔1825米，东壤东马德雷山脉，南到新火山山脉，西接西马德雷山脉，北至墨美边界。中间有一条东西走向的低矮横断山脉（Sierra Transversal）将墨西哥高原一分为二，即墨西哥北部高原（Altiplano Septentrional）和墨西哥中部高原（Altiplano Central）。埃尔巴希奥是位于墨西哥高原中部的盆地，平均海拔1000～2000米，低于墨西哥高原平均海拔。埃尔巴希奥低地主要包括哈利斯科州西部和瓜纳华托州大部分地区，属大奇奇梅卡地区，混居瓜奇奇尔人等其他印第安人。埃尔巴希奥地区土地肥沃，种植作物有玉米、咖啡、油梨、辣椒和番茄等。根据佩拉尔塔古城遗址估算埃尔巴希奥文化年代约为200—700年，也有学者认为发祥于更古远的时期。

## 印第安文化遗址

### 奥尔杜尼亚·德·阿瓦霍（Orduña de Abajo）古城遗址

奥尔杜尼亚·德·阿瓦霍古城遗址位于科蒙福特市，分三个区，主区建造在一座山上，主建筑是大金字塔，金字塔长28米，高8米，沿石阶可登上塔顶。尚不清楚古城为何人所建。

金字塔

## 奥托米文化遗址

### 圣母峡谷（Cañada de la Virgen）古城遗址

圣母峡谷古城遗址位于圣米格尔·德·阿连德市，坐落在拉哈（Laja）河谷，圣母峡谷古城是奥托米人所建，年代为540—1050年，鼎盛时期是640—900年。古城的一些古墓的年代为前700年前后。古城面积12公顷，有5个建筑群，其中3个建筑群供参观，它们是十三天空之家（Casa de los Trece Cielos）、最长夜之家（Casa de la Noche Más Larga）和风之家（Casa del Viento）。古城主建筑是8米高的金字塔，太阳从金字塔正面升起，而墨西哥其他金字塔却是太阳从后面升起。十三天空之家得名于在A建筑群发现了13处祭天墓地。最长夜之家得名是因在B建筑群有一处小房子被用来观测太阳活动和冬至到来。冬至日太阳在房子正上方，表示冬至日太阳在一年中离古城最远，夜最长。

圣母峡谷古城遗址

# 第26章 莫雷洛斯州

Estado de Morelos

## 莫雷洛斯州（Estado de Morelos）

莫雷洛斯州以墨西哥独立运动领袖何塞·玛利亚·莫雷洛斯的名字命名，面积仅4879平方千米，是墨西哥第二小州，虽面积小，但北邻墨西哥城，地理位置重要，在殖民时期和独立运动期间都扮演了重要角色。原住民先后有奥尔梅卡人、特奥蒂瓦坎人、阿兹台克人、玛雅人和奥奎尔特科人（特拉维卡人）。印第安文化遗址有查尔卡钦戈古城遗址、科亚特特尔科古城遗址、特波斯特科古城遗址等。莫雷洛斯州有很多殖民时期建筑，包括1994年被联合国教科文组织列为世界文化遗产的修道院之路（Ruta de los conventos）上的老教堂和修道院，其沿途的14座老教堂和修道院分布在莫雷洛斯州和普埃布拉州的14个城市，其中11座在莫雷洛斯州，它们包括萨夸尔潘·德·阿米尔帕斯（Zacualpan de Amilpas）市的无玷始胎圣母教堂、库埃纳瓦卡市的升天圣母教堂、特波斯特兰市的圣诞圣母修道院和特拉亚卡潘市的圣胡安·包蒂斯塔修道院等。特米斯科（Temixco）市水上公园，原是庄园，现在是墨西哥最大的水上公园之一。

特米斯科市水上公园

## 库埃纳瓦卡（Cuernavaca）市

库埃纳瓦卡市是莫雷洛斯州州府，始建于1714年，海拔1510米，阳光充足，鲜花常开，风景秀丽，气候宜人，四季如春，有“春城”的美称，是人们度假首选之地，原住民先后有奥尔梅卡人、托尔特卡人和奥奎尔特科人。库埃纳瓦卡原为奥奎尔特科人的库奥纳瓦克（Cuauhnáhuac）古城，库埃纳瓦卡市由西班牙人在古城原址所建，建材多取自古城建筑，因此古城所剩建筑不多。现在的库埃纳瓦卡市是一座殖民时期建筑风格的城市，主教堂有升天圣母教堂，它的前身是建于1525年的弗朗西斯科修道院。罗伯特·布拉迪（Robert Brady）博物馆原为修道院，1926年，美国人罗伯特·布拉迪把它改造成艺术博物

升天圣母教堂

馆，收藏他在世界各地收集的绘画、雕刻、家具和挂件等1300多件艺术品。圣安通（San Antón）瀑布位于圣安东尼奥·阿纳尔科（San Antonio Analco）镇，离市区3千米，坐落在密林中，落差40米。科尔特斯宫殿建于16世纪，仿照西班牙岛的科隆王宫而建，原为埃尔南·科尔特斯的行宫，现为库奥纳瓦卡地区博物馆，藏品包括古印第安文物和殖民时期的文物、文献。博尔达花园（Jardín Borda）博物馆建于18世纪，原为富豪何塞·德·拉·博尔达的私宅，面积很大，有花园、湖泊和喷泉，1864—1867年曾是墨西哥傀儡皇帝费尔南多·马克西米利亚诺的夏宫，现为博物馆，展出以马克西米利亚诺为首的墨西哥第二帝国的历史文物。阿马纳尔科峡谷（Barranca de Amanalco）公园位于市内，莫雷洛斯州有60多个峡谷，阿马纳尔科峡谷是其中最美的峡谷。

## 魔幻小镇

### 特波斯特兰（Tepoztlán）市

特波斯特兰市以美味的地方小吃和精湛的工艺品出名，包括用榕树皮（amate）做的纸。特波斯特兰市多殖民时期风格的建筑，修道院有圣诞圣母修道院，索奇米尔卡文化遗址有特波斯特科古城遗址。特波斯特兰市北部是梅斯蒂特拉（Meztitla）生态区，面积有20多公顷，特拉尔米特佩特（Tlalmitepetl）山顶部耸立着埃尔达多巨石（Roca El Dado），是墨西哥近百处的攀岩区之一，也是墨西哥童子军（scouts）的攀岩学校。

圣诞圣母修道院

### 特拉亚卡潘（Tlayacapan）市

奇内洛斯舞

特拉亚卡潘市是一座殖民时期风格小城，原住民是索奇米尔卡人，以出产做工精细的上釉彩陶出名，有30多座老教堂。“特拉亚卡潘”在纳瓦语中意为“大地的尽头”。该市的老建筑有1994年被联合国教科文组织列为世界文化遗产的圣胡安·包蒂斯塔修道院和曾是埃尔南·科尔特斯私人庄园的圣尼古拉斯庄园。特拉亚卡潘市是墨西哥民间舞蹈奇内洛斯（Los chinelos）舞的发源地，“奇内洛斯”在纳瓦语中意为“屁股和大腿扭得好的人”。该舞蹈起源于1807年，当时西班牙殖民者不让印第安人参加他们的嘉年华活动，于是当地印第安青年就戴着仿西班牙人的面具，上街模仿他们的舞姿，以嘲弄西班牙人。现在这种面具舞已成为莫雷洛斯州特有的舞蹈，每逢嘉年华节，人们纷纷走上街头，大跳奇内洛斯舞。

## 库奥特拉（Cuautla）市

市政大楼

库奥特拉市原住民是阿兹台克人，“库奥特拉”在纳瓦语中意为“有鹰的地方”，西班牙人带来的甘蔗种植技术使库奥特拉市成为墨西哥主要的甘蔗种植和产糖区。该市的老建筑有市政大楼、圣迭戈·德·阿米尔帕斯教堂和圣多明戈·德·古斯曼教堂。革命广场有墨西哥革命南方农民领袖艾米利亚诺·萨帕塔墓。莫雷洛斯故居现为莫雷洛斯州东部博物馆，展出印第安历史资料和文物。布埃纳维斯塔糖厂庄园（Hacienda Azucarera Buenavista）水渠原为糖厂庄园的引水渠。

## 印第安文化遗址

### 拉斯皮拉斯（Las Pilas）古城遗址

拉斯皮拉斯古城遗址位于霍纳卡特佩克（Jonacatepec）市，坐落在阿米尔帕斯（Amilpas）山谷。古城存在年代为200—600年，是印第安查尔卡钦戈（Chalcatzingo）

拉斯皮拉斯古城遗址

王国消失后才兴建的城镇，尚不清楚古城由谁所建。古城有排水系统把雨水收集到蓄水池，而其建筑风格有特奥蒂瓦坎文化特征。

## 索奇卡尔科文化遗址

### 索奇卡尔科（Xochicalco）古城遗址

索奇卡尔科古城遗址位于米亚卡特兰（Miacatlán）市，1999年被联合国教科文组织列为世界文化遗产，“索奇卡尔科”在纳瓦语中意为“有花房子的地方”。古城最初由索奇卡尔科人建于前200年前后。650—900年，古城北部的特奥蒂瓦坎文化消

索奇卡尔科古城遗址

失，南部的玛雅城市遭摈弃，特奥蒂瓦坎人和玛雅人来到这里，他们与索奇卡尔科人一起扩建了古城，修建了一系列排水渠，将雨水汇集到蓄水池供旱季使用。1100年前后古城因内乱被遗弃。现存建筑包括外墙雕刻精美的羽蛇神庙（Templo de la Serpiente Emplumada）、地下观象台、神殿、球场、蒸汽浴池和圆形神台等。地下观象台顶部有一个六角天窗，用于观察阳光变化，春分时从天窗透入的光线在地面形成直径半米的光圈。遗址旁建有占地面积达1.26万平方米的博物馆，镇馆之宝为刻有克察尔科亚特羽蛇神的石碑。

索奇卡尔科文化年代约为前200—公元1100年，高峰期约为650—900年，分布在莫雷洛斯州。索奇卡尔科古城建筑宏伟高大，多建在山岗上，周围是高墙、壕沟和地洞，具有明显的军事防御设施，深受特奥蒂瓦坎文化影响，有学者认为两者为同时期文化。

## 查尔卡钦戈文化遗址

### 查尔卡钦戈（Chalcatzingo）古城遗址

查尔卡钦戈古城遗址

查尔卡钦戈古城遗址位于汉特特尔科（Jantetelco）市，坐落在墨西哥中部高原南面的查尔卡钦戈山和德尔加多（Delgado）山之间，古城面积约40公顷。古城由查尔卡钦戈人所建，存在年代约为前1500—前350年，兴盛时期为前700—前500年，人口500~1000人。“查尔卡钦戈”在纳瓦语中意为“查尔卡人最欣赏的地方”。“查尔卡钦戈”是后来的查尔卡人（los chalcas）对古城的称谓。古城与拉文达等奥尔梅卡古城同年代，可能是当时格雷罗州和墨西哥山谷等地区的印第安人与墨西哥湾地区的奥尔梅卡人通商的交通枢纽，古城建筑深受奥尔梅卡建筑风格影响，主建筑为四角形神台。查尔卡钦戈人是墨西哥中部高原最早期大型建筑和大规模民居的建造者之一，他们制作浅浮雕等石刻，种植玉米、豆类、南瓜、苋菜和辣椒等，也外出狩猎，跟奥尔梅卡人做建筑材料、陶器、祭祀品等贸易。

查尔科湖（Lago de Chalco）位于墨西哥城与墨西哥州交界，坐落在墨西哥山谷南端。1000年前后，北方图拉（Tula）地区的阿克索特卡人（los acxotecas）来到查尔科湖区，他们自称查尔卡人，在纳瓦语中意为“在湖边居住的人”。陆续到湖区的印第安人有：米瓦克人（los mihuaques）、奇奇梅卡族特奥特南卡人（los chichimecas teotenancas）、奎索卡人（los cuixocas），特米米洛尔卡人（los temimilolcas）、维帕内卡人（los huipanecas）、诺诺瓦尔卡人（los nonohualcas）、帕诺瓦亚人（los panohuayas）等，他们统称查尔卡人，同操古典纳瓦语。这些来自不同地区的印第安人组成查尔卡联盟（Confederación de Estados Chalcas），即查尔卡（Chalca）王国或查尔卡约特（Chalcayotl）王国。查尔卡王国范围包括墨西哥城南部和墨西哥州的查尔科市和巴耶·德·查尔科·索利达里达（Valle de Chalco Solidaridad）市等地。1354年已发展成4个小王国：特拉科卡尔科–查尔科（Tlacohcalco-Chalco）王国、阿马克梅坎–查尔科（Amaquemecan-Chalco）王国、特南科·特索帕尔科·特索波扬–查尔科（Tenanco Texopalco Tepopollan-Chalco）王国和奇马尔瓦坎–查尔科（Chimalhuacan-Chalco）王国。

1430年，阿兹台克王国打败阿斯卡波察尔科（Azcapotzalco）王国和特帕内卡（Tepaneca）王国后，跟特斯科科（Texcoco）王国和塔古瓦的特拉科潘（Tlacopan de Tacuba）王国结成三国联盟。阿兹台克王国是当时墨西哥山谷乃至墨西哥中部高原最强大的帝国，尤其是拥有强大的军事力量，对外不断发动战争，攻城略地后，迫使战败国俯首称臣，进贡纳粮。查尔卡王国反抗阿兹台克人长达一个多世纪，最终于1465年被三国联盟打败。直到1521年都是三国联盟的进贡国。阿兹台克王国连年征战进犯邻国，不但惹怒了所有邻国，也为日后几乎所有邻国甘愿协助西班牙人攻打阿兹台克王国埋下伏笔。殖民初期很多印第安王国跟随西班牙远征军攻打阿兹台克王国，印西联军中印第安人和西班牙人的比例最高达10~15:1，尤以特拉斯卡拉王国的特拉斯卡尔特卡人居多，1521年有8万人协助远征军攻打特诺茨蒂特兰城。其他参加联军的印第安王国有森波亚拉（Cempoala）王国、原三国联盟之一的特斯科科王国、查尔卡（Chalca）王国、索奇米尔科（Xochimilco）王国、阿斯卡波察尔科（Azcapotzalco）王国、米斯基克（Mixquic）王国等。普雷佩查王国也因跟阿兹台克王国多年交战而关系交恶，拒绝了阿兹台克人联合抗击西班牙人的请求，保持中立。

## 奥奎尔特卡文化遗址

### 特奥潘索尔科（Teopanzolco）古城遗址

特奥潘索尔科古城遗址位于库埃纳瓦卡市，因城市建设发展，古城占地面积仅剩2公顷。古城存在年代为1150—1521年，由奥奎尔特科人所建，后被阿兹台克人占据，“特奥潘索尔科”在纳瓦语中意为“有古老神庙的地方”。古城的主建筑有特拉洛克

特奥潘索尔科古城遗址

雨神庙、维兹洛波茨特利战神庙、埃赫卡特·克察尔科亚特风和羽蛇神祭台和特斯卡特利波卡万能神金字塔。

奥奎尔特卡文化年代约为600—1521年，分布在墨西哥州。奥奎尔特卡文化亦称特拉维卡文化，原住民是纳瓦族奥奎尔特科人或特拉维卡人，所说的特拉维卡语〔也称阿钦卡（atzinca）语〕属奥托–曼格语系。墨西哥人现在常吃的玉米叶子包的玉米粽子（tamales），原是奥奎尔特科人的食品。奥奎尔特科人被认为是墨西哥最好的木匠，当时他们用木头建房，连房顶都是木结构。现在他们仍保留这一传统，制作桌、椅、床柜等木家具。

科亚特特尔科古城遗址

## 科亚特特尔科（Coatetelco）古城遗址

科亚特特尔科古城遗址位于米亚卡特兰市，坐落在科亚特特尔科湖畔，“科亚特特尔科”在纳瓦语中意为“蛇山”。古城由奥奎尔特科人所建，存在年代为前500—公元1500年，鼎盛时期为900—1220年，现存建筑有库奥特利钦美丽和肥沃女神庙，出土文物有库奥特利钦女神石像以及陶、玉和黑曜石制品。

## 姚特佩克（Yautepec）古城遗址

姚特佩克古城遗址位于姚特佩克市，古城由奥奎尔特科人所建，存在年代约为前400—公元1521年，鼎盛时期为1200—1521年，主要建筑有金字塔等。

姚特佩克古城遗址

## 索奇米尔卡文化遗址

### 特波斯特科（Tepozteco）古城遗址

特波斯特科古城遗址位于特波斯特兰市，坐落在海拔2300米的特波斯特兰山谷。古城存在年代为1150—1350年，由索奇米尔卡人所建。古城的主要建筑是神庙，神庙底座高6.4米，基座高3.3米，庙身高2.7米。

特波斯特科古城遗址

索奇米尔卡文化存在年代约为1000—1521年，分布在莫雷洛斯州。1376—1430年索奇米尔卡人跟阿兹台克人战争不断，索奇米尔卡人最终失败。索奇米尔卡人发明了湖滨（chinampas）种植法，具体是在湖边水浅的沼泽地开垦，利用湖水灌溉，大面积种植玉米、辣椒等农作物，用了这种方法后，产量比在旱地高很多。这种在1000多年前发明的湖滨种植法至今在墨西哥被广泛应用，甚至得到联合国教科文组织的认可。

特克斯基腾戈湖

### 特克斯基腾戈湖（Lago de Tequesquitengo）

特克斯基腾戈湖位于霍胡特拉（Jojutla）市，面积8平方千米，其环境优美，气候宜人，可游泳、冲浪、划艇和深潜。

墨西哥花园

### 墨西哥花园（Jardines de México）

墨西哥花园位于霍胡特拉市，面积约51公顷，种有上万棵树和多不胜数的花草，有9个主题花园，分别是意大利、日本、仙人掌、热带、水上、草药、四季、花卉和迷宫花园。花园使用可再生能源，体现绿色和可持续发展理念，是世界上最大的花园之一。

## 奇纳梅卡庄园（Hacienda de Chinameca）

奇纳梅卡庄园

奇纳梅卡庄园位于阿亚拉（Ayala）市，因一件历史事件而闻名。1879年8月8日，艾米利亚诺·萨帕塔出生在莫雷洛斯州阿亚拉市的阿内内奎尔科（Anenecuilco）镇，他成年后领导的南方农民武装是墨西哥革命的重要武装力量。1911年11月25日，他在著名的“阿亚拉计划”中提出要解决农民问题，以及农民要土地和自由的革命口号，明确要求土地改革、实行平均地权。1919年萨帕塔被维努斯蒂亚诺·卡兰萨为首的立宪派打败后退守到库奥特拉市，同年4月10日被立宪派将领巴勃罗·冈萨雷斯派遣的赫苏斯·瓜哈尔多上尉在奇纳梅卡庄园设伏杀害。为纪念这位民族英雄，墨西哥很多地名和建筑以他的名字命名。奇纳梅卡庄园现为平均地权运动博物馆（Museo del Agrarismo），展出墨西哥平均地权运动起源历程和墨西哥近代历史。

## 森波亚拉湖国家公园（Parque Nacional Lagunas de Zempoala）

森波亚拉湖国家公园横跨莫雷洛斯州的维兹拉克（Huitzilac）市和墨西哥州的奥奎兰·德·阿尔特亚加（Ocuilán de Arteaga）市，面积约48平方千米，“森波亚拉”在纳瓦语中意为“有很多湖的地方”。公园有基拉（Quila）、森波亚拉、托纳蒂瓦（Tonatihua）、孔皮拉（Compila）、普列塔（Prieta）、塞卡（Seca）和维亚潘

森波亚拉湖国家公园

（Hueyapan）等湖泊。公园的植物以松树和圣栎树为主，有野兔、黄鼠狼、麻雀、蛇、游隼和鹰等动物，可野营、爬山、骑马、攀岩和骑山地车。

## 伊斯塔西瓦特–波波卡特佩特国家公园

（Parque Nacional Iztaccíhuatl-Popocatépetl）

伊斯塔西瓦特–波波卡特佩特国家公园位于莫雷洛斯州、墨西哥州和普埃布拉州三个州的交界处，坐落在新火山山脉的雪山山脉，面积480平方千米。公园以两座火山的名字命名，即伊斯塔西瓦特火山和波波卡特佩特火山，它们的海拔分别为5286米和5540米，分别为墨西哥第三高和第二高的火山。“伊斯塔西瓦特”在纳瓦语中意为“白女人或睡美人”，因伊斯塔西瓦特火山远看像一个睡着的女人而得名。公园有白尾鹿、山鸡、鸵鸟等动物。伊斯塔西瓦特火山处于休眠期，可登顶观赏风景。

伊斯塔西瓦特–波波卡特佩特国家公园

## 特波斯特科国家公园

（Parque Nacional Tepozteco）

特波斯特科国家公园位于特波斯特兰市，公园以园内的索奇米尔卡文化遗址之特波斯特科古城遗址命名，面积232平方千米。动物有麻雀、山鸡、山鼠、山龟和蜥蜴等，植物有松树、榕树、兰花和菠萝等。

特波斯特科国家公园

# 第27章 纳亚里特州

Estado de Nayarit

## 纳亚里特州（Estado de Nayarit）

维乔尔人

纳亚里特州位于墨西哥西部，西临太平洋，面积27857平方千米，以出产做工精细的手工艺品驰名，原住民先后有卡克诺人、特科斯金人、阿斯塔特兰人、维乔尔人、科拉人和特佩万人，他们在这片土地留下了近千处印第安文化遗址。纳亚里特州有很多美丽的海滩，不少海滩适合冲浪、潜水探险或浮潜。特皮克市郊的拉诺里亚（La Noria）森林公园是该州最有名的森林公园。纳亚里特州的泉水浴场有阿马特兰·德·卡尼亚斯（Amatlán de Cañas）市的埃尔曼托（El Manto）浴场，以及鲁伊斯（Ruiz）市的埃尔马尔帕索（El Malpaso）浴场、埃尔特纳马切（El Tenamache）浴场和埃尔波索利略（El Pozolillo）浴场；温泉有阿卡波内塔（Acaponeta）市的圣迭吉托（San Dieguito）温泉等；瀑布有圣布拉斯（San Blas）市的埃尔科拉（El Cora）瀑布等。

## 特皮克（Tepique）市

特皮克市是纳亚里特州州府，原是维乔尔人的特皮克城，“特皮克”在纳瓦语中意为“有硬石头的地方”。1526年埃尔南·科尔特斯的侄子弗朗西斯科·科尔特斯率

州府大楼

殖民军占领了特皮克城，现在的特皮克市的西塔夸（Zitacua）区仍是维乔尔人的集居地。老城中心的殖民时期建筑有萨卡特十字架教堂、市政大楼、特皮克大教堂和州府大楼，自然景观有胡马坦（Jumatán）瀑布、埃尔萨尔托（El Salto）瀑布、桑甘古埃伊火山（Volcán de Sangangüey）、圣胡安山和十字架山等。

## 魔幻小镇

### 孔波斯特拉（Compostela）市

圣地亚哥教堂

孔波斯特拉市位于太平洋东岸，坐落在卡克特兰（Cactlán）山谷，最初的原住民是卡克诺人，后来是特佩万人。“孔波斯特拉”在纳瓦语中意为“有蛇的地方”。老建筑有圣地亚哥教堂、圣弗朗西斯科·德·阿西斯教堂和市政大楼。市政大楼现为市博物馆，藏品有陶器、石器、贝壳和金银器等印第安文物，庄园有建于16世纪的米拉瓦耶斯（Miravalles）庄园等。守卫角（Punta Custodio）自然公园位于太平洋海岸，公园的海滩风景秀丽，娱乐设施齐全。印第安文化遗址利马门（Puerta de la Lima）位于利马门镇，有印第安史前岩画。蜂鸟花园则是以蜂鸟为主的鸟类和爬行动物的栖息地。此外，还有名海滩如守卫角海滩、龟海滩和小香蕉树（Platanitos）海滩。

### 哈拉（Jala）市

哈拉市原住民是纳瓦人，“哈拉”在纳瓦语中意为“多沙的地方”。哈拉市是玉米高产区，出产的玉米一个有半米多长，颗粒饱满，棒心粗壮。哈拉市多殖民时期建筑，老教堂有升天圣母教堂和弗朗西斯科修道院，地区历史博物馆（Museo Histórico Comunitario）展出当地印第安文物。塞沃鲁科火山（Volcán Ceboruco）国家公园离哈拉市市区约40分钟车程，园内的塞沃鲁科火山海拔2280米，是一座层状火山，每隔约175年喷发一次，是纳亚里特州唯一的活火山，也是墨西哥最大和最危

升天圣母教堂

险的火山之一。火山喷发过7次，最后一次发生在1870—1875年，这次喷发是墨西哥有记录以来最大的火山喷发，喷出的火成岩达3.5立方千米。火山目前处于半休眠状态，游人可以徒步登上火山口，观看火山口和附近岩缝喷出的温度达100℃的蒸汽。“塞沃鲁科”源于当地印第安语“Tzeboruko”，意为“发怒的人”（一说为大黑山或大石堆）。

### 萨尤利塔（Sayulita）镇

萨尤利塔镇属班德拉斯海湾（Bahía de Banderas）市管辖，坐落在纳亚里特海岸，原住民是维乔尔人，前身是哈尔腾瓦（Jaltemba）庄园，庄园原为椰子油厂，现仍种有不少椰树。该镇的经济以农业、渔业、旅游业和手工业为主。亡人（Los Muertos）海滩可冲浪，也可在海滩看海龟和出海观鲸。

萨尤利塔镇

## 墨斯卡尔蒂坦岛（Isla de Mexcaltitán）

14世纪初，远道而来的阿兹台克人在墨西哥山谷的特斯科科湖建了特诺茨蒂特兰城，这是不争的事实，但他们来自何方，墨西哥学术界说法不一，有认为来自奇奇梅卡地区的圣路易斯波托西州或瓜那华托州，有认为来自美国新墨西哥州，也有认为来自纳亚里特州墨斯卡尔蒂坦岛，第三种说法的依据是传说中的阿兹台克人的故乡阿斯特兰（Aztlán）岛植物和水产丰富，而墨斯卡尔蒂坦岛恰恰位于植物和水产丰富的沼泽地。此外，它的规划布局跟特诺茨蒂特兰城高度相似。墨斯卡尔蒂坦岛属圣地亚哥·伊斯库因特拉（Santiago Ixcuintla）市管辖，面积1平方千米，坐落在国家海滨湿地生态区（Eco-región Marisma Nacional），“墨斯卡尔蒂坦”在纳瓦语中意为“有白鹭的地方”。岛中心有墨斯卡尔蒂坦岛起源博物馆，展品包括当地的古印第安文物。事实上很久以前墨斯卡尔蒂坦岛就有纳瓦人居住，他们可能是托尔特卡人的后裔。雨季来临时该岛的道路常被淹没，人们需乘小船外出，所以该岛有“墨西哥的威尼斯”之称。

墨斯卡尔蒂坦岛

## 马列塔斯群岛国家公园（Parque Nacional Islas Marietas）

马列塔斯群岛国家公园位于班德拉斯海湾，包括马列塔斯群岛和附近海域，面积13.8平方千米，其中群岛面积达78公顷。公园海域多珊瑚礁，公园是40多种海洋动植物和鸟类的栖息地。马列塔斯群岛由长岛（Isla Larga）和圆岛（Isla Redonda）和其他两个小岛组成，属无人居住的火山岛，群岛有很多沙细水蓝的海滩，最出名的是圆岛的爱情海滩（Playa del Amor），爱情海滩也称隐蔽（Escondida）海滩，是地面塌陷形成的天井形海滩，海滩风平浪静，美如天堂。

爱情海滩

## 阿斯塔特兰文化遗址

### 洛斯托里莱斯（Los Toriles）古城遗址

洛斯托里莱斯古城遗址位于伊斯特兰·德尔·里奥（Ixtlán del Río）市，离市区9千米。古城由纳瓦人所建，存在年代分为两个时期。第一个时期是前300—600年，这个时期属竖墓文化（cultura de las tambas de tiro）。竖墓文化指前200—600年的墨西哥中西部的印第安文化，具体指今天的纳亚里特州、哈利斯科州和科利马州以及邻近地区的印第安文化。竖墓文化特点是往地下垂直挖出2～20米深的圆形或方形竖井，然后横向挖出一个或数个墓室，墓室之间用地道连接，一个墓往往葬着几个死者，丰富的随葬品包括小陶人等工艺品，墓室和竖井封土后，地面不留痕迹。第二个时期是

洛斯托里莱斯古城遗址

601—1100年，这个时期属阿斯塔特兰文化，也是古城的鼎盛时期，这个时期古城不断扩大，修建了很多台地、神殿、神庙和祭台，成为这一地区的手工制作和贸易中心。古城现存85处建筑，包括克察尔科亚特羽蛇神殿（Templo de Quetzalcóatl）、浮雕神殿（Palacio de los Relieves）、石柱神殿（Palacio de las Columnas）和四石柱神殿（Palacio de las Cuatro Columnas）。克察尔科亚特神殿又称圆神庙（Templo Redondo），直径24米，高4米，外墙顶端是雕刻精美的护栏。

阿斯塔特兰文化年代约为前300—公元1300年，分布在纳亚里特州和锡那罗亚州。阿斯塔特兰王国的祭祀中心是洛斯托利雷斯，没有大城市，由很多部落组成。阿斯塔特兰人说纳瓦语的变体纳亚里特语，以种农产品和捕鱼为生。"阿斯塔特兰"在纳亚里特语中意为"有草鹭地方的王国"。阿斯塔特兰人现已消失，这地区现在原住民是特佩万人、科拉人和托托拉梅人等。

## 科亚米莱斯山（Cerro de Coamiles）古城遗址

科亚米莱斯山古城遗址位于图斯潘（Tuxpan）市，古城存在年代约为850—1350年，属阿斯塔特兰文化，现仅存古城墙基和近200处岩画。

考古学家在对科亚米莱斯山古城遗址进行挖掘

# 特科斯金文化遗址

## 皮拉·德尔·雷伊（Pila del Rey）古城遗址

皮拉·德尔·雷伊古城遗址位于孔波斯特拉市的查卡拉（Chacala）镇，坐落在皮莱塔斯（Piletas）峡谷，也称查卡兰（Chacalán）遗址、殿堂（El Santuario）遗址或阿尔塔维斯塔岩画。古城由特科斯金人建于前300年，面积约80公顷，现存2000多处岩画。查卡拉镇最后的原住民是维乔尔人，他们至今仍居住到该地，并保留在遗址祭祀诸神的习俗。

特科斯金文化也称特克克特基（Tequectequi）文化，发祥于前300年前后（一说为前2000年，根据是在阿尔塔维斯塔遗址发现很多数千年前特科斯金人留下的史前岩画），消失时间不详（一说是特科斯金人一直存在到西班牙殖民者到来）。特科斯金王国包括纳亚里特州和哈利斯科州沿海地区和部分山区，组织结构松散，各部落各自为政。特科斯金人从事农业和渔业，生产和销售食盐、可可豆和棉花。史书记载特科斯金人好武善战，经常跟邻近的印第安部落争斗，并把俘虏斩首。“特科斯金”在印第安语中意为“斩俘虏首级的人”。墨西哥印第安王国（部落）首领几乎都是世袭，但特科斯金人首领不是世袭，而是由有最大战功的武士担任。他们的武装多样，有投枪、弓箭、护盾、木把石斧和石砍刀等。特科斯金人无论男女自用兽皮遮盖私处，终年全身裸露。

皮拉·德尔·雷伊古城遗址

皮拉·德尔·雷伊古城遗址的史前岩画

# 第28章 锡那罗亚州

Estado de Sinaloa

## 锡那罗亚州（Estado de Sinaloa）

乌拉马球赛

锡那罗亚州位于东太平洋的海岸平原，面积57365平方千米，水资源丰富，土地肥沃，产水稻、小麦、玉米、蔬菜和水果，是墨西哥主要的农业区之一，有“墨西哥粮仓”之称。锡那罗亚州有640千米海岸线，渔业是其经济支柱之一。锡那罗亚州矿藏丰富，是墨西哥主要的矿区之一。锡那罗亚州有很多风景秀美的海滩，最有名的是马萨特兰（Mazatlán）市的海滩。锡那罗亚州有很多殖民时期建筑风格的城镇，孔科尔迪亚（Concordia）市的圣塞瓦斯蒂安教堂是最老的教堂之一。锡那罗亚州原住民先后有塔韦人、西西梅人、阿卡塞埃人、瓜萨韦人、阿奇雷人、托托拉梅人和卡伊塔人，他们的祖先留下了数百处古文化遗址和史前岩画。他们至今仍保留各自民族的传统，包括只有在锡那罗亚州才能看到的乌拉马球赛（Juego de Ulama），据考究乌拉马球赛已有3500多年历史，现在的乌拉马球赛是古阿兹台克人和玛雅人打球的变种。不同打法有不同的橡胶球和不同的场地，根据不同的击球方式分别有三种打法，它们是前臂击乌拉马球（Ulama de Antebrazo）、胯部击乌拉马球（Ulama de Cadera）和木棒击乌拉马球（Ulama de Mazo）。

瓜达卢佩圣母教堂

## 库利亚坎（Culiacán）市

库利亚坎市是锡那罗亚州州府，坐落在库利亚坎河左岸，经济以农牧业和食品加工业为主，老教堂有瓜达卢佩圣母教堂、罗萨里奥圣母教堂和圣烛圣母教堂。黑桥（Puente Negro）横跨库利亚坎河，建于1907年，是城市的标志性建筑之一。该市的大型公园有植物园、河岸（Las Riberas）公园和埃尔内斯托·米扬·埃斯卡兰特（Ernesto Millán Escalante）公园。

## 马萨特兰（Mazatlán）市

马萨特兰市位于太平洋东海岸、气候宜人，海滩秀美，多殖民时期风格的建筑，有“太平洋明珠”的美称。2001年，该市的老城中心被墨西哥政府列为国家历史遗产，老建筑有升天圣母教堂和3月31日要塞。1864年3月31日，墨西哥军队在该要塞击败从海上入侵的法国海军，要塞因此命名。马萨特兰的海堤长21千米，是世界上第二长的海堤，可沿堤观赏周围的悬崖峭壁，海边有大浪（Olas Altas）海滩、松林（Los Pinos）海滩、北海滩、鲱鱼（Sábalos）海滩、小山岗（Cerritos）海滩、海鸥（Gaviotas）海滩、虾（Camarón）海滩和鹿（Venados）海滩等。国际会议中心的《科尔特斯海历史经济旅游发展》壁画由当地名壁画家埃内斯托·里奥斯所作，壁画宽68.34米，高24.56米，是世界著名的大型壁画之一。鹿岛离海岸1.25千米，长1850米，宽250～700米，可乘船或游泳上岛。石头（La Piedra）岛离海岸1千米，可乘船登岛参观海盗山洞，看海狮和在海滩游泳。

3月31日要塞

圣安东尼奥瀑布

## 圣安东尼奥瀑布（Cascadas de San Antonio）

圣安东尼奥瀑布位于库利亚坎市的圣安东尼奥·阿纳尔科（San Antonio Analco）镇，坐落在密林中的滴水（Las Gotas）山上，离市区18千米，有3个大的瀑布，最大的瀑布落差40米。瀑布区的登山道路曲折难行，适合探险游。

## 魔幻小镇

### 埃尔富埃尔特（El Fuerte）市

埃尔富埃尔特市原为1610年西班牙人为抵御印第安人反抗修建的军事要塞，“埃尔富埃尔特”在西班牙语中意为“要塞”，原住民有纳瓦人和卡伊塔人。卡伊塔人的民族舞蹈是鹿舞（Danza del venado），该舞有3个舞者，分别装扮成鹿、猎人和猎犬，在舞台上展现印第安人打猎的场面。埃尔富埃尔特市出产的陶器、棕榈编织品、木刻等手工艺品以做工精细和种类繁多而驰名。该市的老建筑有市政大楼、文化宫、耶稣圣心教堂和议会大楼。埃尔富埃尔特河的米格尔·伊达尔戈水库和何塞法·奥尔蒂斯·德·多明格斯（Josefa Ortiz de Domínguez）水库适合休闲生态游。埃尔富埃尔特河谷有很多史前岩画，最有名的是离市区5千米的马斯卡拉（Máscara）山史前岩画，上百幅岩画分布在几十块石头上。特韦科（Tehueco）镇是一座历史古镇，其老建筑有悲伤圣母教堂和地区博物馆。

鹿舞

## 托波洛万波港（Puerto de Topolobampo）

托波洛万波港位于阿奥梅（Ahome）市，经济以贸易和旅游业为主，是锡那罗亚州的主要港口之一，有渡船往返于阿奥梅市和加利福尼亚湾西岸的拉巴斯市。托波洛万波港的著名海滩有哈马卡斯（Hamacas）海滩、马维里（Maviri）海滩、科帕斯（Copas）海滩和拉萨罗·卡尔德纳斯渔场（Campo Pesquero Lázaro Cárdenas）海滩等，景观有蝙蝠洞（Cueva de los Murciélagos）和外海岛屿。法拉永（Farallón）岛位于港口外海27千米处，是一块40米高的独石，为世界的第二大海上独石，是海狗、海豚、海鸥、草鹭和鹈鹕等多种动物的栖息地。鸟（Los Pájaros）岛是海鸥、军舰鸟等鸟类的栖息地，有数千只鸟。早晨鸟儿成群离窝，傍晚结队归巢，其时鸟群满天，蔚为壮观。

托波洛万波港

圣玛利亚海湾

## 圣玛利亚海湾（Bahía Santa María）

圣玛利亚海湾位于安戈斯图拉（Angostura）市，可从改革（La Reforma）镇乘船前往，海湾是未经开发的生态区，有153座小岛屿，都是无人居住的沙丘岛，最大的岛是阿尔塔穆拉（Altamura）岛，岛上有上千个小沙丘。圣玛利亚海湾面积约54公顷，是墨西哥北部少有的沿海湿地之一，是军舰鸟、海鸥、燕子、撇水鸟和野鸭等上百种鸟类的栖息地，可垂钓、观鸟和看海豚。

无玷始胎圣母教堂

## 魔幻小镇

### 莫科里托（Mocorito）市

莫科里托市始建于1915年，是一座殖民时期建筑风格小城，原住民为马约人，“莫科里托”在卡伊塔语中意为“马约人居住的地方”。该市的老建筑有无玷始胎圣母教堂、市政大楼和地区历史博物馆。

### 科萨拉（Cosalá）市

科萨拉市原住民先后有西西梅人、萨瓦伊沃人、特佩万人、阿卡塞埃人和拉卡帕萨人，以多元印第安文化著称，印第安文化遗址有伊格拉斯·德·帕迪亚（Higueras de Padilla）史前岩画。1531年发现银矿后的3个世纪内，科萨拉市一直是墨西哥的大产银区之一，建有多座大型银矿，后银矿资源枯竭，科萨拉市逐渐败落，但历史给科萨拉市留下了250多处殖民时期建筑，包括瓜达卢佩圣母教堂、耶稣会修道院、圣乌尔苏拉教堂和市政大楼。科萨拉市环境优美，有瓦

圣乌尔苏拉教堂

多·翁多（Vado Hondo）温泉和几处瀑布，以及何塞·洛佩斯·波蒂略（José López Portillo）水库等休闲去处。圣烛圣母矿（Mineral de Nuestra Señora de la Candelaria）生态区离市区12千米，坐落在埃洛塔（Elota）河谷，面积2.56平方千米，集历史文化和休闲运动为一体，可参观史前岩画、全国第二大的金刚鹦鹉饲养场、矿博物馆和圣烛圣母旧矿。

## 罗萨里奥（Rosario O El Rosario）市

罗萨里奥市原住民先后有西西梅人、埃斯卡塞埃人、科拉人和托托拉梅人。罗萨里奥市原为矿城，最大银矿是近郊的埃尔塔霍（El Tajo）矿，老建筑有市政大楼和罗萨里奥圣母教堂，地区历史博物馆则展示当地印第安文化和殖民史。罗萨里奥市多湖泊，大的湖泊有凯曼内罗（Caimanero）湖、伊瓜内罗（Iguanero）湖、维萨切（Huizache）湖、绿水（Agua Verde）湖和查梅特拉（Chametla）湖。凯曼内罗湖离市区29千米，是海岸湖，与太平洋仅相隔一长形沙滩，“凯曼内罗”在西班牙语中意为“鳄鱼池”，因有凯门鳄而得名，可游泳、垂钓、划艇和观鸟。凯曼内罗海滩位于凯曼内罗湖和太平洋之间，西面是海滩，东面为湖滩，长40千米，可深潜，浮潜，游

凯曼内罗湖

泳，看海豚、鸟和海龟。伊瓜内罗湖原为埃尔塔霍矿井，1935年，台风带来暴雨淹没矿井形成长1千米的湖泊，现为公园，“伊瓜内罗”在西班牙语中意为“多鬣蜥的地方”。

查梅特拉古城遗址出土的彩陶俑

## 阿斯塔特兰文化遗址

### 查梅特拉（Chametla）古城遗址

查梅特拉古城遗址位于罗萨里奥市，古城存在年代约为300—1200年，由阿斯塔特兰人所建。阿斯塔特兰文化从哈利斯科州南部延伸到锡那罗亚州北部的沿海地带，1300年前后消失，遗址出土的300多件文物收藏在罗萨里奥市地区博物馆内。

## 拉斯拉夫拉达斯（Las Labradas）史前岩画

拉斯拉夫拉达斯史前岩画位于圣伊格纳西奥（San Ignacio）市的巴拉斯·德·皮亚斯特拉（Barras de Piaxtla）港，坐落在太平洋东海岸的拉斯拉夫拉达斯海滩。这个海滩长约2千米，600多处史前岩画分布在海滩的石头上，部分岩画作于约5000年前，多数由阿斯塔特兰人作于750—1250年。

拉斯拉夫拉达斯海滩

# 第29章 科利马州

Estado de Colima

## 科利马州（Estado de Colima）

科伊曼国王科利莫特

科利马州位于墨西哥西部，面积仅5627平方千米，是墨西哥最小的州之一，原住民为特科人，“科利马”在纳瓦语中意为“水拐弯的地方”，16世纪初特科人打败了米却肯州塔拉斯科高原的普雷佩查人，史称硝石之战（Guerra del Salitre）。在西班牙殖民统治墨西哥前，特科人的科伊曼王国（Señorío de Colliman，即科利马王国）的势力不断巩固扩大，在科伊曼国王韦伊·特拉托亚尼·科利莫特的带领下，特科人曾英勇反抗西班牙殖民军。科利马州的自然条件得天独厚，气候适宜、环境优美、植被丰富、农业发达，有平缓海岸和科利马火山等高山峻岭，是墨西哥的咖啡产区之一。科利马州多老教堂、庄园和剧院等殖民时期建筑，大的印第安文化遗址有埃尔查纳尔古城遗址和拉坎帕纳古城遗址等。

## 科利马（Colima）市

科利马大教堂

科利马市是科利马州州府，位于科利马河畔，始建于1522年，是墨西哥早期的殖民城市之一，老建筑有科利马大教堂、圣费利佩使徒教堂、联邦大楼和州府大楼，州府大楼有当地画家豪尔赫·查韦斯·卡里略在1954年作的《独立的墨西哥》等壁画。玛利亚·特雷莎·波马尔（María Teresa Pomar）艺术博物馆则展出当地民间艺术品，如传统舞蹈服装、面具、陶器、纺织品和乐器等。圣弗朗西斯科·德·阿尔莫洛扬（San Francisco de Almoloyan）公园原为建于1554年的圣弗朗西斯科修道院，1818年修道院被地震摧毁，后重建，现为休闲公园。

## 曼萨尼约（Manzanillo）市

曼萨尼约海湾

曼萨尼约市位于太平洋东岸，是墨西哥最大的港口城市，陆海空交通网络使曼萨尼约港辐射区域远至墨西哥内陆和北部地区。曼萨尼约市最佳的休闲去处是海堤，从海堤可眺望曼萨尼约海湾和欣赏沿堤雕塑。大自然（Natura Camp）公园位于弗朗西斯科·维亚（Ejido de Francisco Villa）镇，可绳降、野营和游泳。阿尔琼迪亚鬣蜥（Iguanario Archundia）养殖场在市中心，是阿尔琼迪亚家族的私人养殖场，有上千条颜色各异的鬣蜥，最长的达2米。拉斯科罗拉达斯（Las Coloradas）海滩、老人（El Viejo）海滩、窗（Ventanas）海滩、微风（Las Brisas）海滩、圣佩德里托（San Pedrito）海滩和蓝（Azul）海滩等海滩均可浮潜、深潜、冲浪、游泳和垂钓。草鹭山谷（Valle de las Garzas）湖是面积达2平方千米的湿地公园。曼萨尼约市的国际钓鱼大赛久负盛名，每年都吸引众多来自国内外的钓鱼高手参赛。

## 科利马火山（Volcán de Colima）

科利马火山位于科利马州和哈利斯科州交界处，离科利马市市区30千米，坐落在新火山山脉，海拔3860米。科利马火山和哈利斯科州的科利马雪山（Nevado de Colima）火山和坎塔罗（Cántaro）火山一起并称为科利马火山群，为区别于科利马雪山火山，科利马火山亦称“科利马火焰（Fuego de Colima）火山”，它是科利马火山群唯一的活火山。墨西哥有2000多座火山，其中活跃火山、半睡眠火山和睡眠火山约40个。科利马火山是一座随时都可能爆发的高危火山，1576年至今爆发了40多次，最近的一次是2017年，最大的一次是2005年，火山灰喷至5000米上空，火山“沉默”时山顶云雾缭绕，景色壮观。

科利马火山

# 魔幻小镇

## 科马拉（Comala）市

圣米格尔大天使教堂

科马拉市得名于当地印第安人用土做的饼铛，当地人把这种饼铛称作“科马尔”（Comal）。科马拉市的房子多为红瓦白墙，有“白城”之称，原住民先后有奥尔梅卡人、托尔特卡人、纳瓦人、奇奇梅卡人和普雷佩查人。墨西哥作家、拉美文学魔幻现实主义鼻祖胡安·鲁尔弗的成名小说《佩德罗·巴拉莫》通过讲述科马拉庄园主佩德罗·巴拉莫的一生来描绘墨西哥殖民历史，他的小说使科马拉市闻名遐迩。科马拉市自然风光优美，自然保护区有科马拉田园（Las Huertas de Comala）保护区、马南特兰山脉（Sierra de Manantlán）保护区、野猪湖（Laguna del Jabalí）保护区和科利马雪山（El Nevado de Colima）国家公园部分地区，老教堂有圣米格尔大天使教堂。拉斯诺格拉斯（Las Nogueras）庄园是17—19世纪当地最大的糖厂，现为科利马大学博物馆。卡里萨利略（Carrizalillo）湖是市郊湖泊之一，湖区有咖啡园和古印第安人挖的山洞，可游泳、野营、划艇和登山。耶尔瓦布埃纳村（“耶尔瓦布埃纳”在西班牙语中意为“薄荷”）离市区30千米，位于科利马火山脚下，是离火山最近的村庄，最适合眺望火山。胡卢亚潘巨石（Piedra de Juluapan）离市区17千米，是坐落在胡卢亚潘山顶的一块巨石。埃尔雷马特（El Remate）峡谷有两个湖泊，均可游泳、垂钓和泛舟。

# 埃尔萨尔托瀑布（Cascada El Salto）

埃尔萨尔托瀑布

埃尔萨尔托瀑布位于米纳蒂特兰（Minatitlán）市的埃尔波夫拉多（El Poblado）镇，离市区6千米，由米纳蒂特兰–马拉瓦斯科（Minatitlán-Marabasco）河流经该处形成，瀑布落差15米，瀑布区可游泳、野营和登山。

## 埃尔查纳尔文化遗址

### 埃尔查纳尔（El Chanal）古城遗址

埃尔查纳尔古城遗址

埃尔查纳尔古城遗址位于科利马市的埃尔查纳尔镇，坐落在科利马河畔，离市区4千米。古城由查诺人所建，存在年代约为前1300—公元1400年，鼎盛时期为1100—1400年，面积约50公顷，是迄今科利马州发现的最大的印第安文化遗址。查诺人跟其他纳瓦人一样，信奉特拉洛克雨神和埃赫卡特风神等诸神，古城建筑有金字塔、祭台、球场和民居，现仅存金字塔和大祭台（Gran Plataforma）等少量建筑的残垣。

埃尔查纳尔文化年代约为前1300—公元1400年，分布在科利马州。原住民为查诺人（los chanos），信奉的诸神和城市建筑风格类似其他纳瓦人，有学者认为查诺人属于纳瓦族。“埃尔查纳尔”在当地印第安语中意为“有水的保护神的地方”。出土的含铅陶罐（vasija cerámica plumbate）证明查诺人掌握一定的冶炼技术。查诺人制作黑曜石和陶土制作用品，以及西佩·托特克春天之神、桑蒂莱斯神（Xantiles是索奇克察尔美神Xochiquetzalt的化身）等诸神的陶像。

## 特乌奇特兰文化遗址

### 拉坎帕纳（La Campana）古城遗址

拉坎帕纳古城遗址位于维亚·德·阿尔瓦雷斯（Villa de Álvarez）市，坐落在科利马河和佩雷拉 （Pereira）溪之间。古城由特乌奇特兰人所建，面积约1.34平方千米，存在年代约为前200—公元900年，鼎盛时期为700—900年，建筑有祭祀中心、神殿、神台、金字塔、民居和球场，建筑的墙基用附近溪河的鹅卵石垒成，墙身为植物秆和黏土所砌，房顶用棕榈叶搭成。

拉坎帕纳古城遗址

## 拉科罗拉达湖（Laguna La Colorada）

拉科罗拉达湖位于特科曼（Tecomán）市的科弗拉迪亚·德·伊达尔戈（Cofradía

拉科罗拉达湖

de Hidalgo）镇，离市区15千米，是鳄鱼等动物的栖息地，可划船、观鸟和看鳄鱼，但不能游泳，“拉科罗拉达”在西班牙语中意为“色彩”。

## 埃尔丘帕德罗海滩（Playa El Chupadero）

埃尔丘帕德罗海滩位于特科曼市的埃尔阿伊哈德罗（El Ahijadero）镇，离市区26千米，该处海滩沙细，呈浅灰色，风平浪静，海岸是一片面积约26平方千米的沼泽地。它是科利马州最大的沼泽地，也是白尾鹿、野猪、负鼠、鬣蜥、犰狳、浣熊、草鹭、野鸡和野鸭等动物的栖息地。

埃尔丘帕德罗海滩

## 拉瓦拉查泉眼浴场（Ojo de Agua La Huaracha）

拉瓦拉查泉眼浴场位于特科曼市的马德里镇，离市区15千米，坐落在密林之中，游人在山泉畅泳之余可欣赏大自然美景。

拉瓦拉查泉眼浴场

## 圣加布列尔溶洞（Gruta de San Gabriel）

圣加布列尔溶洞位于伊斯特拉瓦坎（Ixtlahuacán）市，离市区15千米，洞厅高50米，洞内布满造型各异的钟乳石和石笋，进洞和洞内的道路崎岖，适合洞穴探险。

圣加布列尔溶洞

# 第30章 塔巴斯科州

Estado de Tabasco

## 塔巴斯科州（Estado de Tabasco）

塔巴斯科州琼塔尔人

塔巴斯科州位于特万特佩克地峡北部，北临墨西哥湾，东南与危地马拉接壤，面积24731平方千米，地形为低平冲积平原，多沼泽和湖泊，经济以农牧渔业为主，20世纪开发陆上和近海地区的石油和天然气后成为墨西哥重要油气产地。塔巴斯科州是奥尔梅卡文化的发源地之一，其代表是拉文塔古城遗址。前400年前后奥尔梅卡文化消失，塔巴斯科州进入玛雅文化时期，大的玛雅文化遗址有科马尔卡尔科古城遗址、莫拉尔–雷弗尔马古城遗址、圣埃莱娜古城遗址、托尔图格罗古城遗址、波莫纳古城遗址和霍穆塔（Jomuta）古城遗址等。塔巴斯科州原住民有塔巴斯科州琼塔尔人、索克人和纳瓦人，学术界有学者认为塔巴斯科州琼塔尔人和索克人是独立的印第安种族，但大多数学者认为他们属玛雅族。塔巴斯科州琼塔尔人信奉库库尔坎羽蛇神（也是风和水神）、伊克查瓦可可神、塔瓦伊狩猎神、伊斯・切尔月亮女神（也是爱情和生育女神）等诸神。塔巴斯科州是印第安文化遗址最多的州之一，迄今已发现了1700多处遗址，塔巴斯科州有很多生态区和殖民时期建筑风格的城镇。

耶稣大教堂

## 比亚埃尔莫萨（Villahermosa）市

比亚埃尔莫萨市是塔巴斯科州州府，始建于1564年，是墨西哥早期殖民城镇之一，是墨西哥东南地区贸易和石油工业的重镇，也是墨西哥城通往尤卡坦半岛的交通枢纽，被誉为“墨西哥东南的绿宝石”。该市的老建筑有耶稣大教堂、州历史博物馆、州府大楼和无玷始胎圣母教堂。卡洛斯・佩伊塞尔人类博物馆以当地著名诗人卡洛斯・佩伊塞尔的名字命名，是墨西哥第二大的人类历史博物馆，藏品包括1000多件代表奥尔梅卡、索克、纳瓦、玛雅等印第安文化的文物，镇馆之宝是在琼塔尔文化遗址托尔图格罗古城遗址出土的一块石碑，石碑刻着的玛雅日历显示2012年是玛雅人的新旧世界交替之年。河堤大桥（Puente Malecón）是一座连接市区两岸的古桥，桥上有观景台眺望城市。市区的托马斯·加里多·卡纳瓦尔（Tomás Garrido Canabal）公园是休闲娱乐公园。

## 奥尔梅卡文化遗址

### 拉文塔（La Venta）古城遗址

拉文塔古城遗址位于维曼吉略（Huimanguillo）市，坐落在托纳拉（Tonalá）河畔的沼泽地中一座面积达5.2平方千米的小岛上，离墨西哥湾仅数千米，考古发现早在5000年前就有人类生活在这个地区。古城存在年代约为前1200—前400年，鼎盛时期为前900—前400年，人口约1.8万人，是墨西哥最早的印第安古城之一，但已具备现代城市规划雏形。古城的奥尔梅卡人已经掌握玉米、木薯等农作物的种植技术，古城原名称已无从考究，"拉文塔"在西班牙语中意为"出售"，源自19世纪该地曾是木材交易市场。古城原有很多建筑，包括神庙、神台、金字塔和民居，由于当地缺少石头，所以建筑用黏土垒成，房子都是芦苇泥墙棕榈顶，现存建筑不多。主建筑是一座用土堆成的金字塔，塔基直径128米，塔高31.4米，上面没有神庙，堆土约10万立方米，是墨西哥最早的金字塔。古城居民从邻近的韦拉克鲁斯州和恰帕斯州运来石头，小的石块被雕刻成石碑、动物或人物雕像，大的石头被雕刻成巨型人头石像，拉文塔古城遗址迄今共出土4尊巨型人头石像，出土文物还包括玉石和陶器等陪葬品。拉文塔遗址博物馆位于遗址入口，展出在遗址出土的200多件文物，博物馆的巨型人头像都是复制

拉文塔古城遗址

品，原件则收藏在比亚埃尔莫萨市的拉文塔公园博物馆内。拉文塔公园博物馆坐落在比亚埃尔莫萨市郊的幻想（Ilusiones）湖畔，面积7公顷，在拉文塔古城遗址出土的33件大型石雕露天摆放，是墨西哥唯一的露天考古博物馆。

## 玛雅文化遗址

### 科马尔卡尔科（Comalcalco）古城遗址

科马尔卡尔科古城遗址

科马尔卡尔科古城遗址位于科马尔卡尔科市，坐落在塞科（Seco）河畔的热带雨林，“科马尔卡尔科”在纳瓦语中意为“有土制饼铛的家”。古城存在年代约为前800—公元1000年，鼎盛时期为前200—公元950年。古城分三大区域，即北广场（Plaza Norte）、大卫城（Gran Acrópolis）和卫城（Acrópolis），面积约7平方千米，是墨西哥最大的玛雅古城之一，也是中美洲最西面的玛雅古城，被认为是这一地区玛雅人的贸易中心，也是尤卡坦半岛的玛雅人通往墨西哥中部高原的门户。当地玛雅人称古城为霍伊·昌（Joy Chan），其意为“环绕的天空”。由于当地缺少石头，古城建筑都是用土砖砌成，包括祭祀中心、神台、民居等，外墙多有彩绘和雕刻，现存建筑有坐像神殿（Templo de las Figuras Sedentes）、灰浆图纹墓（Tumba de los Estucos）和100多座上千年的古墓。遗址博物馆展出的出土文物包括灰浆图纹面具、有人物和动物雕像的土砖等。

### 莫拉尔-雷弗尔马（Moral-Reforma）古城遗址

莫拉尔-雷弗尔马古城遗址

莫拉尔-雷弗尔马古城遗址位于巴兰坎（Balancán）市，坐落在圣佩德罗·马蒂尔（San Pedro Mártir）河和埃尔萨亚（El Sayá）溪之间，离市区20千米。“莫拉尔”在西班牙语中意为“黑桑树”，“雷弗尔马”在西班牙语中意为“改革”，遗址因当地有很多黑桑树和位于雷弗尔马镇而得名。古城分布在30多个小山头，面积约87公顷，存在年代约为前300—公元1000年，鼎盛时期为622—756年，是古代危地马拉佩腾地区的玛雅人去墨西哥湾沿岸地区进行贸易的必经之地。现存建筑包括北金字塔（Pirámide Norte）、神台、球场等。北金字塔是墨西哥极为罕见的双体金字塔，塔高27米，是塔巴斯科州最高的金字塔，在遗址出土的几十件文物被收藏在巴兰坎市博物馆。

## 圣埃莱娜（Santa Elena）古城遗址

圣埃莱娜古城图形文字石碑

圣埃莱娜古城遗址位于巴兰坎市，坐落在圣佩德罗·马蒂尔河谷，离市区95千米。遗址地处巴兰坎市与特诺西克（Tenosique）市交界处，两市对遗址的归属一直有争议。圣埃莱娜古城是玛雅瓦卡亚普（Wak’aab）王国的首都，玛雅人称古城为瓦卡亚普。古城以邻近的圣埃莱娜镇的名字命名，遗址仅存一些石砌墙等断壁残垣，在该处出土的陶器和石碑等文物收藏在巴兰坎市博物馆。古城存在年代不详，卡拉克穆尔（Calakmul）城和黑石（Piedras Negras）城两城结盟的玛雅人曾攻打圣埃莱娜城并最终取胜。

## 圣克劳迪奥（San Claudio）古城遗址

圣克劳迪奥古城遗址位于特诺西克市，坐落在圣克劳迪奥湖畔。古城存在年代约为前200—公元900年，鼎盛时期为600—900年，面积约70公顷，共有94处石建筑，包

圣克劳迪奥古城遗址

括金字塔、神台和球场。其主建筑有高12米的金字塔和高2.5米的观象台，观象台用于观察冬至日和夏至日的太阳活动，古城的玛雅人生产和销售燧石、黑曜石和石矛、石刀、石斧等石器。

### 潘哈莱（Panhalé）古城遗址

潘哈莱古城遗址

潘哈莱古城遗址位于特诺西克市，坐落在山口（Boca del Cerro）峡谷的乌苏马辛塔河畔，离市区5千米，“潘哈莱”在玛雅语中意为“水中倒影”，源自古城就在河边。古城存在年代不详，建筑都用整齐的石灰岩块砌成，主建筑是一座高30米的金字塔。古城位置险要，是控制乌苏马辛塔河水运的关口，历来是玛雅人的必争之地，历史上玛雅人为争夺该城进行过多次战斗。

## 琼塔尔文化遗址

### 托尔图格罗（Tortuguero）古城遗址

托尔图格罗古城遗址位于马库斯帕纳（Macuspana）市，坐落在托尔图格罗山坡，离市区10千米。“托尔图格罗”在西班牙语中意为“多龟的地方”，源自玛雅人对古城的称谓“巴亚库尔”（B'aaku'l），这一称谓在玛雅语中意为“多龟的地方”。古城由塔巴斯科州琼塔尔人所建，面积约8平方千米，有20多处石灰岩石建筑，7世纪时被遗弃。在遗址出土的文物不多，分别收藏在墨西哥和美国各地的博物馆，最有名的是现存比亚埃尔莫萨市的卡洛斯·佩伊塞尔人类博物馆的托尔图格罗石碑，被认为是墨西哥玛雅文化遗址出土的5000多块石碑中最有分量的一块。

托尔图格罗石碑

塔巴斯科州琼塔尔文化存在年代约为300—1521年，分布在塔巴斯科州。塔巴斯科州琼塔尔和瓦哈卡州琼塔尔是两个不同种族。塔巴斯科州琼塔尔语也称为约科特（yokot）语，约科特语属玛雅语系。塔巴斯科州琼塔尔人也称为玛雅琼塔尔人、乔科普人（chocoh）和普顿人（los putunes）等，多数学者认为他们属玛雅人。他们自称约科特阿诺普人（yokot' anob），其在约科特语中意为“真正的男子汉”。“琼塔尔”在纳瓦语中意为“外乡人”。他们称自己的王国为乔科坦（Chocotán），其在约科特语中意为“美洲狮后代之地”。殖民前的几百年间，乔科坦王国跟尤卡坦半岛印第安部落征战不断，攻城夺地不少，但也被虎视眈眈的阿兹台克人打败过，有的小王国成了阿兹台克王国的附庸国，但至1521年仍拥有9个小王国。塔巴斯科州琼塔尔人从事农业、渔业和贸易，种植玉米、可可、烟草、豆类、辣椒、菠萝、橡胶树、胭脂树、南瓜和佛手瓜等。他们善于使用弓箭、弹弓、芦苇吹箭和木制长矛等狩猎。他们掌握近海航海技术，控制了墨西哥中部高原和尤卡坦半岛之间的海上贸易水路。陆路贸易主要向西南延伸，贸易范围远至危地马拉的佩腾城。殖民初期塔巴斯科州琼塔尔人曾奋勇反抗西班牙远征军，战死战伤众多。塔巴斯科州琼塔尔人信奉主神库库尔坎羽蛇神（也是风和水神）及伊克查瓦可可神、塔瓦伊狩猎神等诸神。

### 波莫纳（Pomoná）古城遗址

波莫纳古城遗址位于特诺西克市，坐落在乌苏马辛塔河左岸的冲积平原，离市区39千米，“波莫纳”在玛雅语中意为“柯巴木房子”。古城面积约1.75平方千米，石灰岩石建筑分散在6个区域。古城由塔巴斯科州琼塔尔人所建，存在年代不详，鼎盛时期为600—900年，遗址出土的120多件文物被波莫纳遗址博物馆收藏。

波莫纳古城遗址

## 索克文化遗址

### 马尔帕西托（Malpasito）古城遗址

马尔帕西托古城遗址位于维曼吉略市，坐落在鲜花（Las Flores）山谷，这座索克人最大的古城坐落在一片高低不平的山地上，依山而建，建筑用石灰岩块砌成。古城面积约17公顷，存在年代不详，兴盛时期为700—900年，已发现了53座建筑。古城原名不详，现以所在的马尔帕西托镇的名字命名。索克人分布在恰帕斯州西北部至塔巴斯科州南部和中西部等地区，他们建了多座古城，长期与阿兹台克人保持很好的社会

马尔帕西托古城遗址

和贸易关系。1484年索克人被阿兹台克人打败，被迫俯首称臣，进贡纳粮。

索克文化存在年代约为500—1521年，分布在特万特佩克地峡的恰帕斯州、瓦哈卡州和塔巴斯科州。索克语属米塞–索克语系，索克人也称措克人（tzoque、soque o zoc），索克人是阿兹台克人对他们的称谓，“索克”在纳瓦语中意为“烂泥地上的人”。有学者认为，前400年前后奥尔梅卡人消失后，部分奥尔梅卡人迁移到特万特佩克地峡，他们是索克人的祖先，因此，索克文化起源应向前追溯1000年。索克王国社会上层包括地主、祭师、法官和税务官等。索克人从事农业、渔业和狩猎，经常举行祭神活动来维系各阶层之间松散的社会关系。

## 热带雨林之水公园（Parque Agua Selva）

热带雨林之水公园位于维曼吉略市，坐落在维曼吉略山脉。公园的秃猴（Mono Pelado）山、拉帕瓦（La Pava）山、拉科帕（La Copa）山等山头分布着许多大小不一的瀑布，大瀑布有拉帕瓦瀑布、皇后浴池（Baño de La Reina）瀑布、新娘面纱瀑布、燕子（Las Golondrinas）瀑布和鲜花瀑布。著名的索克文化遗址马尔帕西托古城遗址就在公园内，公园植物繁多，适合爬山、滑索、绳降、骑山地车和野营。

热带雨林之水公园瀑布

## 魔幻小镇

### 塔皮胡拉帕（Tapijulapa）镇

塔皮胡拉帕镇属塔科塔尔帕（Tacotalpa）市，坐落在塔巴斯科山脉的奥索洛坦（Oxolotán）河和阿马坦（Amatán）河的交汇处，被誉为“塔巴斯科山脉的绿宝石”，原住民为索克人，“塔皮胡拉帕”在索克语中意为“打碎陶罐的地方”。塔皮胡拉帕镇的房子多为白墙红瓦，花木满院，石路衬托，极具殖民时期建筑风格，主教堂是圣地亚哥使徒教堂。鲁斯山谷（Villa Luz）公园离镇3千米，面积27公顷，奥索洛坦河流经该处，有豹猫、蜘蛛猴、山猪等野生动物。鲁斯山谷瀑布落差38米。盲沙丁鱼（Sardinas Ciegas）山洞位于鲁斯山谷公园，洞长500米，洞内有一小溪流经形成的小湖，湖里的鱼都是瞎的，当地人称为盲沙丁鱼。每年的棕枝主日是索克人的开渔节，索克人在山洞旁跳着沙丁鱼舞（Danza de las sardinas），举行开渔仪式，然后，投放杀鱼草捕鱼。托马斯·加里多（Tomás Garrido）之家博物馆位于鲁斯山谷公园，原为塔巴斯科州州长托马斯·加里多的别墅，现为地方历史博物馆，其展品包括当地索克文化文物等。科连·哈亚（Kolem Jaá）生态公园是娱乐公园，可滑索、绳降等。科科纳溶洞（Grutas de Coconá）可探险游和野营。上帝植物园（Jardín Botánico de Dios）位于苏穆（Ejido Zunú）镇，面积达14公顷，专门种植印第安人用来治病的草药，如紫龙舌兰等。

塔皮胡拉帕镇一角

# 第31章 阿瓜斯卡连特斯州

Estado de Aguascalientes

## 阿瓜斯卡连特斯州（Estado de Aguascalientes）

马萨瓦人

阿瓜斯卡连特斯州位于墨西哥中部，面积5616平方千米，“阿瓜斯卡连特斯”在西班牙语中意为“热水”，得名源于该州多温泉。阿瓜斯卡连特斯州印第安人有纳瓦人、马萨瓦人、维乔尔人和奥托米人，是墨西哥印第安人最少的州。该州地貌多样，拥有不少风景秀丽的山脉、峡谷和大山，包括维霍洛特斯峡谷、赫苏斯·玛利亚（Jesús María）市的亡人（Muerto）山、阿瓜斯卡连特斯市的公鸡（Los Gallos）山、冷山脉（Sierra Fría）的阿尔迪亚（Ardilla）山。阿瓜斯卡连特斯州有几十个大小不一的水库，大水库有卡尔维略市的马尔帕水库和洛斯阿拉米托斯（Los Alamitos）水库，圣何塞·德·格拉西亚市的普鲁塔尔科·埃利亚斯·卡耶斯水库和图内尔·德·波特雷里略水库（“波特雷里略”在西班牙语中意为“锌皮顶木板房”）。阿瓜斯卡连特斯州有很多殖民时期建筑风格的城镇和庄园，大庄园有埃尔索亚塔尔（El Soyatal）庄园、圣地亚哥（Santiago o Garabato）庄园、圣布拉斯（San Blas）庄园、埃尔奥科特（El Ocote）庄园、圣巴尔托洛（San Bartolo）庄园、谢内吉亚（Cieneguilla）庄园和佩纽埃拉斯（Peñuelas）庄园。

## 阿瓜斯卡连特斯（Aguascalientes）市

阿瓜斯卡连特斯市是阿瓜斯卡连特斯州州府。始建于1575年，海拔1884米，气候温和少雨，是一座老矿城，经济以制造业、农业和旅游业为主，老教堂有圣安东尼奥教堂和升天圣母教堂，大广场有祖国广场和三世纪（Tres Centurias）公园。何

圣安东尼奥教堂

塞·瓜达卢佩·波萨达博物馆以当地有名的版画家和漫画家何塞·瓜达卢佩·波萨达的名字命名，原为修道院，现为艺术博物馆。州府大楼建于1665年，有智利画家奥斯瓦尔多·巴拉以该市历史为题材作的五幅大型壁画。巴亚多利德（Valladolid）水上公园位于近郊，热泉眼（Baños de Ojocaliente）温泉建于19世纪，是该市原有的16处温泉中仅存的两处温泉之一。

## 林孔·德·罗莫斯（Rincón de Romos）市

拉特朗大教堂

林孔·德·罗莫斯市始建于1639年，经济以农牧业为主，老教堂有拉特朗大教堂等。埃尔萨乌西略（El Saucillo）水渠位于埃尔萨乌西略镇，离市区5千米，水渠建于1877年，为引水到埃尔萨乌西略庄园而建，“埃尔萨乌西略”在西班牙语中意为“爬蔓蒿蓄”。起义（La Insurgencia）博物馆位于伊达尔戈营帐（Pabellón de Hidalgo）镇的圣布拉斯（San Blas）庄园，是阿瓜斯卡连特斯州唯一的墨西哥独立运动博物馆。1811年，墨西哥独立起义军兵败卡尔德隆桥（Puente de Calderón）战役，米格尔·伊达尔戈在圣布拉斯庄园被解除军中职务。另一大庄园是建于1826年、位于圣哈辛托镇的圣哈辛托（San Jacinto）庄园。

伯利恒圣母教堂

## 魔幻小镇

### 雷阿尔·德·阿仙托斯（Real de Asientos）市

雷阿尔·德·阿仙托斯市是殖民时期墨西哥主要的产银区之一，大银矿有萨卡特卡圣母（Nuestra Señora de los Tzacatecas）矿、洛斯阿仙托斯·德·伊瓦拉（Los Asientos de Ibarra）矿和洛斯雷耶斯（Los Reyes）

矿等。大矿主的豪宅中最奢华的是加斯帕尔·贝尼托·拉拉尼亚加的豪宅。老教堂有伯利恒圣母教堂和瓜达卢佩圣母教堂。排水渠（Túneles）是18世纪为避免伯利恒圣母教堂被地下水淹没而建的三条各长60米的地下排水渠。教区画廊（Pinacoteca Parroquial）在伯利恒圣母教堂内，收藏了殖民时期的画作，包括18世纪墨西哥画家米格尔·马特奥·马尔多纳多的作品。埃尔温迪多（El Hundido）矿是一座废银矿，可从市中心乘埃尔皮奥希托（El Piojito）观光小火车前往参观。前特波桑耶稣修道院离市区2千米，现为圣物和历史博物馆，收藏有马尔多纳多等人的画作。高水渠（Acueducto Elevado）位于雷阿尔·德·阿仙托斯市西面，是18世纪为引入阿尔塔米拉山的水进城而建造的。

## 卡尔维略（Calvillo）市

卡尔维略市以当地圣尼古拉斯庄园的主人何塞·卡尔维略的名字命名，原住民是萨卡特卡人。卡尔维略市是墨西哥最大的番石榴产地，有“番石榴之乡”的美称，当地人用番石榴做蜜饯和果酒。中心广场出发的瓜耶基托有轨电车（Tranvía Guayequito）有多条观光线路，包括马尔帕索（Malpaso）水库、番石榴果园、养牛场（Vaquería）庄园和教堂之路等。该市的老建筑有市政大楼、瓜达卢佩圣母教堂等。萨利特雷耶稣教堂建于19世纪，祭坛镀金，其穹隆圆顶布满宗教题材的壁画，是墨西哥最大、最美的教堂圆顶，1945年被墨西哥政府列为国家历史遗产。圣犹大·达陡教堂位于圣达陡镇，收藏有米格尔·马特奥·马尔多纳多画的耶稣十二门徒之一圣犹大·达陡的人像画。马尔帕索水库离市区1.5千米，可野营、骑摩托车和划艇。白山（Cerro Blanco）瀑布位于白山镇的白山，离市区8.7千米。洛斯阿利索斯（Los Alisos）瀑布离市区8千米，可攀岩、绳降和野营。卡尔维略市两个水上公园分别是绿洲（El Oasis）公园和山洞（La Cueva）公园。

市政大楼

## 圣何塞·德·格拉西亚（San José de Gracia）市

圣何塞·德·格拉西亚市坐落在冷山脉，原住民为奇奇梅卡人，1927年建普鲁塔尔科·埃利亚斯·卡耶斯（Plutarco Elías Calles）水库时老城被淹没，后重建了新城。该市的主教堂是无玷始胎圣母教堂。圣何塞·德·格拉西亚市海拔2050米，其自然风

普鲁塔尔科·埃利亚斯·卡耶斯水库

光十分闻名，有多条溪河流经该地，包括白（Blanco）河、普列托（Prieto）河、灰狼（Coyotes）溪、龟（Tortugas）溪和古铁雷斯（Gutiérrez）溪等。该市修建的水库有霍科基（Jocoqui）水库、五十周年（Cincuenta Aniversario）水库、普鲁塔尔科·埃利亚斯·卡耶斯（Plutarco Elías Calles）水库和图内尔·德·波特雷里略（Túnel de Potrerillo）水库等。普鲁塔尔科·埃利亚斯·卡耶斯水库可蓄水3.4亿立方米，大坝高66米，长268米，是墨西哥最大的水库。残缺耶稣（Cristo Roto）像在普鲁塔尔科·埃利亚斯·卡耶斯水库的岛上，建于2006年，高28米，是一尊钢筋混凝土浇注、没有右脚和右手的耶稣像，寓意上帝保佑老弱病残的人。

## 水渠口峡谷探险公园（Parque Aventura Cañón Boca de Túnel）

水渠口峡谷探险公园

水渠口峡谷探险公园位于圣何塞·德·格拉西亚市，坐落在水渠口峡谷，离市区15千米，水渠口峡谷因峡谷有一条3千米长的引水渠而得名。公园有10多座吊桥和滑索，最长的吊桥长105米，高15米，桥对岸怪石嶙峋，树木成荫，别有洞天，可爬山、划艇、野营、骑山、游泳和垂钓。公园的观景台可观看图内尔·德·波特雷里略水库的瀑布，水库溢出的水漫过水坝，形成落差30米的人工瀑布，“图内尔”在西班牙语中意为“水渠”。

## 图内尔·德·波特雷里略（Túnel de Potrerillo）镇

韦胡卡尔峡谷

图内尔·德·波特雷里略镇属林孔·德·罗莫斯市，坐落在伊达尔戈营帐峡谷，深藏在峡谷的树林中，四周树林环绕，风景宜人。该镇的伊达尔戈营帐峡谷和邻近的韦胡卡尔（Huejúcar）峡谷很适合野外运动，如爬山、骑山地车、骑马和探险等。

## 维霍洛特斯峡谷（Cañon de Huijolotes）

维霍洛特斯峡谷位于卡尔维略市，离塔皮亚斯老镇（Tapias Vieja）5千米，峡谷峭壁林立，石灰岩石高20~60米，吸引了很多攀岩爱好者前往，峡谷可绳降、攀岩、野营和探险游。

维霍洛特斯峡谷

洛斯夸尔托斯庄园

## 洛斯夸尔托斯庄园（Hacienda de Los Cuartos）

洛斯夸尔托斯庄园位于赫苏斯·玛利亚市，建于1597年，占地面积达2平方千米，原为畜牧和粮食加工场，现为该市的环境教育中心。

埃尔奇奇梅科庄园

## 埃尔奇奇梅科庄园（Hacienda El Chichimeco）

埃尔奇奇梅科庄园位于赫苏斯·玛利亚市，建于18世纪，占地面积1平方千米。20世纪40年代当地斗牛士费尔明·埃斯皮诺萨·萨乌塞多，绰号阿尔米伊塔，买下庄园建了斗牛养殖场，现庄园和斗牛养殖场仍属阿尔米伊塔家族所有。阿尔米伊塔家族是斗牛士世家，出过几位著名斗牛士。为弘扬墨西哥斗牛历史文化，阿尔米伊塔家族在庄园建了斗牛博物馆，收藏了数百件有关斗牛的物品。

## 柏树公园（Parque El Sabinal）

柏树公园位于阿瓜斯卡连特斯市，离市区19千米，面积20公顷。公园树木繁盛，溪流环绕，有柳树、胡椒树、落羽杉、牧豆树和棕榈树等，但最多的是被视为墨西哥国树的柏树，其中不乏树龄达数百年的古柏。公园是很多动物的栖息地，如浣熊、犰狳等，公园可野营和爬山。

柏树公园

## 奇奇梅卡文化遗址

### 埃尔奥科特（El Ocote）古城遗址

埃尔奥科特古城遗址位于阿瓜斯卡连特斯市，离市区36千米。古城由卡斯坎人或特奎塞人所建，面积约60公顷，存在年代约为500—900年。古城建筑现已荡然无存，仅存一些神庙和民居等建筑的地基，但古城的洛斯特夸内斯（Los Tecuanes）山有不少岩画，在古城出土的文物包括数百块石碑、石器、骨器和上万件陶器和陶片。

埃尔奥科特古城遗址

# 第32章 特拉斯卡拉州

Estado de Tlaxcala

## 特拉斯卡拉州（Estado de Tlaxcala）

特拉斯卡拉州位于墨西哥中部，面积3997平方千米，人口100多万人，是墨西哥面积最小和人口最少的州，境内两大平原分别是卡尔普拉尔潘（Calpulalpan）平原和瓦曼特拉（Huamantla）平原。该州地势平缓，气候宜人，经济以农业、轻工业和旅游业为主，原住民先后有奥尔梅卡人、奥尔梅卡–西卡扬卡人、奥托米人和特拉斯卡尔特卡人。前300年前后，奥尔梅卡–西卡扬卡人从别处迁移到特拉斯卡拉州和普埃布拉州，1000年前后奥尔梅卡–西卡扬卡人消失。奥尔梅卡–西卡扬卡人是后人对他们的称谓，源于后人认为他们来自奥尔梅卡地区，是奥尔梅卡人的后裔和特拉斯卡尔特卡人的祖先。学界认为奥尔梅卡–西卡扬卡文化是在1000年前后消失，由此推算特拉斯卡特卡文化起源年代约为1000—1521年。特拉斯卡特卡文化跟阿兹台克文化是同时期文化，特拉斯卡特卡王国跟阿兹台克王国常年争斗，是没有被阿兹台克人征服过的印第安王国。早在前1800年已经有人类居住在普埃布拉–特拉斯卡拉山谷，他们以家庭为单位，种植玉米、豆类、南瓜等。特拉斯卡尔特卡人继承了前人传统，逐渐建立村镇乃至城市。他们开挖灌溉渠，造烧陶窑炉，立石碑，造石墓，建神庙神台祭祀韦韦特奥特火神等诸神。特拉斯卡拉州有很多秀美的风景，最出名的是拉马林切国家公园。特拉斯卡拉州也有很多庄园和殖民时期建筑，老教堂有特拉斯卡拉市的奥科特兰圣母教堂、萨卡特尔科市的圣伊内斯教堂、姚克梅坎市的圣迪奥尼西奥教堂和纳蒂维塔斯市的神奇大天使米格尔教堂等。

圣伊内斯教堂

## 特拉斯卡拉（Tlaxcala）市

小西科腾卡特雕像

特拉斯卡拉市是特拉斯卡拉州州府。始建于1525年，全称特拉斯卡拉·德·西科腾卡特（Tlaxcala de Xicohténcatl）市，殖民前的特拉斯卡拉王国（Nación Tlaxcalteca）由特拉斯卡尔特卡人，即特奥奇奇梅卡人统治的四个小王国（Señorío）组成，它们是特佩蒂克帕克（Tepeticpac）、奥科特卢尔科（Ocotelulco）、蒂萨特兰（Tizatlán）和基亚维斯特兰（Quiahuixtlán）。小西科腾卡特是蒂萨特兰国王，也是特拉斯卡拉王国的军事首领。小西科腾卡特全名西科腾卡特·阿萨亚卡钦，为区别于老国王老西科腾卡特，后人称他为小西科腾卡特。小西科腾卡特曾带领特拉斯卡尔特卡人抗击西班牙远征军，由于力量悬殊，未能打败远征军，最后小西科腾卡特与远征军议和。1521年他率领8万特拉斯卡尔特卡人协助远征军攻打特诺茨蒂特兰城，后跟埃尔南·科尔特斯产生矛盾并脱离远征军，1521年被远征军杀害。这位历史上很有争议的人物现在被当地民众视为英雄。特拉斯卡拉市坐落在青山翠谷之中，是最早期的殖民城市之一，西班牙人在该市建了数十座教堂和修道院，包括美洲大陆最早的圣弗朗西斯科修道院等。特拉斯卡拉市的老教堂有奥科特兰圣母教堂、圣尼古拉斯·托伦蒂诺教堂等。1986年其老城中心被墨西哥政府列为国家历史遗产。州府大楼建于1545年，曾是科尔特斯的官邸，为穆德哈尔式（Mudéjar）建筑风格，是城市的标志性建筑之一，其连拱走廊和楼梯墙壁有墨西哥著名壁画家德西德里奥·埃尔南德斯·索奇蒂奥钦作的24幅大型壁画，画作一改把特拉斯卡尔特卡人看作印第安人叛徒的历史观，客观地表现了特拉斯卡尔特卡人的历史和生活。奥科特兰圣母教堂位于离特拉斯卡拉市区1千米的奥科特兰镇，建于17世纪。升天圣母大教堂原名为圣弗朗西斯科·德·阿西斯教堂，建于1530年，是现存为数不多的穆德哈尔式建筑风格的教堂之一。印第安政府（Mesón Real de Indios）贵宾楼建于1551年，原为西班牙人扶持的特拉斯卡尔特卡人自治政府用来接待贵宾的客店，现为州议会大楼。

## 魔幻小镇

### 瓦曼特拉（Huamantla）市

圣路易斯主教修道院

瓦曼特拉市始建于1534年，原住民为奥托米人，是墨西哥湾沿海地区通往中部高原的必经之地。当年埃尔南·科尔特斯率领的西班牙远征军就是取道瓦曼特拉向墨西哥内地进军的，他们在瓦曼特拉遭到当地奥托米部落军事首领托克帕索丘统领的奥托米人的顽强抵抗，“瓦曼特拉”在纳瓦语中意为“树木成林的地方”。该市的老建筑有圣路易斯主教修道院、仁慈圣母教堂、圣弗朗西斯科修道院和市政大楼。博物馆有斗牛博物馆（Museo Taurino）、历史博物馆和全国木偶博物馆。老庄园有索尔特佩克·拉·埃斯孔迪达（Soltepec La Escondida）庄园、特内萨克（Tenexac）庄园等。瓦曼特拉市最有名的是奔牛节（Fiesta Brava La Huamantlada），它是墨西哥独一无二的奔牛节，奔牛节每年8月下旬举行，从1954年开始，迄今已举办了60多届，每年都有来自世界各地的10多万名斗牛爱好者前往挑战，奔牛节用的牛全部是重约500千克的成年牛。与西班牙潘普洛纳的圣费尔明奔牛节不同的是，瓦曼特拉奔牛节将多达30头斗牛分散在10多个街区，业余爱好者斗完牛后，专业斗牛士再当街表演斗牛。

### 特拉斯科（Tlaxco）市

圣奥古斯丁教堂

特拉斯科市海拔2540米，风景优美，地貌呈多样性，多峡谷、森林、河流和瀑布。这里的原住民奥托米人擅长跳黑人舞（los negritos），黑人舞是墨西哥中部流行的民间舞蹈，舞者身穿黑衣或戴黑面具，表现如何斗毒蛇的场景。相传很久以前，一位黑奴少年在山上被毒蛇咬了，他的母亲跳着神舞，最终救活了他，人们后来纷纷模仿这位母亲跳舞，黑人舞从此流行民间。几个世纪以来，特拉斯科市一直是布尔克龙舌兰酒（pulque）的最大产地，酒庄每年产的成千上万吨布尔克龙舌兰酒远销墨西哥和美国各地，由于市场变化，现在酒庄基本关闭了，大多成了旅舍或观光景点。该市的老建筑有圣奥古斯丁教堂、耶稣受难教堂、圣何塞教堂和市政大楼。特拉斯科市的史前岩画有：位于拉罗莎镇（“拉罗莎”在西班牙语中意为“玫瑰”）的拉佩纽埃拉宿营区（Campamento La Peñuela）的拉罗莎史前岩画、位于拉格洛丽亚农庄（“拉格洛丽亚”在西班牙语中意为“荣耀”）的拉帕拉达（La Parada）和拉格洛丽亚史前岩画等，这些岩画都有上万年历史。

## 拉马林切国家公园（Parque Nacional La Malinche）

拉马林切国家公园位于特拉斯卡拉州和普埃布拉州的交界，面积达458平方千米，其中314平方千米在特拉斯卡拉州，144平方千米在普埃布拉州，园内有拉马林切火山、夸特拉潘加（Cuatlapanga）山、萨尔托内莱（Xaltonele）山和萨拉帕斯科（Xalapasco）火山等多座山峰和火山。印第安人称拉马林切火山为马特拉尔奎耶特（Matlalcueyetl）火山，“马特拉尔奎耶特”在纳瓦语中意为“穿蓝裙子的女人”（La Señora de las Faldas Azules），因远眺火山像一位穿着蓝色裙子的女子而得名；西班牙人则用埃尔南·科尔特斯的印第安情妇的名字命名为马林切或马林钦（Malintzín）火山。传说很久以前，一位名叫马特拉尔奎耶特的印第安姑娘的未婚夫夸特拉潘加武士出门远征，姑娘担心过度，悲伤而逝，死后化身为火山。夸特拉潘加回来知道后，在她的坟头悲伤大哭身亡，死后也化身为火山，印第安人因此把这两座相隔19.5千米的火山分别叫做马特拉

拉马林切火山

尔奎耶特火山和夸特拉潘加山，并把它们视为圣山。拉马林切火山是一座复式盾形死火山，形成于350万年前，最后一次喷发是在更新世，火山海拔4462米，是墨西哥第五高的火山。公园树林密布，树木多松树、圣栎树和高山灌木。公园栖息着100多种鸟类和灰狼、山猫、负鼠、野兔、松鼠和蛇等爬行动物。拉马林切火山山坡平坦，有数条线路可登顶，还可野营、骑山地车、骑马、绳降和攀岩。

## 奥尔梅卡–西卡扬卡文化遗址

### 卡卡斯特拉（Cacaxtla）古城遗址

卡卡斯特拉古城遗址位于纳蒂维塔斯（Natívitas）市的圣米格尔·德尔·米拉格罗（San Miguel del Milagro）镇，“卡卡斯特拉”在纳瓦语中意为“篮子或背架”。古城由奥尔梅卡–西卡扬卡人所建，存在年代约为400—1000年，鼎盛时期为650—900年，现存建筑有金星神庙（Templo de Venus）、红神庙（Templo Rojo）等。古城的特色是建筑的墙上有彩画，其中最有名的是被后人称为《战争》的彩壁画，表现了奥尔梅卡–西卡扬卡人与入侵的瓦斯特卡人之间的一场战争。奥尔梅卡–西卡扬卡人信奉大地母亲神（Diosa Madre de la Tierra）的代表——特拉索尔特奥特生育和丰收女神。

卡卡斯特拉古城遗址

奥尔梅卡–西卡扬卡文化年代为前300—公元1000年，分布在特拉斯卡拉州等墨西哥中部地区，语言是纳瓦语。有学者认为奥尔梅卡–西卡扬卡人是坎佩切州的普顿–伊察埃尔人（los putun itzaer）后裔。300年前后，特奥蒂瓦坎王国渐渐衰败，奥尔梅卡–西卡扬卡人趁势迁移到墨西哥中部高原的普埃布拉山谷，在特拉斯卡拉州建了卡卡斯特拉和索奇特卡特等古城。古城多建在山上，建筑宏伟，除了神庙和民居，还有城堡、堡垒、掩体和战壕等军事设施。由于奥尔梅卡–西卡扬卡人在西班牙人到来前500年前后已消失，西班牙人的手抄古籍只记载其零星历史记录，仅知其社会是松散部落联盟。

### 索奇特卡特（Xochitécatl）古城遗址

索奇特卡特古城遗址位于纳蒂维塔斯市的圣米格尔·德尔·米拉格罗镇，离卡卡斯特拉古城遗址不到2千米。古城建在索奇特卡特山，索奇特卡特山是一座死火山，周围是一片死火山，“索奇特卡特”在纳瓦语中意为“索奇特兰的人”或“有很多花的地方”。古城由奥尔梅卡–西卡扬卡人所建，存在年代约为前300—公元1000年，因遗址出土多具孕妇和产妇小陶人，被认为是女性崇拜之城和祭祀特拉索尔特奥特生育和丰收女神的祭祀中心。现存建筑有鲜花金字塔（Pirámide de las Flores）、蛇金字塔（Pirámide de la Serpiente）、螺旋形金字塔（Pirámide de la Espiral）和火山柱石（Basamento de los Volcanes）。鲜花金字塔的塔基长144米，宽115米，是拉丁美洲第四大金字塔。

索奇特卡特古城遗址

## 特拉斯卡拉州庄园（Haciendas de Tlaxcala）

特拉斯卡拉州有上百座殖民时期的老庄园，有的仍种植龙舌兰和酿造布尔克龙舌兰酒，有的还在从事农牧业，有的已改造为度假旅舍，有的则成了博物馆，还有的败落荒废，比较有名的老庄园有：

瓦尔基里科（Val'Quirico）度假村位于特特拉特拉乌卡（Tetlatlahuca）市的圣阿格达（Santa Agueda）镇，离市区18千米，原是19世纪波菲里奥时期建的圣阿格达庄园，现改造成仿意大利塔斯卡纳地区中世纪建筑风格的度假村。

圣佩德罗·特内萨克（San Pedro Tenexac）庄园位于特雷纳特（Terrenate）市，建于18世纪，现为斗牛牧场，被墨西哥政府列为国家历史遗产。

圣何塞·阿特兰加（San José Atlanga）庄园位于阿特兰加特佩克（Atlangatepec）市，建于1890年，是墨西哥最古老的斗牛牧场庄园之一。

圣何塞·德·拉·拉古纳（San José de la Laguna）庄园位于拉萨罗·卡尔德纳斯市，建于1908年，占地面积达5平方千米，是墨西哥最古老的斗牛牧场庄园之一。

瓦尔基里科度假村

圣佩德罗·特内萨克庄园

索尔特佩克（Soltepec）庄园位于瓦曼特拉市，建于1712年，现为度假村，有旅馆、商店、温泉、游泳池和蒸汽浴场，可骑马和乘热气球观光。因1955年在庄园拍摄墨西哥电影《隐蔽》（La Escondida），亦被称为隐蔽庄园。

圣玛利亚·萨洛斯托克（Santa María Xalostoc）庄园位于特拉斯科市的萨洛斯托克镇，建于17世纪，原占地面积达35平方千米，现为度假村。

圣布埃纳文图拉（San Buenaventura）庄园位于特拉斯科市，建于18世纪，原是特拉斯卡拉州最大的布尔克酒庄园之一，现为度假村。

圣安德烈斯·布埃纳维斯塔（San Andrés Buenavista）庄园位于特拉斯科市，建于19世纪，现为私人庄园。

圣迭戈·索丘卡（San Diego Xochuca）庄园位于特拉斯科市，建于1847年，是特拉斯卡拉州目前唯一仍在生产布尔克龙舌兰酒的酒庄，游客可到酒庄观赏龙舌兰种植园，参观酒窖和品酒。

圣何塞·特佩亚瓦尔科（San José Tepeyahualco）庄园位于特拉斯科市，建于18世纪，现为私人庄园。

圣安东尼奥·特佩察拉（San Antonio Tepetzala）庄园位于特拉斯科市，海拔2620米，有500多年历史，现为度假村。

马萨基亚瓦克（Mazaquiahuac）庄园位于特拉斯科市，建于1549年，现为墨西哥国防部军校。

## 特拉斯卡特卡文化遗址

### 蒂萨特兰（Tizatlán）古城遗址

13世纪，特拉斯卡拉王国的奥科特卢尔科小王国发生内乱，其中一个部落在首领琼帕内的带领下另建了蒂萨特兰古城，即蒂萨特兰小王国。蒂萨特兰古城遗址位于特拉斯卡拉市，离市区8千米，“蒂萨特兰”在纳瓦语中意为“有白石笔的地方”。遗址在1927年被发现，现存主建筑包括西科腾卡特神殿的两个绘彩大祭坛。特拉斯卡尔特卡人信奉的诸神有米克特兰特库特利死神、特斯卡特拉波卡夜神和卡马斯特利主神等，古城主建筑用现在还在使用的土砖砌成，这在墨西哥实属罕见。

蒂萨特兰古城遗址

# 附录

## 墨西哥印第安种族分类表

| 序号 | 名称 | 自称 | 语言 | 人口/人（2012年） | 主要分布地区 |
|---|---|---|---|---|---|
| 1 | 纳瓦（nahua o nahoa） | 纳瓦（náhuatl） | 纳瓦（náhuatl） | 2445969 | 墨西哥中部 |
| 2 | 玛雅（maya） | 玛雅（maya） | 玛雅（maya） | 1475575 | 墨西哥南部、尤卡坦半岛 |
| 3 | 萨波特卡（zapoteca） | 比尼萨亚（binizáa） | 萨波特科（zapoteco） | 777253 | 特万特佩克地峡 |
| 4 | 米斯特卡（mixteca） | 努乌・萨维（ñuu sávi） | 米斯特科（mixteco） | 726601 | 瓦哈卡州、普埃布拉州、伊达尔戈州、格雷罗州 |
| 5 | 奥托米（otomí） | 尼亚努（hñähñü） | 奥托米（otomí） | 646875 | 墨西哥中部 |
| 6 | 托托纳卡（totonaca） | 塔奇维因（tachihuiin） | 托托纳科（totonaco） | 411266 | 东马德雷山脉 |
| 7 | 措兹尔（tzotzil） | 巴兹尔・维尼克（batsil winik） | 措兹尔（tzotzil） | 406962 | 恰帕斯州 |
| 8 | 泽尔塔尔（tzeltal） | 维尼克・阿特尔（winik atel） | 泽尔塔尔（tzeltal） | 384074 | 恰帕斯州 |
| 9 | 马萨瓦（mazahua） | 尼亚蒂奥（jñatio） | 马萨瓦（mazahua） | 326660 | 墨西哥州托卢卡山谷、米却肯州 |
| 10 | 马萨特卡（mazateca o mazateco） | 哈・苏塔・埃尼马（ha shuta enima） | 马萨特科（mazateco） | 305836 | 瓦哈卡州图斯特佩克（Tuxtepec）地区 |
| 11 | 瓦斯特卡（huasteca o huasteco） | 特埃内克（téenek） | 瓦斯特科（huasteco） | 226447 | 墨西哥中部瓦斯特卡（Huasteca）地区 |
| 12 | 乔尔（chol） | 维尼克（winik） | 乔尔（ch'ol） | 220978 | 恰帕斯州 |
| 13 | 普雷佩查/塔拉斯科（purépecha o tarasco） | 普雷佩查（p'urhépecha） | 普雷佩查（purépecha） | 202884 | 米却肯州塔拉斯科高原（Meseta Tarasca） |
| 14 | 奇南特卡（chinanteca o chinanteco） | 察・胡米（tsa jujmí） | 奇南特科（chinanteco） | 201201 | 瓦哈卡州图斯特佩克地区（Región de Tuxtepec） |

（续表）

| 序号 | 名称 | 自称 | 语言 | 人口 / 人（2012年） | 主要分布地区 |
|---|---|---|---|---|---|
| 15 | 米塞（mixe） | 阿尤乌克（ayüük） | 米塞（mixe） | 168935 | 瓦哈卡州华雷斯山脉（Sierra de Juárez） |
| 16 | 特拉帕斯内克（tlapasnek） | 梅哈亚（me'phaa） | 特拉帕内科（tlapaneco） | 140254 | 克雷塔罗州克雷塔罗山地区（Montaña Guerrerense） |
| 17 | 塔拉乌马拉（tarahumara） | 拉拉穆里（rarámuri） | 塔拉乌马拉（tarahumara） | 121835 | 奇瓦瓦州塔拉乌马拉山脉 |
| 18 | 马约（mayo） | 约雷梅（yoreme） | 马约（mayo） | 91261 | 索诺拉州马约山谷和锡那罗亚州埃尔富埃尔特山谷（Valles del Mayo y del Fuerte） |
| 19 | 索克（zoque） | 奥德・普特（o'de püt） | 索克（zoque） | 86589 | 特万特佩克地峡 |
| 20 | 塔巴斯科州琼塔尔（chontal de Tabasco） | 约科特（yokot） | 约科特（yokot） | 79438 | 塔巴斯科州琼塔尔帕地区（Chontalpa） |
| 21 | 波波卢卡（popoluca） | 顿卡普塞（tuncápxe） | 波波卢卡（popoluca） | 62306 | 特万特佩克地峡 |
| 22 | 查蒂诺（chatino） | 查克尼亚（cha'cña） | 查蒂诺（chatino） | 60003 | 瓦哈卡州沿海地区（Costa de Oaxaca） |
| 23 | 阿穆斯戈（amuzgo） | 察奎（tzañcue） | 阿穆斯戈（amuzgo） | 57666 | 克雷塔罗州克雷塔罗山地区、瓦哈卡州 |
| 24 | 托霍拉瓦尔（tojolabal） | 托霍尔维尼克（tojolwinik） | 托霍拉瓦尔（tojolabal） | 54505 | 恰帕斯州 |
| 25 | 维乔尔（huichol） | 维萨里卡（wixárika） | 维乔尔（huichol） | 43929 | 纳亚里特州东部和中部、哈利斯科州北部、萨卡特卡斯州南部、杜兰戈州南部 |
| 26 | 特佩万（tepehuán） | 奥达米（o'dami） | 特佩瓦诺（tepehuano） | 37548 | 杜兰戈州、纳亚里特州、锡那罗亚州等 |
| 27 | 特里基（triqui） | 吉伊・西汉汉（guii xihanjhan） | 特里基（triqui） | 29018 | 瓦哈卡州西北地区 |
| 28 | 波波洛卡（popoloca） | 希瓜（ngigua） | 波波洛卡（popoloca） | 26249 | 瓦哈卡州 |

（续表）

| 序号 | 名称 | 自称 | 语言 | 人口/人（2012年） | 主要分布地区 |
|---|---|---|---|---|---|
| 29 | 科拉（cora） | 纳耶埃里（nayeeri） | 科拉（cora） | 24390 | 纳亚里特州东北地区 |
| 30 | 马梅（mame） | 约奥（qyoo） | 马梅（mame） | 23812 | 恰帕斯州 |
| 31 | 亚基（yaqui） | 约埃梅（yoeme） | 亚基（yaqui） | 23411 | 索诺拉州亚基山谷（Valle del Yaqui） |
| 32 | 奎卡特卡（cuicateca o cuicateco） | 杜乌杜·尤（nduudu yu） | 奎卡特科（cuicateco） | 22984 | 瓦哈卡州北部地区 |
| 33 | 瓦韦（huave） | 伊科奥德斯（ikööds） | 瓦维（huave） | 20528 | 特万特佩克地峡 |
| 34 | 特佩瓦（tepehua） | 哈马西皮尼（hamasipini） | 特佩瓦（tepehua） | 16051 | 韦拉克鲁斯州、伊达尔戈州 |
| 35 | 坎霍瓦尔（kanjobal） | 坎霍瓦尔（k'anjobal） | 坎霍瓦尔（kanjobal） | 12974 | 坎佩切州、恰帕斯州、金塔纳罗奥州 |
| 36 | 瓦哈卡州琼塔尔（chontal de Oaxaca） | 斯利华拉·西哈努克（slijuala sihanuk） | 琼塔尔（chontal） | 12663 | 瓦哈卡州 |
| 37 | 帕梅（pame） | 西古埃（xigüe） | 帕梅（pame） | 12572 | 圣路易斯波托西州 |
| 38 | 奇奇梅卡–霍纳斯（chichimeca jonaz） | 埃萨尔（ezar） | 乌萨（uza） | 3169 | 瓜纳华托州、圣路易斯波托西州 |
| 39 | 马特拉钦卡（matlatzinca o matlazinca） | 波图纳（botuná） | 马特拉钦卡（matlatzinca） | 3005 | 米却肯州、墨西哥州 |
| 40 | 瓜里希奥（guarijío） | 马库拉维（makurawe） | 瓜里希奥（guarijío） | 2844 | 索诺拉州、奇瓦瓦州 |
| 41 | 丘克（chuj） | 丘克（chuj） | 丘克（chuj） | 2719 | 恰帕斯州 |
| 42 | 乔乔（chocho） | 鲁尼萨·希伊瓜（runixa ngiigua） | 乔乔或乔乔尔特科（chocho o chocholteco） | 2592 | 瓦哈卡州 |
| 43 | 塔夸特（tacuate） | 因尤斯（inyus） | 塔瓜特（tacuate） | 2379 | 瓦哈卡州 |
| 44 | 奥奎尔特科（ocuilteco） | 皮希埃哈克霍（pjiejakjo） | 特拉维卡（tlahuica） | 1759 | 墨西哥州 |
| 45 | 皮马（pima） | 奥奥普（o'ob） | 皮马（pima） | 1540 | 索诺拉州、奇瓦瓦州 |

（续表）

| 序号 | 名称 | 自称 | 语言 | 人口 / 人（2012年） | 主要分布地区 |
|---|---|---|---|---|---|
| 46 | 哈卡尔特科（jacalteco） | 阿布苏巴尔（abxubal） | 哈卡尔特科（jacalteco） | 1478 | 恰帕斯州 |
| 47 | 凯克奇（kekchí） | 凯克奇（k'ekchí） | 凯克奇（kekchí o q'eqchí'） | 987 | 坎佩切州 |
| 48 | 拉坎东（lacandón） | 哈茨·坦（hach t'an） | 玛雅（maya） | 896 | 恰帕斯州 |
| 49 | 伊斯卡特卡（ixcateca） | （不详） | 伊斯卡特科（ixcateco） | 816 | 瓦哈卡州伊斯卡特兰地区（Ixcatlán） |
| 50 | 塞里（seri） | 孔卡亚克（comcaac） | 塞里（seri） | 716 | 索诺拉州沿海地区 |
| 51 | 莫托辛特莱科（motocintleco） | 卡托克（qatok） | 莫托辛特莱科（motocintleco） | 692 | 恰帕斯州 |
| 52 | 基切（quiché） | 基切（q'iché） | 基切（quiché） | 524 | 坎佩切州 |
| 53 | 卡克奇克尔（kakchiquel） | 卡克奇戈尔（k'akchikel） | 卡克奇克尔（kakchiquel o kaqchikel） | 675 | 恰帕斯州 |
| 54 | 派派（paipai） | 阿克瓦亚拉（akwa'ala） | 派派（paipai） | 418 | 下加利福尼亚州 |
| 55 | 帕帕戈（pápago） | 托霍诺·奥奥丹（tohono o'odham） | 帕帕戈（pápago） | 363 | 索诺拉州 |
| 56 | 库卡帕（cucapá） | 埃斯·佩（es péi） | 库卡帕（cucapá） | 344 | 下加利福尼亚州墨西卡利地区 |
| 57 | 库米埃（kumiai） | 蒂派（ti'pai） | 库米埃（kumiai） | 328 | 下加利福尼亚州蒂华纳市 |
| 58 | 基卡普（kikapú o kikapoo） | 基卡普亚（kikapooa） | 基卡普（kikapú） | 251 | 科阿韦拉州 |
| 59 | 科奇米（cochimí） | 莱蒙·蒂帕（laymón, mti'pá） | 科奇米（cochimí） | 226 | 下加利福尼亚州恩塞纳达市 |
| 60 | 伊西尔（ixil） | 伊西尔（ixil） | 伊西尔（ixil） | 224 | 坎佩切州 |
| 61 | 基利瓦（kiliwa） | 科雷（ko'lew） | 基利瓦（kiliwa） | 107 | 下加利福尼亚州 |
| 62 | 阿瓜卡特科（aguacateco） | 卡塔努（qatanum） | 阿瓜卡特科（aguacateco） | 59 | 恰帕斯州 |
| 63 | 种族不明的印第安人 | — | — | 202597 | 墨西哥各地 |

# 墨西哥印第安文化一览表

| 序号 | 名称 | 时间 | 地区 |
| --- | --- | --- | --- |
| 1 | 奥尔梅卡（olmeca）文化 | 前2000—前400年 | 墨西哥中部 |
| 2 | 玛雅（maya）文化 | 前1650—公元1521年 | 墨西哥南部 |
| 3 | 米斯特卡（mixteca）文化 | 前1500—公元1400年 | 墨西哥中部 |
| 4 | 萨波特卡（zapoteca）文化 | 前1500—公元1521年 | 瓦哈卡州 |
| 5 | 查尔卡钦戈（chalcatzingo）文化 | 前1500—前350年 | 莫雷洛斯州 |
| 6 | 埃尔查纳尔（el chanal）文化 | 前1300—公元1400年 | 科利马州 |
| 7 | 科科约梅（cocoyome）文化 | 前1100—公元500年 | 奇瓦瓦州 |
| 8 | 瓦斯特卡（huasteca）文化 | 前1000—公元1521年 | 墨西哥中部 |
| 9 | 奇奇梅卡（chichimeca）文化 | 前1000—公元1521年 | 墨西哥中部 |
| 10 | 奎奎尔卡（cuicuilca）文化 | 前800—公元250年 | 墨西哥城 |
| 11 | 约佩（yope）文化 | 前650—公元1521年 | 格雷罗州 |
| 12 | 丘皮夸罗（chupícuaro）文化 | 前500—公元250年 | 瓜纳华托州、克雷塔罗州 |
| 13 | 特科斯金（tecoxquin）文化 | 前300—？<br>（一说为前2000—？） | 纳亚里特州 |
| 14 | 奥尔梅卡-西卡扬卡（olmeca-xicallanca）文化 | 前300—公元1000年 | 特拉斯卡拉州 |
| 15 | 特乌奇特兰（teuchitlán）文化 | 前300—公元900年 | 哈利斯科州、纳亚里特州、科利马州 |
| 16 | 阿斯塔特兰（aztatlán）文化 | 前300—公元1300年 | 纳亚里特州、锡那罗亚州 |
| 17 | 特奥蒂瓦坎（teotihuacán）文化 | 前200—公元750年 | 墨西哥中部 |
| 18 | 索奇卡尔科（xochicalco）文化 | 前200—公元1100年 | 莫雷洛斯州 |
| 19 | 墨斯卡拉（mezcala）文化 | 前200—公元1000年 | 格雷罗州 |
| 20 | 托托纳卡（totonaca）文化 | 300—1521年 | 墨西哥中部 |
| 21 | 查尔奇维特斯（chalchihuites）文化 | 200—1250年 | 萨卡特卡斯州、杜兰戈州、哈利斯科州 |
| 22 | 埃尔巴希奥（el bajío）文化 | 200—700年 | 瓜纳华托州 |

（续表）

| 序号 | 名称 | 时间 | 地区 |
|---|---|---|---|
| 23 | 塔巴斯科州琼塔尔（chontal de Tabasco）文化 | 300—1521年 | 塔巴斯科州 |
| 24 | 瓦哈卡州琼塔尔（chontal de Oaxaca）文化 | 300—1521年 | 瓦哈卡州 |
| 25 | 萨哈伊（xajay）文化 | 450—1100年 | 伊达尔戈州 |
| 26 | 伊斯特佩特–格里略（ixtepete-grillo）文化 | 400—900年 | 哈利斯科州 |
| 27 | 马萨特卡（mazateca）文化 | 500—1521年 | 瓦哈卡州 |
| 28 | 奎卡特卡（cuicateca）文化 | 500—1521年 | 瓦哈卡州北部 |
| 29 | 索克（zoque）文化 | 500—1521年 | 特万特佩克地峡 |
| 30 | 马特拉钦卡（matlatzinca）文化 | 600—1521年 | 米却肯州、墨西哥州 |
| 31 | 奥奎尔特卡 /特拉维卡（ocuilteca o tlahuica）文化 | 600—1521年 | 墨西哥州、莫雷洛斯州 |
| 32 | 马利纳尔卡（malinalca）文化 | 650—1521年 | 墨西哥中部 |
| 33 | 帕基梅（paquimé）文化 | 700—1500年 | 奇瓦瓦州 |
| 34 | 奥托米（otomí）文化 | 450—1521年 | 墨西哥中部 |
| 35 | 特奥特南卡（teotenanca）文化 | 700—1162年 | 墨西哥州 |
| 36 | 托尔特卡（tolteca）文化 | 700—1200年 | 墨西哥中部 |
| 37 | 普雷佩查（purépecha）文化 | 900—1521年 | 墨西哥中部 |
| 38 | 阿兹台克（azteca）文化 | 1000—1521年 | 墨西哥中部 |
| 39 | 索奇米尔卡（xochimilca）文化 | 1000—1521年 | 莫雷洛斯州 |
| 40 | 乔卢尔特卡（cholulteca o chollulán）文化 | 1168—1521年 | 普埃布拉州 |
| 41 | 特拉斯卡尔特卡（tlaxcalteca）文化 | 1000—1521年 | 特拉斯卡拉州、普埃布拉州 |
| 42 | 马萨瓦（mazahua）文化 | 1200—1521年 | 墨西哥州、米却肯州 |
| 43 | 科亚维尔特卡（coahuilteca）文化 | ？—1521年 | 墨西哥东北部 |
| 44 | 查尔卡（chalca）文化 | 1000—1521年 | 墨西哥中部 |

注：1.本表只包括本书所列印第安文化。
2.“？”表示年代不详 。
3.本表中30种印第安文化本书有遗址介绍，其余文化没有遗址介绍。

# 墨西哥古今印第安人种名称中西文对照表

| 序号 | 中译名 | 单数 | 复数 | 主要分布地区 | 现状 |
|---|---|---|---|---|---|
| 1 | 奥尔梅卡人 | olmeca | olmecas | 墨西哥中部 | 消失 |
| 2 | 索茨特卡人（奥尔梅卡族） | xochteca | xochtecas | 墨西哥中部 | 消失 |
| 3 | 基亚维斯特卡人（奥尔梅卡族） | quiyahuizteca | quiyahuiztecas | 墨西哥中部 | 消失 |
| 4 | 科科尔卡人（奥尔梅卡族） | cocolca | cocolcas | 墨西哥中部 | 消失 |
| 5 | 奥尔梅卡–维斯托蒂人（可能是奥尔梅卡人后裔） | olmeca-vixtoti | olmeca-vixtoti | 韦拉克鲁斯州 | 消失 |
| 6 | 奥尔梅卡–西卡扬卡人（可能是奥尔梅卡人后裔） | olmeca-xicallanca u olmeca-xicalanca | olmeca-xicallancas u olmeca-xicalancas | 墨西哥中部（特拉斯卡拉州、普埃布拉州、莫雷洛斯州） | 消失 |
| 7 | 奥尔梅卡–乌伊斯托廷人（可能是奥尔梅卡人后裔） | olmeca-uixtotin | olmeca-uixtotin | 墨西哥中部 | 消失 |
| 8 | 玛雅人* | maya | mayas | 墨西哥南部、尤卡坦半岛 | 存在 |
| 9 | 塔巴斯科州琼塔尔人*（玛雅族） | chontal de Tabasco | chontales de Tabasco, mayas chontales, yoko t’aanob o putunes | 塔巴斯科州 | 存在 |
| 10 | 瓦哈卡州琼塔尔人*（玛雅族） | chontal de Oaxaca | chontales de Oaxaca o tequistlatecos | 瓦哈卡州 | 存在 |
| 11 | 琴人（玛雅族） | chen | chenes | 尤卡坦半岛 | 消失 |
| 12 | 伊察人（玛雅族） | itzá | itzaes | 尤卡坦半岛 | 消失 |
| 13 | 图图尔·休人（玛雅族） | tutul xiú | tutul xiúes | 尤卡坦半岛 | 消失 |
| 14 | 科孔人（玛雅族） | cocom | cocomes | 尤卡坦半岛 | 消失 |
| 15 | 查坎人（玛雅族） | chakán | chakanes | 尤卡坦半岛 | 消失 |
| 16 | 基切人*（玛雅族） | quiché | quichés | 坎佩切州 | 存在 |
| 17 | 伊西尔人*（玛雅族） | ixil | ixiles | 坎佩切州 | 存在 |
| 18 | 克克奇人*（玛雅族） | kekchí | kekchíes | 坎佩切州 | 存在 |

（续表）

| 序号 | 中译名 | 单数 | 复数 | 主要分布地区 | 现状 |
|---|---|---|---|---|---|
| 19 | 索克人*（玛雅族） | zoque | zoques | 特万特佩克地峡 | 存在 |
| 20 | 拉坎东人*（玛雅族） | lacandón | lacandones | 恰帕斯州 | 存在 |
| 21 | 纳瓦人* | nahua o nahoa | nahuas o nahoas | 墨西哥中部 | 存在 |
| 22 | 阿兹台克人（纳瓦族） | azteca o méxica | aztecas o méxicas | 墨西哥中部 | 存在 |
| 23 | 特拉斯卡尔特卡人/特奥奇奇梅卡人（纳瓦族） | tlaxcalteca o teochichimeca | tlaxcaltecas o teochichimecas | 特拉斯卡拉州 | 存在 |
| 24 | 索奇米尔卡人（纳瓦族） | xochimilca | xochimilcas | 墨西哥城、莫雷洛斯州 | 存在 |
| 25 | 奥奎尔特科人*/特拉维卡人（纳瓦族） | ocuilteco o tlahuica | ocuiltecos o tlahuicas | 墨西哥中部 | 存在 |
| 26 | 纳瓦·科伊萨人（可能是纳瓦族） | nahua coixa | nahuas coixas | 格雷罗州 | 消失 |
| 27 | 约佩人（可能是纳瓦族） | yope,yopime o yopi | yopes, yopimes o yopis | 格雷罗州 | 消失 |
| 28 | 奇奇梅卡人 | chichimeca | chichimecas | 奇奇梅卡地区 | 存在 |
| 29 | 瓜奇奇尔人（奇奇梅卡族） | guachichil o huachichil | guachichiles o huachichiles | 奇奇梅卡地区 | 存在 |
| 30 | 萨卡特卡人（奇奇梅卡族） | zacateca o zacateco | zacatecas o zacatecos | 奇奇梅卡地区 | 存在 |
| 31 | 特佩卡诺人（奇奇梅卡族） | tepecano | tepecanos | 奇奇梅卡地区 | 消失 |
| 32 | 卡斯坎人（奇奇梅卡族） | caxcán | caxcanes | 奇奇梅卡地区 | 存在 |
| 33 | 帕梅人*（奇奇梅卡族） | pame | pames | 奇奇梅卡地区 | 存在 |
| 34 | 奥托米人*（奇奇梅卡族） | otomí | otomíes | 奇奇梅卡地区 | 存在 |
| 35 | 瓜马雷人（奇奇梅卡族） | guamare | guamares | 奇奇梅卡地区 | 消失 |
| 36 | 特奎塞人（奇奇梅卡族） | tecuixe o tecuexe | tecuixes o tecuexes | 奇奇梅卡地区 | 存在 |
| 37 | 伊里蒂拉人 | irritila o lagunero | irritilas o laguneros | 科阿韦拉州、杜兰戈州 | 存在 |
| 38 | 特佩万人* | tepehuán o tepehuano | tepehuanes o tepehuanos | 杜兰戈州、纳亚里特州、锡那罗亚州 | 存在 |

（续表）

| 序号 | 中译名 | 单数 | 复数 | 主要分布地区 | 现状 |
|---|---|---|---|---|---|
| 39 | 特佩瓦人* | tepehua | tepehuas | 伊达尔戈州、普埃布拉州、韦拉克鲁斯州 | 存在 |
| 40 | 阿帕切人 | apache | apaches | 索诺拉州、科阿韦拉州、奇瓦瓦州 | 存在 |
| 41 | 米斯特卡人* | mixteca o mixteco | mixtecas o mixtecos | 墨西哥米斯特卡地区（普埃布拉州、瓦哈卡州、格雷罗州） | 存在 |
| 42 | 瓦斯特卡人* | huasteca o huasteco（teenek） | huastecas o huastecos（teenek） | 墨西哥瓦斯特卡地区 | 存在 |
| 43 | 托尔特卡人 | tolteca | toltecas | 墨西哥中部 | 消失 |
| 44 | 萨波特卡人* | zapoteca | zapotecas | 特万特佩克地峡 | 存在 |
| 45 | 马萨瓦人* | mazahua o mazahuatl | mazahuas o mazahuatl | 墨西哥州、米却肯州 | 存在 |
| 46 | 特奥蒂瓦坎人 | teotihuacán | teotihuacanos | 墨西哥盆地（Cuenca de México） | 消失 |
| 47 | 特奥特南卡人 | teotenanca | teotenancas | 墨西哥州 | 消失 |
| 48 | 马特拉钦卡人* | matlatzinca o matlazinca | matlatzincas o matlazincas | 墨西哥中部 | 存在 |
| 49 | 诺诺瓦尔卡人 | nonohualca | nonohualcas | 墨西哥州 | 消失 |
| 50 | 查尔卡人（纳瓦族） | chalca | chalcas | 莫雷洛斯州、墨西哥州 | 存在 |
| 51 | 皮马人* | pima | pimas | 索诺拉州、奇瓦瓦州 | 存在 |
| 52 | 塞里人* | seri | seris | 索诺拉州 | 存在 |
| 53 | 瓜伊马人 | guaima o guayma | guaimas o guaymas | 索诺拉州 | 消失 |
| 54 | 帕帕戈人* | pápago o tohono o'odham | pápagos o tohono o'odham | 索诺拉州 | 存在 |
| 55 | 基卡普人* | kikapoo o kikapú | kikapoo o kikapúes | 科阿韦拉州 | 存在 |
| 56 | 托沃索人 | toboso | tobosos | 杜兰戈州、科阿韦拉州、奇瓦瓦州 | 消失 |

（续表）

| 序号 | 中译名 | 单数 | 复数 | 主要分布地区 | 现状 |
|---|---|---|---|---|---|
| 57 | 科科约梅人 | cocoyome | cocoyomes | 杜兰戈州、奇瓦瓦州 | 消失 |
| 58 | 瓜迪亚纳·查尔奇维特人 | chalchihuite guadiana | chalchihuites guadiana | 杜兰戈州 | 消失 |
| 59 | 苏奇尔·查尔奇维特人 | chalchihuite súchil | chalchihuites súchil | 萨卡特卡斯州、哈利斯科州 | 消失 |
| 60 | 马萨特卡人* | mazateca o mazateco | mazatecas o mazatecos | 瓦哈卡州图斯特佩克地区 | 存在 |
| 61 | 米塞人* | mixe | mixes | 瓦哈卡州华雷斯山脉 | 存在 |
| 62 | 奇南特卡人* | chinanteca o chiinanteco | chinantecas o chiinantecos | 瓦哈卡州图斯特佩克地区 | 存在 |
| 63 | 查蒂诺人* | chatino | chatinos | 瓦哈卡州 | 存在 |
| 64 | 特里基人* | triqui | triquis | 瓦哈卡州 | 存在 |
| 65 | 奎卡特卡人* | cuicateca | cuicatecas | 瓦哈卡州 | 存在 |
| 66 | 瓦韦人* | huave | huaves | 特万特佩克地峡 | 存在 |
| 67 | 波波卢卡人* | popoluca | popolucas | 特万特佩克地峡 | 存在 |
| 68 | 波波洛卡人* | popoloca | popolocas | 瓦哈卡州、普埃布拉州 | 存在 |
| 69 | 阿穆斯戈人* | amuzgo | amuzgos | 瓦哈卡州、格雷罗州 | 存在 |
| 70 | 乔乔人* | chocho o chocholteco | chochos o chocholtecos | 瓦哈卡州 | 存在 |
| 71 | 塔夸特人* | tacuate | tacuates | 瓦哈卡州 | 存在 |
| 72 | 伊斯卡特卡人* | ixcateca | ixcatecas | 瓦哈卡州 | 存在 |
| 73 | 特科人 | teco | tecos | 哈利斯科州 | 存在 |
| 74 | 特乌奇特兰人 | teuchitlán | teuchitlanes | 哈利斯科州、科利马州 | 消失 |
| 75 | 韦霍钦卡人 | huejotzinca o tocho | huejotzincas o tochos | 哈利斯科州 | 消失 |
| 76 | 尤马诺人 | yumano | yumanos | 加利福尼亚半岛 | 存在 |
| 77 | 库米埃人*（尤马诺族） | kumiai | kumiais | 加利福尼亚半岛 | 存在 |

（续表）

| 序号 | 中译名 | 单数 | 复数 | 主要分布地区 | 现状 |
|---|---|---|---|---|---|
| 78 | 派派人*（尤马诺族） | paipai | paipais | 加利福尼亚半岛 | 存在 |
| 79 | 库卡帕人*（尤马诺族） | cucapá | cucapás | 加利福尼亚半岛 | 存在 |
| 80 | 基利瓦人*（尤马诺族） | kiliwa | kiliwas | 加利福尼亚半岛 | 存在 |
| 81 | 科奇米人 * | cochimí | cochimíes | 加利福尼亚半岛 | 存在 |
| 82 | 蒙基人 | monqui o mongui | Monquis, monguis o monguíes | 加利福尼亚半岛 | 消失 |
| 83 | 瓜伊库拉人 | guaycura o guaicura | guaycuras o guaicuras | 加利福尼亚半岛 | 消失 |
| 84 | 佩里库人 | pericú | pericúes | 加利福尼亚半岛 | 消失 |
| 85 | 托托纳卡人* | totonaca | totonacas | 韦拉克鲁斯州、普埃布拉州 | 存在 |
| 86 | 措兹尔人* | tzotzil o tsotsil | tzotziles o tsotsiles | 恰帕斯州 | 存在 |
| 87 | 泽尔塔尔人* | tzeltal | tzeltales | 恰帕斯州 | 存在 |
| 88 | 托霍拉瓦尔人* | tojolabal | tojolabales | 恰帕斯州 | 存在 |
| 89 | 坎霍瓦尔人* | kanjobal | kanjobales | 坎佩切州、恰帕斯州、金塔纳罗奥州 | 存在 |
| 90 | 马梅人* | mame | mames | 恰帕斯州 | 存在 |
| 91 | 哈卡尔特科人* | jacalteco | jacaltecos | 恰帕斯州 | 存在 |
| 92 | 莫乔人 | mochó | mochós | 恰帕斯州 | 存在 |
| 93 | 卡克奇克尔人* | cakchiquel（cakchiquel, cachiquel, caqchikel, kaqchiquel） | cakchiqueles | 恰帕斯州 | 存在 |
| 94 | 丘克人* | chuj | chujes | 恰帕斯州 | 存在 |
| 95 | 乔尔人* | chol | choles | 恰帕斯州、塔巴斯科州 | 存在 |
| 96 | 阿瓜卡特科人* | aguacateco | aguacatecos | 恰帕斯州 | 存在 |
| 97 | 莫托辛特莱科人* | motocintleco | motocintlecos | 恰帕斯州 | 存在 |
| 98 | 科亚维尔特卡人 | coahuilteca o coahuilteco | coahuiltecas o coahuiltecos | 新莱昂州、奇瓦瓦州、塔毛利帕斯州 | 消失 |

（续表）

| 序号 | 中译名 | 单数 | 复数 | 主要分布地区 | 现状 |
|---|---|---|---|---|---|
| 99 | 阿拉萨帕人（科亚维尔特卡族） | alazapa | alazapas | 新莱昂州 | 消失 |
| 100 | 拉亚多人（科亚维尔特卡族）（意为纹身人） | rayado o borrado | rayados o borrados | 新莱昂州 | 消失 |
| 101 | 瓦拉维斯人 | hualahuis o gualagüis | hualahuises o gualagüises | 新莱昂州 | 存在 |
| 102 | 卡图汉人 | catuján | catujanos o catujanes | 新莱昂州 | 消失 |
| 103 | 奎特拉特科人 | cuitlateco | cuitlatecos | 格雷罗州 | 消失 |
| 104 | 特拉帕内科人 | tlapaneco | tlapanecos | 格雷罗州 | 存在 |
| 105 | 丘皮夸罗人 | chupícuaro | chupícuaros | 米却肯州、克雷塔罗州 | 消失 |
| 106 | 塔拉斯科人／普雷佩查人* | purépecha o purhépecha（tarasco） | purépechas o purhépechas（tarascos） | 米却肯州塔拉斯科高原 | 存在 |
| 107 | 乔卢尔特卡人 | cholulteca | cholultecas | 普埃布拉州 | 存在 |
| 108 | 帕基梅人 | paquimé | paquimé | 奇瓦瓦州 | 消失 |
| 109 | 科曼切人 | comanche | comanches | 奇瓦瓦州、新莱昂州 | 存在 |
| 110 | 塔拉乌马拉人* | tarahumara o rarámuri | tarahumaras o rarámuris | 奇瓦瓦州塔拉乌马拉山脉 | 存在 |
| 111 | 霍瓦人 | jova | jovas | 奇瓦瓦州 | 消失 |
| 112 | 奇奇梅卡–霍纳斯人* | chichimeca jonaz | chichimecas jonaces | 瓜纳华托州、圣路易斯波托西州 | 存在 |
| 113 | 索奇卡尔科人 | xochicalco | xochicalcos | 莫雷洛斯州 | 消失 |
| 114 | 阿斯塔特兰人 | aztatlán | aztatlanes | 纳亚里特州、锡那罗亚州 | 消失 |
| 115 | 卡克诺人 | cacno | cacnos | 纳亚里特州 | 消失 |
| 116 | 特科斯金人 | tecoxquín | tecoxquines | 纳亚里特州 | 消失 |
| 117 | 维乔尔人* | huichol | huicholes | 纳亚里特州、杜兰戈州、哈利斯科州 | 存在 |
| 118 | 科拉人* | cora | coras | 纳亚里特州、锡那罗亚州 | 存在 |
| 119 | 塔韦人 | tahue | tahues | 锡那罗亚州 | 消失 |

（续表）

| 序号 | 中译名 | 单数 | 复数 | 主要分布地区 | 现状 |
|---|---|---|---|---|---|
| 120 | 卡伊塔人 | cahíta | cahítas | 索诺拉州、锡那罗亚州 | 存在 |
| 121 | 锡那罗亚人（卡伊塔族） | sinaloa | sinaloas | 索诺拉州、锡那罗亚州 | 存在 |
| 122 | 奥科罗尼人（卡伊塔族） | ocoroni | ocoronis | 索诺拉州、锡那罗亚州 | 存在 |
| 123 | 苏亚克人（卡伊塔族） | zuaque | zuaques | 索诺拉州、锡那罗亚州 | 存在 |
| 124 | 马约人*（卡伊塔族） | mayo o yoreme | mayos o yoremes | 索诺拉州、锡那罗亚州 | 存在 |
| 125 | 亚基人*（卡伊塔族） | yaqui | yaquis | 索诺拉州、锡那罗亚州 | 存在 |
| 126 | 瓜萨韦人 | guasave | guasaves | 锡那罗亚州 | 消失 |
| 127 | 塔马苏拉人 | tamazula | tamazulas | 锡那罗亚州 | 消失 |
| 128 | 阿奇雷人 | achire | achires | 锡那罗亚州 | 存在 |
| 129 | 拉卡帕萨人 | lacapaxa o pacaxee | lacapaxas o pacaxees | 锡那罗亚州 | 消失 |
| 130 | 萨瓦伊沃人 | sabaibo | sabaibos | 锡那罗亚州、杜兰戈州 | 消失 |
| 131 | 西西梅人 | xixime o ximi | ximes o xiximies | 锡那罗亚州 | 消失 |
| 132 | 托托拉梅人 | totorame | totorames | 锡那罗亚州 | 存在 |
| 133 | 埃斯卡塞埃人 | escasee | escasees | 锡那罗亚州 | 消失 |
| 134 | 阿卡塞埃人 | acaxee | acaxees | 锡那罗亚州、杜兰戈州 | 消失 |
| 135 | 查诺人 | chano | chanos | 科利马州 | 消失 |
| 136 | 阿亚帕内科人 | ayapaneco | ayapanecos | 塔巴斯科州 | 存在 |
| 137 | 瓜里希奥人* | guarijío | guarijíos | 索诺拉州、奇瓦瓦州 | 存在 |
| 138 | 萨帕内卡人 | xapaneca | xapanecas | 韦拉克鲁斯州 | 消失 |
| 139 | 奎奎尔科人 | cuicuilco | cuicuilcos | 墨西哥州 | 消失 |
| 140 | 查尔卡钦戈人 | chalcatzingo | chalcatzingos | 莫雷洛斯州 | 消失 |

注：1. 有（*）符号的译名的印第安种族的自称和语言可在附录《墨西哥印第安种族分类表》查找。
2. 人种名称用单数音译：los chenes单数chen译琴人，los chujes单数chuj译丘克人。

# 墨西哥印第安诸神译名中西文对照表

| 序号 | 中译名 | 西班牙文 | 印第安种族 |
|---|---|---|---|
| 1 | 克察尔科亚特羽蛇神 | Quetzalcóatl, dios de serpiente emplumada | 阿兹台克人 |
| 2 | 埃赫卡特风神 | Ehécatl, dios del viento | 阿兹台克人、奥奎尔特科人（特拉维卡人） |
| 3 | 埃赫卡特・克察尔科亚特风和羽蛇神 | Ehécatl Quetzalcóatl, Gran Señor de los vientos y serpiente emplumada | 阿兹台克人 |
| 4 | 特拉洛克雨神（也是闪电和地震神） | Tláloc, dios de la lluvia, del rayo y de los terremotos | 阿兹台克人 |
| 5 | 维兹洛波茨特利战神 | Huitzilopochtli, dios de la guerra | 阿兹台克人 |
| 6 | 托纳蒂乌太阳神 | Tonatiuh, dios del sol | 阿兹台克人 |
| 7 | 科约尔绍基月亮女神 | Coyolxauhqui, diosa de la luna | 阿兹台克人 |
| 8 | 特拉尔特库特利土地女神 | Tlaltecuhtli, diosa de la tierra | 阿兹台克人 |
| 9 | 查尔丘特利奎湖泊女神 | Chalchiuhtlicue, diosa de las lagunas | 阿兹台克人、奥奎尔特科人（特拉维卡人） |
| 10 | 索奇克察尔美神（也是花神和大自然神） | Xochiquétzal （Xoquiquetzatl o Xochiquetzalli）, diosa de la belleza | 阿兹台克人 |
| 11 | 马特拉奎耶特水神（特拉洛克雨神的妻子） | Matlacuéyetl, diosa de las aguas | 阿兹台克人 |
| 12 | 奥梅特奥特创造神 | Ometéotl, dios de la creación o de la dualidad | 阿兹台克人 |
| 13 | 奥梅西瓦特女神（奥梅特奥特创造神的妻子，两人共同创造大地所有生物） | Omecíhuatl, diosa de la creación o de la dualidad | 阿兹台克人 |
| 14 | 米克特兰特库特利死神 | Mictlantecuhtli o Popocatzi, dios del inframundo | 阿兹台克人、萨波特卡人、米斯特卡人、特拉斯卡尔特卡人 |
| 15 | 玛雅韦尔生育女神 | Mayáhuel, diosa de la fecundidad | 阿兹台克人 |
| 16 | 布尔克龙舌兰酒神潘特卡特（玛雅韦尔生育女神的丈夫） | Pantécatl, dios del pulque y esposo de Mayáhuel | 阿兹台克人 |
| 17 | 布尔克龙舌兰酒神特波斯特卡特（玛雅韦尔生育女神的儿子） | Tepoztécatl, dios del pulque | 阿兹台克人 |
| 18 | 索奇皮伊花神和爱神 | Xochipilli, dios las flores | 阿兹台克人 |
| 19 | 辛特奥特玉米神 | Cinteotl, dios del maíz | 阿兹台克人 |

（续表）

| 序号 | 中译名 | 西班牙文 | 印第安种族 |
|---|---|---|---|
| 20 | 马奎尔索奇特赌神 | Macuilxochitl, dios（cinco flores）de los juegos y las apuestas | 阿兹台克人 |
| 21 | 特斯卡特利波卡万能神（主管夜晚和神秘之物的万能神） | Tezcatlipoca, dios la providencia | 托尔特卡人 |
| 22 | 奥通特库特利火神 | Otontecuhtli, Dios del Fuego | 奥托米人、马萨瓦人、阿兹台克人 |
| 23 | 约克西帕狩猎神 | Yoccipa, dios de la caza | 奥托米人 |
| 24 | 阿特特因雨神 | Atetein, dios de la lluvia | 奥托米人 |
| 25 | 阿特基亚维特水神（化身雀鹰） | Atlquiahuitl,  dios de las aguas | 奥托米人 |
| 26 | 基尼茨·卡克·莫去瘟神 | Kinich Kak Mó o Kinich-Kak-Moo,dios de salud | 玛雅人 |
| 27 | 基尼茨·阿豪太阳神（玛雅语意为“圣人”） | K’inich Ahaw, dios solar | 玛雅人 |
| 28 | 库库尔坎羽蛇神（也是风和水神） | Kukulcán, dios de serpiente emplumada（dios de los vientos y del agua） | 玛雅人 |
| 29 | 伊斯·切尔月亮女神（也是爱情和生育女神） | Ix Chel, diosa de la luna | 玛雅人 |
| 30 | 伊灿纳创世神 | Itzamná, dios creador | 尤卡坦半岛玛雅人 |
| 31 | 胡纳普·库主神 | Hunab Kú, dios único | 尤卡坦半岛玛雅人 |
| 32 | 萨穆纳农神（印第安人祭师，教会人们种龙舌兰等农作物，死后被奉为农神） | Zamná, dios de la agricultura | 尤卡坦半岛玛雅人 |
| 33 | 坠落神（可能是雨电神） | dios descendente | 尤卡坦半岛玛雅人 |
| 34 | 查亚克雨神 | Chaac, dios de la lluvia y/o agua | 尤卡坦半岛玛雅人 |
| 35 | 奇科纳基亚维特雨神 | Chiconaquiahuitl, dios de las nueve lluvias | 托尔特卡人 |
| 36 | 特拉维斯卡尔潘特库特利晨星神 | Tlahuizcalpantecuhtli, dios de la estrella del alba | 托尔特卡人 |
| 37 | 特拉索尔特奥特生育和丰收神女神 | Tlazoltéotl, diosa de la fecundidad y las cosechas | 特拉斯卡尔特卡人、奥尔梅卡–西卡扬卡人 |
| 38 | 科西霍雨神 | Cocijo, dios de la lluvia | 萨波特卡人 |

（续表）

| 序号 | 中译名 | 西班牙文 | 印第安种族 |
|---|---|---|---|
| 39 | 库奥特利钦美丽和肥沃女神 | Cuauhtlitzin, diosa de la be1leza y la fertilidad | 奥奎尔特科人（特拉维卡人） |
| 40 | 西佩–托特克生死轮回神（也是阿兹台克人等其他印第安人的春天之神） | Xipe-Tótec, dios de vida, muerte y resurrección | 奥奎尔特科人（特拉维卡人） |
| 41 | 伊克查瓦可可神 | Ikchaua, dios del cacao | 塔巴斯科州琼塔尔人 |
| 42 | 塔瓦伊狩猎神 | Tabay, dios de los cazadores | 塔巴斯科州琼塔尔人 |
| 43 | 特斯卡特拉波卡夜神 | Tezcatlipoca, dios de la noche | 特拉斯卡尔特卡人 |
| 44 | 卡马斯特利主神 | Camaxtli, deidad más importante | 特拉斯卡尔特卡人 |
| 45 | 库里皋埃里太阳神、火神、光明神和战神 | Curicaueri | 普雷佩查人（塔拉斯科人） |
| 46 | 塔拉斯・乌佩梅生育女神 | Tharas Úpeme | 普雷佩查人（塔拉斯科人） |
| 47 | 奎拉瓦佩里母亲神和雨神 | Cuerauáperi | 普雷佩查人（塔拉斯科人） |
| 48 | 阿维卡米内饥饿神和苦难神 | Avicamine | 普雷佩查人（塔拉斯科人） |
| 49 | 佩瓦梅分娩女神 | Pehuame | 普雷佩查人（塔拉斯科人） |

# 墨西哥教堂与修道院译名中西文对照表

| 序号 | 中译名 | 西班牙文 | 简介 |
|---|---|---|---|
| 以耶稣命名的教堂 | | | |
| 1 | 仁慈耶稣教堂／仁慈天主教堂 | Templo del Señor de la Misericordia | — |
| 2 | 基督王教堂 | Iglesia de Cristo Rey | — |
| 3 | 神奇耶稣教堂 | Iglesia del Señor de los Milagros | 17世纪一个来自安哥拉的黑奴在秘鲁利马城一座教堂墙上画了幅耶稣像，两次地震后墙壁依然屹立，后人在此地建了拿撒勒女传教士教堂（Santuario de las Nazarenas）来供奉神奇的耶稣 |
| 4 | 耶稣圣心教堂 | Parroquia del Sagrado Corazón de Jesús | — |
| 5 | 耶稣·玛利亚教堂 | Templo de Jesús María | — |
| 6 | 耶稣圣血教堂 | Templo de la Preciosa Sangre de Cristo | — |
| 7 | 耶稣受难教堂 | Templo del Calvario o del Santo Calvario | — |
| 8 | 救世主耶稣教堂 | Catedral del Divino Redentor | — |
| 9 | 耶稣圣体教堂 | Templo del Santísimo Sacramento | — |
| 10 | 圣婴教堂 | Santuario del Santo Niño | — |
| 11 | 安康耶稣教堂 | Templo del Señor de la Salud | — |
| 12 | 拿撒勒耶稣教堂 | Santuario de Jesús Nazareno | 拿撒勒是耶稣的诞生地 |
| 13 | 耶稣圣墓教堂 | Santuario de Nuestro Señor en su Santo Entierro | — |
| 14 | 痛苦耶稣教堂 | Capilla del Señor de las Angustias | — |
| 15 | 痛苦耶稣教堂 | Capilla del Señor Ecce Homo | Ecce Homo是罗马总督处死耶稣时说的话，意为“这个人就是耶稣”，后用来形容耶稣被钉在十字架上的痛苦情景 |
| 16 | 嫩特耶稣教堂 | Santuario del Señor Nenthé | “嫩特”在奥托米语中意为“靠近水的地方”；传说教堂曾失火，人们怕教堂的耶稣像被烧毁，大火后人们在教堂的一棵圣栎树下找到耶稣像，由于树下有泉水，耶稣像完好无缺 |
| 17 | 塞隆特拉耶稣教堂 | Capilla del Señor de Zelontla | “塞隆特拉”在纳瓦语中意为“上帝与你同在” |

（续表）

| 序号 | 中译名 | 西班牙文 | 简介 |
|---|---|---|---|
| 18 | 萨利特雷耶稣教堂 | Parroquia del Señor del Salitre | “萨利特雷”是阿瓜斯卡连特斯州卡尔维略市的一个庄园名 |
| 以圣母命名的教堂 | | | |
| 19 | 瓜达卢佩圣母玛利亚教堂 | Iglesia de Nuestra Señora de Guadalupe（de la Virgen de Guadalupe o de Santa María de Guadalupe） | — |
| 20 | 无玷始胎圣母大教堂／无染原罪始胎圣母大教堂 | Catedral Basílica Menor de la Inmaculada Concepción | — |
| 21 | 无玷始胎圣母教堂／无染原罪始胎圣母教堂 | Iglesia de Nuestra Señora de la Inmaculada Concepción,de la Purísima Concepción o de La Conchita（Concepción 的昵称） | — |
| 22 | 圣母献瞻教堂 | Iglesia de Nuestra Señora de la Purificación | — |
| 23 | 圣母教堂 | Iglesia Mariana（Iglesia Colegiata de Nuestra Señora） | — |
| 24 | 升天圣母教堂 | Catedral de la Asunción de María Santísima | — |
| 25 | 圣物圣母教堂 | Templo de Nuestra Señora del Sagrario | — |
| 26 | 保护神圣母教堂 | Catedral de Nuestra Señora del Refugio o del Patrocinio | — |
| 27 | 孤独圣母教堂 | Santuario de Nuestra Señora de la Soledad | — |
| 28 | 救赎圣母教堂 | Templo de la Virgen de los Remedios | — |
| 29 | 圣烛圣母教堂 | Templo de la Virgen de la Candelaria | — |
| 30 | 悲伤圣母教堂 | Parroquia de Nuestra Señora de los Dolores | — |
| 31 | 仁慈圣母教堂 | Basilica Nuestra Señora de la Caridad | — |

（续表）

| 序号 | 中译名 | 西班牙文 | 简介 |
| --- | --- | --- | --- |
| 32 | 施恩圣母教堂 | Templo Nuestra Señora de la Merced | — |
| 33 | 安康圣母教堂 | Basílica de Nuestra Señora de la Salud | — |
| 34 | 光明圣母教堂 | Santuario Diocesano de Nuestra Señora de la Luz | — |
| 35 | 圣诞圣母修道院 | Convento de Nuestra Señora de la Natividad | — |
| 36 | 法蒂玛圣母教堂 | Santuario de la Virgen de Fátima | 法蒂玛是葡萄牙小镇，1917年三个牧童见到圣母显灵 |
| 37 | 弗朗西亚石山圣母教堂 | Templo de la Virgen de la Peña Francia | 弗朗西亚石山位于西班牙萨拉曼卡省埃尔卡瓦科（El Cabaco）市，山上建有供奉保护神的圣母教堂 |
| 38 | 卡门圣母教堂 | Iglesia de la Virgen del Carmen | 卡门圣母是加尔默罗会信奉的圣母，在加尔默罗（Carmelo）山显圣命名 |
| 39 | 永助圣母教堂 | Santuario de la Virgen del Patrocinio | 永助圣母又称永援圣母，意为永远援助世人的圣母 |
| 40 | 罗萨里奥圣母教堂 | Catedral de Nuestra Señora del Rosario | “罗萨里奥”在西班牙语中意为“玫瑰经”或“玫瑰念珠” |
| 41 | 玫瑰圣母教堂 | Iglesia de las Rosas o de Santa María de las Rosas | 取意于玫瑰经和献给圣母玛利亚的玫瑰花圈 |
| 42 | 露德圣母教堂 | Templo de Nuestra Señora de Lourdes | 露德是法国南部比利牛斯山间的一个小镇，1858年圣母在此显现，称露德圣母 |
| 43 | 伯利恒圣母教堂 | Parroquia de Nuestra Señora de Belén | — |
| 44 | 奥科特兰圣母教堂 | Santuario de la Virgen de Ocotlán | 传说1541年特拉斯卡拉州的奥科特兰地区发生瘟疫，一个叫胡安·迭戈（亦称胡安·贝尔纳迪诺）的青年外出取水给生病的家人喝，途中圣母指引他到了一处药泉，他家人和民众喝了药泉的水后都痊愈或安然无恙，奥科特兰圣母因此被当地人奉为守护神 |
| 其他教堂 | | | |
| 45 | 圣地亚哥使徒教堂 | Templo de Santiago Apóstol | 圣地亚哥即耶稣十二门徒之一的雅各伯（Jacobo） |
| 46 | 圣迭戈修道院 | Convento de San Diego de Amilpas | 圣迭戈是雅各伯演变的西班牙语名字之一 |
| 47 | 圣胡安使徒教堂 | Catedral de San Juan Evangelista | 圣胡安又称圣约翰，是耶稣十二门徒之一，和圣胡安·包蒂斯塔（即施洗者圣约翰）不是同一个人 |
| 48 | 圣费利佩使徒教堂 | Catedral de San Felipe Apóstol | 圣费利佩又译圣腓力、圣菲利普等，耶稣十二门徒之一 |

（续表）

| 序号 | 中译名 | 西班牙文 | 简介 |
|---|---|---|---|
| 49 | 圣佩德罗使徒教堂 | Parroquia de San Pedro Apóstol | 圣佩德罗又称圣伯多禄、圣彼埃尔或圣彼得，耶稣十二门徒之一 |
| 50 | 圣马特奥使徒教堂 | Parroquia de San Mateo | 圣马特奥又称圣玛窦，91年被刺致死殉教，耶稣十二门徒之一 |
| 51 | 圣犹大·达陡教堂 | Templo San Judas Tadeo | 圣犹大·达陡又称达太或达陡，耶稣十二门徒之一 |
| 52 | 圣马蒂亚斯教堂 | Parroquia de San Matías | 圣马蒂亚斯又译马提亚、玛递亚、玛迪等，是耶稣十二门徒之一，犹大自杀后补选 |
| 53 | 圣胡安·包蒂斯塔教堂 | Iglesia de San Juan Bautista | 圣胡安·包蒂斯塔又译施洗者圣约翰，是为耶稣洗礼的先知，和耶稣门徒圣胡安不是同一个人 |
| 54 | 圣保罗修道院 | Convento de San Pablo | 圣保罗又称圣保禄（4—67年，神学家、传教士） |
| 55 | 圣米格尔大天使教堂 | Catedral de San Miguel Arcangel | 圣米格尔大天使又译总领天神圣米格尔、弥额尔、圣弥格等 |
| 56 | 神奇大天使圣米格尔教堂 | Santuario de San Miguel del Milagro | 神奇大天使圣米格尔现在是特拉斯卡拉州纳蒂维塔斯市的一个镇，1631年一个叫迭戈·拉萨罗的印第安人看到圣米格尔显灵告诉他这片干旱的土地有一处泉水可治病，结果治好了很多病人，后建了该教堂 |
| 57 | 圣加布列尔大天使教堂 | Capilla de San Gabriel | 圣加布列尔又译加百列大天使，负责天界警戒 |
| 58 | 拉特朗大教堂 | Basílica Lateranense | 以拉特朗大殿命名的教堂，拉特朗大殿又称拉特朗圣若望大殿，是天主教罗马教区的主教堂 |
| 59 | 弗朗西斯科会第三会教堂 | Capilla de la Tercera Orden | 方济各会第三会教堂 |
| 60 | 弗朗西斯科会修道院 | Convento Franciscano | 方济各会修道院 |
| 61 | 弗朗西斯科会修女院 | Convento de las Capuchinas | 方济各会修女院 |
| 62 | 圣弗朗西斯科·德·阿西斯教堂 | Templo de San Francisco de Asís | 圣方济各·迪·阿西西教堂 |
| 63 | 多明戈会教堂／多明我会教堂 | Iglesia Dominicana o de Santo Domingo | — |
| 64 | 圣多明戈·德·古斯曼教堂和前修道院 | Iglesia y Ex-Convento de Santo Domingo de Guzmán | 多明戈·德·古斯曼是多明戈会创始人 |
| 65 | 殉教者圣塞瓦斯蒂安教堂 | Iglesia de San Sebastián Mártir | 塞瓦斯蒂安是288年殉道的意大利人 |
| 66 | 圣赫罗尼莫教堂 | Templo de San Jerónimo | 赫罗尼莫、叶理诺或杰罗姆（342—420年），是《圣经》拉丁文本译者 |

（续表）

| 序号 | 中译名 | 西班牙文 | 简介 |
|---|---|---|---|
| 67 | 圣赫尔特鲁迪斯教堂 | Capilla de Santa Gertrudis | 以历史上某个赫尔特鲁迪斯圣女为名的教堂 |
| 68 | 圣安东尼奥·德·帕杜亚教堂 | Parroquia de San Antonio de Padua | 帕杜亚（1195—1231年），葡萄牙人、圣徒、福音博士 |
| 69 | 圣赫尔瓦西奥教堂 | Catedral de San Gervasio | 赫尔瓦西奥是意大利圣徒 |
| 70 | 加尔默罗会修道院 | Convento de Carmelitas | — |
| 71 | 圣特立尼达教堂 | Capilla de la Santísima Trinidad | 圣父、圣子、圣灵三位一体的教堂 |
| 72 | 圣奥古斯丁教堂 | Templo de San Agustín | 圣奥古斯丁又译奥古斯丁或奥斯定，是奥古斯丁修会教堂 |
| 73 | 圣弗朗西斯科·哈维尔修道院 | Convento de San Francisco Javier | 弗朗西斯科·哈维尔又译弗朗西斯·泽维尔（1506—1552年），西班牙传教士、耶稣会创始人之一 |
| 74 | 圣费尔南多教堂 | Iglesia San Fernando | 费尔南多三世（Fernando III de León y de Castilla，1199/1201—1252年），西班牙国王，统一了西班牙，1671年封圣，很多地方奉为保护神 |
| 75 | 圣赫尔曼教堂 | Iglesia de San Germán | 圣赫尔曼（San Germán de Auxerre，496—576年），亦称巴黎主教圣日耳曼（San Germán Obispo de París），法国神父、圣徒 |
| 76 | 圣玛利亚·玛格达莱娜教堂 | Iglesia de Santa María Magdalena | 圣玛利亚·玛格达莱娜又译抹大拉的玛丽亚或玛利亚玛达肋纳，耶稣的女追随者 |
| 77 | 圣卡洛斯·博罗梅奥教堂 | Parroquia de San Carlos Borromeo | 圣卡洛斯·博罗梅又称圣嘉禄·鲍荣茂（1538—1584年），米兰主教，1610年被封为圣徒 |
| 78 | 圣伊西德罗教堂 | Templo de San Isidro | 圣伊西德罗是西班牙马德里的守护神，农民和劳工的保护神 |
| 79 | 圣伯尔纳多教堂 | Iglesia de San Bernardo | 圣伯尔纳多（1090—1152年），又译圣伯纳德或格莱福的圣伯尔纳铎（San Bernardo de Clairvaux）熙笃会领袖、中世纪神秘主义之父、灵修文学作家 |
| 80 | 圣罗莎·德·利马教堂 | Iglesia Santa Rosa de Lima | 圣罗莎·德·利马（1586—1617年），是拉美第一位封圣的秘鲁女圣徒，世俗名为伊莎贝尔·弗洛雷斯·德·奥利瓦（Isabel Flores de Oliva），教名是Santa Rosa de Lima |
| 81 | 圣弗朗西斯科·索拉诺教堂 | Iglesia de San Francisco Solano | 弗朗西斯科·索拉诺（1549—1610年），又称弗朗西斯·索拉努斯，西班牙在秘鲁的圣弗朗西斯科会传教士、圣徒 |
| 82 | 圣华金教堂 | Iglesia de San Joaquín | 圣华金又译圣约雅敬或圣若亚敬（San Joaquín，是圣母玛利亚的父亲） |
| 83 | 圣安娜教堂 | Templo de Santa Ana | 安娜又称圣安妮，是圣母玛利亚的母亲，孕妇、家庭妇女等的守护神 |
| 84 | 圣阿尼塔教堂 | Capilla de Santa Anita | 圣阿尼塔是圣安娜的昵称 |

（续表）

| 序号 | 中译名 | 西班牙文 | 简介 |
|---|---|---|---|
| 85 | 圣何塞教堂 | Parroquia de San José | 何塞是耶稣的父亲约瑟的西班牙语译名 |
| 86 | 圣克里斯托瓦尔教堂 | Parroquia de San Cristóbal | 圣克里斯托瓦尔（285—309年），是传奇人物，原型可能是殉道者圣梅纳斯·德·亚历杭德里亚（San Menas de Alejandría） |
| 87 | 圣巴尔瓦拉教堂 | Iglesia de Santa Bárbara | 圣巴尔瓦拉又称圣芭芭拉（267—306年），童贞女、圣徒、殉道者 |
| 88 | 亚尼托教堂 | Capilla del Llanito | 埃尔亚尼托（El Llanito），是瓜纳华托州多洛雷斯·伊达尔戈市的一个镇，当年伊达尔戈曾给该镇送过一尊耶稣像，后被称作亚尼托耶稣像 |
| 89 | 圣马科斯教堂 | Catedral de San Marcos | 圣马科斯又称圣马可、圣马尔谷（？—68年），圣徒，传说他根据十二门徒之一的圣佩德罗的叙述撰写了《马可福音》 |
| 90 | 圣格雷戈里奥教堂 | Iglesia de San Gregorio | 圣格雷戈里奥（San Gregorio Magno，540—604年），又译圣格里高利·马格诺、教皇格雷戈里一世或格列高里斯一世，第64位天主教教皇 |
| 91 | 圣普里斯卡教堂 | Iglesia de Santa Prisca | 圣普里斯卡又译罗马的圣普里斯卡，女圣徒、殉道者 |
| 92 | 圣贝尔纳尔迪诺教堂 | Templo y Convento de San Bernardino | 圣贝尔纳尔迪诺又译锡耶纳的圣伯尔纳定（San Bernardino de Siena，1380—1444年），意大利圣徒、神父 |
| 93 | 圣尼古拉斯教堂 | Capilla de San Nicolás | 圣尼古拉斯又译圣尼古拉（约270—343年），圣徒，米拉城（今土耳其境内）主教，被认为是给人悄悄赠送礼物的圣徒，即圣诞老人的原型 |
| 94 | 圣尼古拉斯·德·托连蒂诺教堂 | Iglesia de San Nicolás de Tolentino | 尼古拉斯·德·托连蒂诺（1245—1305年），意大利人、奥古斯丁会第一位圣徒 |
| 95 | 圣西蒙·阿瓦德教堂 | Iglesia de San Simón Abad | 圣西蒙·阿瓦德也称圣西蒙·斯托克（San Simón Stock），13世纪的加尔默罗会修士、圣徒。“阿瓦德”在西班牙语中意为“修道院院长” |
| 96 | 圣地亚哥·普斯特拉教堂 | Iglesia de Santiago Puxtla | 普斯特拉（Puxtla是米却肯州的一个地名） |
| 97 | 圣罗曼教堂 | Iglesia de San Román | 圣罗曼·德·安蒂奥基亚（San Román de Antioquía，？—303年），叙利亚基督教助理祭师、殉道者、圣徒 |
| 98 | 圣伊尔德丰索教堂 | Catedral de San Ildefonso | 圣伊尔德丰索亦称托莱多的圣伊尔德丰索（San Ildefonso de Toledo，607—667年），西班牙托莱多主教，写了很多捍卫圣母玛利亚的永久童贞的著作 |
| 99 | 耶稣的圣克拉拉皇家修道院 | Real Convento de Santa Clara de Jesús | 圣克拉拉·德·阿西西（Santa Clara de Asis，1194—1253年），又译阿西西的克莱尔，意大利女圣徒、弗朗西斯科第二会创始人 |

（续表）

| 序号 | 中译名 | 西班牙文 | 简介 |
| --- | --- | --- | --- |
| 100 | 圣罗莎·德·维泰博皇家修道院 | Real Convento de Santa Rosa de Viterbo | 圣罗莎·德·维泰博又译维泰博的玫瑰（1234—1252年），弗朗西斯科会女圣徒 |
| 101 | 耶稣的圣特雷莎修道院 | Convento de Santa Teresa de Jesús | 耶稣的圣特雷莎（1515—1582年），也称特雷莎·德·阿维拉（Terea de Ávila），是虔诚而多产的西班牙作家、女圣徒、西班牙基督教神秘主义最重要的理论家之一 |
| 102 | 圣乌尔苏拉教堂 | Templo de Santa Úrsula | 圣乌尔苏拉又译圣厄休拉，传说她是英国一位国王的女儿，与一万一千个处女去罗马朝圣，一说一万一千个处女是后人误解，应为11个处女，383年在被匈奴包围的科隆，所有处女都被屠杀，圣乌尔苏拉被匈奴首领用箭射死 |
| 103 | 圣伊内斯教堂 | Parroquia de Santa Inés | 圣伊内斯（Santa Inés，291—304年），又称圣阿格尼丝、罗马的圣伊内斯、圣依臬斯等，为守童贞殉道后封圣 |
| 104 | 圣阶教堂 | Capilla de la Santa Escala | 圣阶指罗马神圣台阶，又称彼拉多台阶，是通往耶路撒冷的本丢·彼拉多总督衙门的台阶，耶稣由此通过受审。圣阶有28级白色大理石台阶，326年君士坦丁大帝的母亲圣海伦娜从耶路撒冷带到罗马 |
| 105 | 萨卡特十字架教堂 | Templo de la Cruz de Zacate | 萨卡特是四季常青的草，1619年一个运盐的印第安青年发现一片形状像一个大十字架的萨卡特草，当地人发现用这片草的叶子熬药汤和用泥土做成敷药可治病。后人把这块草地保护起来并盖了教堂，供奉萨卡特草十字架 |
| 106 | 圣迪奥尼西奥教堂 | Iglesia de San Dionisio | 圣迪奥尼西奥又称殉道者圣迪奥尼西奥或无头巴黎主教，是巴黎首任主教，117年在宗教迫害中被砍头后，他用手捧着自己的脑袋走了6千米后亲手把脑袋交给了一位罗马贵族的慈母 |
| 107 | 圣路易斯主教修道院 | Convento de San Luis Obispo | 圣路易斯·奥比斯波又称图卢兹圣路易斯或那不勒斯圣路易斯（San Luis de Tolosa o de Nápoles，1274—1297/1298年），那不勒斯国王查尔斯二世和匈牙利女王的儿子、图卢兹主教、圣徒 |
| 108 | 圣马丁·图尔主教教堂 | Parroquia de San Martín Obispo de Tours | 圣马丁又称图尔的马丁（316—397年），图尔主教、圣徒、西欧修道主义代表人物之一，被人传颂的事迹是他随军驻扎于高卢时割袍赠丐，宗教改革者马丁·路德因他命名 |
| 109 | 圣马德罗教堂 | Capilla del Santo Madero | “圣马德罗”在西班牙语中意为“神圣原木”，这座位于科阿韦拉州帕拉斯·德·拉·富恩特市郊帽子山顶的教堂供奉着据说当年耶稣遇难十字架上的一块原木 |

（续表）

| 序号 | 中译名 | 西班牙文 | 简介 |
|---|---|---|---|
| 110 | 前特波桑耶稣修道院 | Ex Convento del Señor del Tepozán | 特波桑是阿瓜斯卡连特斯州雷阿尔·德·阿仙托斯市常见的一种树，传说17世纪当地有棵特波桑树的树干显现出一幅耶稣像，当地人在树旁建了教堂供奉现在是矿工保护神的特波桑耶稣 |
| 111 | 亡灵教堂 | Capilla de las Ánimas | 亡灵是信徒死后在炼狱的灵魂，在炼狱净化后才能去天堂 |
| 112 | 教会医院教堂 | Iglesia del Hospital o del Hospitalito | 有医疗服务的教堂 |
| 113 | 耶稣会教堂 | Templo de la Compañía de Jesús | — |
| 114 | 圣物教堂 | Templo del Sagrario | — |
| 115 | 圣灵教堂 | Iglesia de Espiritu Santo | — |
| 116 | 圣烛教堂 | Capilla de la Candelaria | — |
| 117 | 军教教堂 | Iglesia de Arquitectura Monástica-Militar | 有军事用途的教堂 |
| 118 | 圣十字架教堂 | Capilla de la Santa Cruz | — |

注：1. 墨西哥的天主教堂大体分类如下：
（1）Catedral Basílica Menor是仅次于梵蒂冈的Basílica Mayor的大教堂。
（2）Basílica是仅次于Catedral Basílica Menor的大教堂。
（3）Catedral 是大主教主持的大教区主教堂。
（4）Iglesia是教区级教堂。
（5）Parroquia是城或镇的主教堂。
（6）Santuario 和Templo是镇或村教堂。
（7）Capilla是大教堂内小教堂或小教堂。
（8）Ermita是最小礼拜堂。
（9）Misión是传教所。
2. 弗朗西斯科会（Órdenes de San Francisco）由意大利传教士圣方济各·迪·阿西西在1211年创立，圣方济各·迪·阿西西（1182—1226年）意大利语是San Francesco di Assisi, 西班牙语是San Francisco de Asís，译为圣弗朗西斯科·德·阿西斯。也称灰衣修士。
3. 多明戈会（Orden Dominicana）由西班牙传教士多明戈·德·古斯曼（Domingo de Guzmán，1170—1211年）在法国南部的普卢叶（Prouille）创立，也译多明我会、多明尼克会、道明会等。也称黑衣或黑袍修士。
4. 加尔默罗会（Orden de los Carmelitas）又称圣衣会或迦密会，天主教托钵修会之一。12世纪中叶伯尔刀都（Bertold，西班牙语是Bartolomé Avogadro）创建于巴勒斯坦的加尔默罗山。也称白衣修士。
5. 奥古斯丁会（Orden de San Agustín）是天主教托钵修会之一，又译奥斯定会或奥古斯丁会。
6. 耶稣会（Compañía de Jesús）是天主教修会之一，1534年西班牙人伊格纳西奥·德·洛约拉（Ignacio de Loyola）创立于巴黎。

# 人物表（按本书出现章节先后排列）

| 序号 | 中译名 | 西班牙文 | 生卒年份 | 人物简介 | 名字首次出现的章节 |
|---|---|---|---|---|---|
| 1 | 莫克特苏马 | Moctezuma | 1466—1520年 | 阿兹台克国王 | 墨西哥城国家宫 |
| 2 | 埃尔南·科尔特斯 | Hernán Cortés de Monroy y Pizarro altamirano | 1485—1547年 | 西班牙远征军首领 | 墨西哥城国家宫 |
| 3 | 拉萨罗·卡尔德纳斯 | Lázaro Cárdenas del Río | 1895—1970年 | 墨西哥总统 | 墨西哥城国家宫 |
| 4 | 米格尔·伊达尔戈 | Miguel Gregorio Antonio lgnacio Hidalgo y Costilla | 1753—1811年 | 神父、墨西哥独立之父 | 墨西哥城国家宫 |
| 5 | 贝尼托·华雷斯 | Benito Pablo juárez García | 1806—1872年 | 墨西哥总统 | 墨西哥城国家宫 |
| 6 | 迭戈·里维拉 | Diego Rivera | 1886—1957年 | 墨西哥壁画家 | 墨西哥城国家宫 |
| 7 | 费尔南多·马克西米利亚诺 | Fernando Maximiliano de Habsburgo-Lorena | 1832—1867年 | 墨西哥第二帝国皇帝 | 墨西哥城国家宫 |
| 8 | 库奥特莫克 | Cuauhtémoc | 1496—1525年 | 阿兹台克国王 | 墨西哥城国家宫 |
| 9 | 艾米利亚诺·萨帕塔 | Emiliano Zapata Salazar | 1879—1919年 | 墨西哥革命南方农民运动领袖 | 墨西哥城国家宫 |
| 10 | 潘乔·维亚（原名：何塞·多罗特奥·阿兰戈·阿兰布拉，别名：弗朗西斯科·维亚） | 原名José Doroteo Arango Arámbula,别名Francisco Villa,昵称Pancho Villa | 1878—1923年 | 墨西哥革命北方农民运动领袖 | 墨西哥城国家宫 |
| 11 | 胡安·科雷亚 | Juan Correa | 1646—1716年 | 墨西哥画家 | 墨西哥城墨西哥城大教堂 |
| 12 | 曼努埃尔·托尔萨 | Manuel Vicente Agustín Tolsá | 1757—1816年 | 墨西哥画家 | 墨西哥城墨西哥城大教堂 |
| 13 | 胡安·罗德里格斯 | Juan Rodríguez Juárez | 1675—1728年 | 墨西哥画家 | 墨西哥城墨西哥城大教堂 |
| 14 | 胡安·迭戈 | Juan Diego Bernardino | 1460—1544年 | 见到圣母显圣的印第安人 | 墨西哥城墨西哥瓜达卢佩圣母玛利亚国家大教堂 |
| 15 | 何塞·玛利亚·莫雷洛斯 | Jose María Morelos y Pavón | 1765—1815年 | 墨西哥独立运动领袖 | 墨西哥城墨西哥独立纪念碑 |

（续表）

| 序号 | 中译名 | 西班牙文 | 生卒年份 | 人物简介 | 名字首次出现的章节 |
|---|---|---|---|---|---|
| 16 | 马丁·弗朗西斯科·哈维尔 | Martín Francisco Javier Mina y Larrea | 1789—1817年 | 墨西哥独立运动英雄 | 墨西哥城墨西哥独立纪念碑 |
| 17 | 尼古拉斯·布拉沃·鲁埃达 | Nicolás Bravo Rueda | 1786—1854年 | 墨西哥独立运动英雄、总统 | 墨西哥城墨西哥独立纪念碑 |
| 18 | 比森特·拉蒙·格雷罗 | Vicente Ramón Guerrero Saldaña | 1782—1831年 | 墨西哥独立运动英雄、总统 | 墨西哥城墨西哥独立纪念碑 |
| 19 | 贝尔纳尔多·德·加尔韦斯 | Bernardo de Gálvez y Madrid | 1746—1786年 | 墨西哥总督 | 墨西哥城查普尔特佩克城堡 |
| 20 | 卡洛塔 | María Carlota Amelia Augusta Victoria Clementina Leopoldina de Sajonia-Coburgo-Gotha | 1840—1927年 | 墨西哥第二帝国皇帝费尔南多·马克西米利亚诺的妻子 | 墨西哥城查普尔特佩克城堡 |
| 21 | 胡利乌斯·霍夫曼 | Julius Hofmann | 1838—1907年 | 欧洲建筑师 | 墨西哥城查普尔特佩克城堡 |
| 22 | 波菲里奥·迪亚斯 | José de la Cruz Porfirio Díaz Mori | 1830—1915年 | 墨西哥总统 | 墨西哥城墨西哥革命纪念碑 |
| 23 | 亨利·让·埃米乐·贝纳尔 | Henri Jean Émile Bénard | 1844—1929年 | 法国建筑师 | 墨西哥城墨西哥革命纪念碑 |
| 24 | 卡洛斯·奥夫雷贡 | Carlos Obregón Santacilia | 1896—1961年 | 墨西哥建筑师 | 墨西哥城墨西哥革命纪念碑 |
| 25 | 维努斯蒂亚诺·卡兰萨 | Venustiano Carranza Garza | 1859—1920年 | 墨西哥革命领袖、总统 | 墨西哥城墨西哥革命纪念碑 |
| 26 | 弗朗西斯科·伊格纳西奥·马德罗 | Francisco Ignacio Madero González | 1873—1913年 | 墨西哥革命领袖、总统 | 墨西哥城墨西哥革命纪念碑 |
| 27 | 何塞·恰维斯·莫拉多 | José Chávez Morado | 1909—2002年 | 墨西哥雕塑家 | 墨西哥城墨西哥国家人类博物馆 |
| 28 | 戴维·阿尔法罗·西格伊罗斯 | José David de Jesús Alfaro Siqueiros | 1896—1974年 | 墨西哥壁画家 | 墨西哥城里维拉和弗里达故居 |
| 29 | 何塞·克莱门特·奥罗斯科 | José Clemente Ángel Orozco Flores | 1883—1949年 | 墨西哥壁画家 | 墨西哥城里维拉和弗里达故居博物馆 |
| 30 | 弗里达·卡洛 | Magdalena Carmen Frida Kahlo Calderón | 1907—1954年 | 墨西哥画家 | 墨西哥城里维拉和弗里达故居博物馆 |
| 31 | 胡安·奥戈尔曼 | Juan O'Gorman | 1905—1982年 | 墨西哥画家 | 墨西哥城里维拉和弗里达故居博物馆 |

（续表）

| 序号 | 中译名 | 西班牙文 | 生卒年份 | 人物简介 | 名字首次出现的章节 |
|---|---|---|---|---|---|
| 32 | 露丝·里维拉 | Ruth Rivera Marín | 1927—1969年 | 迭戈·里维拉的女儿 | 墨西哥城里维拉和弗里达故居博物馆 |
| 33 | 米格尔·阿莱曼 | Miguel Alemán Valdés | 1900—1983年 | 墨西哥总统 | 墨西哥城墨西哥国立自治大学 |
| 34 | 卡洛斯·斯利姆 | Carlos Slim Helú | 1940— | 墨西哥首富 | 墨西哥城索玛雅博物馆 |
| 35 | 鲁菲诺·德尔·卡门·阿雷亚内斯 | Rufino del Carmen Arellanes Tamayo | 1899—1991年 | 墨西哥画家 | 墨西哥城索玛雅博物馆 |
| 36 | 阿达莫·博亚里 | Ádamo Boari | 1863—1928年 | 意大利建筑师 | 墨西哥城艺术宫 |
| 37 | 费德里科·马里斯卡尔 | Federico Ernesto Mariscal Piña | 1881—1971年 | 墨西哥建筑师 | 墨西哥城艺术宫 |
| 38 | 曼努埃尔·罗德里格斯·洛萨诺 | Manuel Rodríguez Lozano | 1896—1971年 | 墨西哥画家 | 墨西哥城艺术宫 |
| 39 | 豪尔赫·冈萨雷斯·卡马雷纳 | Jorge González Camarena | 1908—1980年 | 墨西哥画家 | 墨西哥城艺术宫 |
| 40 | 罗伯托·蒙特内格罗 | Roberto Montenegro Nervo | 1885—1968年 | 墨西哥画家 | 墨西哥城艺术宫 |
| 41 | 比森特·门迪奥拉 | Vicente Mendiola Quezada | 1900—1993年 | 墨西哥画家、建筑师 | 墨西哥城女猎人戴安娜喷泉 |
| 42 | 胡安·费尔南多·奥拉吉韦尔 | Juan Fernando Olaguíbel Rosenzweig | 1896—1976年 | 墨西哥雕塑家 | 墨西哥城女猎人戴安娜喷泉 |
| 43 | 费利佩·圣地亚哥·西科腾卡特 | Felipe Santiago Xicoténcatl Corona | 1806—1847年 | 查普尔特佩克城堡守备营营长 | 墨西哥城少年英雄纪念碑 |
| 44 | 圣地亚哥·卡斯塔尼奥 | Santiago Castaño | 不详 | 墨西哥神父 | 墨西哥州阿尔科·德·西蒂奥水渠 |
| 45 | 曼努埃尔·罗梅罗 | Manuel Romero de Terreros | 不详 | 哈尔帕庄园主 | 墨西哥州阿尔科·德·西蒂奥水渠 |
| 46 | 伊斯马埃尔·拉莫斯 | Ismael Ramos Huitrón | 1950— | 墨西哥壁画家 | 墨西哥州魔幻小镇巴列·德·布拉沃市 |

（续表）

| 序号 | 中译名 | 西班牙文 | 生卒年份 | 人物简介 | 名字首次出现的章节 |
|---|---|---|---|---|---|
| 47 | 克里斯托瓦尔·德·维亚尔潘多 | Cristóbal de Villalpando | 1649—1714年 | 墨西哥画家 | 墨西哥州魔幻小镇特波措特兰镇 |
| 48 | 米格尔·马特奥·马尔多纳多 | Miguel Mateo Maldonado y Cabrera | 1695—1768年 | 墨西哥画家 | 墨西哥州魔幻小镇特波措特兰镇 |
| 49 | 马丁·德·博斯 | Martín de Vos | 1532—1603年 | 比利时画家 | 墨西哥州魔幻小镇特波措特兰镇 |
| 50 | 阿达莫·希尔 | Ádamo Gil | 不详 | 墨西哥神父 | 索诺拉州埃莫西约市 |
| 51 | 佩德罗·巴里夸 | Pedro Baricua | 不详 | 印第安皮马部落首领 | 索诺拉州埃莫西约市 |
| 52 | 何塞·玛利亚·冈萨雷斯·德·埃莫西约 | José María González de Hermosillo | 1774—1818年 | 墨西哥独立运动领袖 | 索诺拉州埃莫西约市 |
| 53 | 威廉·莱万特·阿尔贡 | William Levant Alcorn | 不详 | 阿拉莫斯市富商 | 索诺拉州魔幻小镇阿拉莫斯市 |
| 54 | 阿道夫·德·拉·韦尔塔 | Felipe Adolfo de la Huerta Marco | 1881—1955年 | 墨西哥总统 | 索诺拉州瓜伊马斯市 |
| 55 | 普鲁塔尔科·埃利亚斯·卡耶斯 | Plutarco Elías Calles | 1877—1945年 | 墨西哥总统 | 索诺拉州瓜伊马斯市 |
| 56 | 阿韦拉尔多·卢汉·罗德里格斯 | Abelardo Luján Rodríguez | 1889—1967年 | 墨西哥总统 | 索诺拉州瓜伊马斯市 |
| 57 | 弗朗西斯科·基诺 | Francisco Kino | 1645—1711年 | 墨西哥神父 | 索诺拉州魔幻小镇玛格达莱娜·德·基诺市 |
| 58 | 伊格纳西奥·萨拉戈萨 | Ignacio Zaragoza Seguín | 1829—1862年 | 普埃布拉战役将领 | 科阿韦拉州科阿韦拉州 |
| 59 | 伊莎贝尔·弗洛雷斯·德·奥利瓦 | Isabel Flores de Oliva,教名Santa Rosa de Lima | 1586—1617年 | 拉美第一个封圣的秘鲁天主教徒 | 科阿韦拉州魔幻小镇梅尔乔尔·穆斯基斯市 |
| 60 | 弗朗西斯科·蒙托亚·德·拉·克鲁斯 | Francisco Montoya de la Cruz | 1907—1994年 | 墨西哥壁画家 | 杜兰戈州杜兰戈市 |
| 61 | 科西霍埃萨 | Cosijoeza | 不详 | 萨波特卡国王 | 瓦哈卡州萨波特卡文化遗址萨亚奇拉古城遗址 |

（续表）

| 序号 | 中译名 | 西班牙文 | 生卒年份 | 人物简介 | 名字首次出现的章节 |
|---|---|---|---|---|---|
| 62 | 何塞·马里亚诺·希门内斯 | José Mariano Ignacio de Santa Elena Jiménez | 1781—1811年 | 墨西哥独立运动英雄 | 瓦哈卡州魔幻小镇库奥特拉·德·希门内斯市 |
| 63 | 玛利亚·萨维纳·玛格达莱娜·加西亚 | María Sabina Magdalena García | 1894—1985年 | 马萨特卡人女祭司和民间医生 | 瓦哈卡州魔幻小镇库奥特拉·德·希门内斯市 |
| 64 | 瓜达卢佩·维多利亚 | Guadalupe Victoria, 原名José Miguel Ramón Adaucto Fernández y Félix | 1786—1843年 | 墨西哥独立运动将领、首位宪法总统 | 塔毛利帕斯州维多利亚市 |
| 65 | 胡安·包蒂斯塔·德·莫伊内多 | Juan Bautista de Mollinedo | 1557—1628年 | 西班牙传教士 | 塔毛利帕斯州魔幻小镇图拉市 |
| 66 | 何塞·德·埃斯坎东·伊·埃尔格拉 | José de Escandón y Helguera | 1700—1770年 | 新桑坦德尔省总督 | 塔毛利帕斯州圣费尔南多市 |
| 67 | 卡米洛·拉米雷斯 | Camilo Ramírez | 1957— | 墨西哥画家 | 哈利斯科州魔幻小镇圣佩德罗·特拉克帕克市 |
| 68 | 何塞·阿尔弗雷多·罗萨莱斯 | José Alfredo Rosales Santiago | 1960— | 墨西哥画家 | 哈利斯科州魔幻小镇莫雷诺湖市 |
| 69 | 奥古斯丁·里韦拉 | Agustín Rivera y Aanromán | 1824—1916年 | 墨西哥历史学家、神父兼作家 | 哈利斯科州魔幻小镇莫雷诺湖市 |
| 70 | 伊格纳西奥·阿连德 | Ignacio María José de Allende y Unzaga | 1769—1811年 | 墨西哥独立运动领袖 | 哈利斯科州塔尔帕·德·阿连德市 |
| 71 | 胡安·鲁尔弗 | Juan Nepomuceno Carlos Pérez Rulfo Vizcaíno | 1917—1986年 | 墨西哥作家 | 哈利斯科州魔幻小镇塔帕尔帕市 |
| 72 | 拉斐尔·科罗内尔 | Rafael Coronel Arroyo | 1931—2019年 | 墨西哥画家 | 萨卡特卡斯州萨卡特卡斯市 |
| 73 | 拉蒙·洛佩斯·贝拉尔德 | Ramón López Velarde Berumen | 1888—1921年 | 墨西哥诗人 | 萨卡特卡斯州魔幻小镇赫雷斯·德·加西亚·萨利纳斯市 |

（续表）

| 序号 | 中译名 | 西班牙文 | 生卒年份 | 人物简介 | 名字首次出现的章节 |
|---|---|---|---|---|---|
| 74 | 安东尼奥·马尔希尔·德·赫苏斯 | Antonio Margil de Jesús | 1657—1726年 | 西班牙传教士 | 萨卡特卡斯州魔幻小镇瓜达卢佩市 |
| 75 | 伊格纳西奥·德·拉·亚韦 | Ignacio de la Llave Segura | 1818—1863年 | 韦拉克鲁斯州州长 | 韦拉克鲁斯州韦拉克鲁斯州 |
| 76 | 迭戈·贝拉斯克斯 | Diego Velásquez de Cuéllar | 1465—1524年 | 古巴总督 | 韦拉克鲁斯州埃尔南·科尔特斯故居 |
| 77 | 马林切 | Malinche（Malinalli, Malintzin o Doña Marina） | 1500—1551年 | 埃尔南·科尔特斯的印第安情妇 | 韦拉克鲁斯州埃尔南·科尔特斯故居 |
| 78 | 马丁·科尔特斯·马林切 | Martín Cortés Malinche | 1523—1595年 | 埃尔南·科尔特斯和马林切的儿子 | 韦拉克鲁斯州埃尔南·科尔特斯故居 |
| 79 | 潘菲洛·德·纳尔瓦埃斯 | Pánfilo de Narváez | 1490—1528年 | 西班牙讨伐军首领 | 韦拉克鲁斯州埃尔南·科尔特斯故居 |
| 80 | 佩德罗·德·阿尔瓦拉多 | Pedro de Alvarado y Contreras | 1485—1541年 | 埃尔南·科尔特斯的部将 | 韦拉克鲁斯州埃尔南·科尔特斯故居 |
| 81 | 华金·米格尔·古铁雷斯 | Joaquín Miguel Gutiérrez Canales | 1796—1838年 | 墨西哥独立运动领袖、恰帕斯州州长 | 恰帕斯州图斯特拉·古铁雷斯市 |
| 82 | 福斯蒂诺·米兰达 | Faustino Miranda González | 1905—1964年 | 西班牙植物学家 | 恰帕斯州图斯特拉·古铁雷斯市 |
| 83 | 佩德罗·洛伦索 | Pedro Lorenzo de la Nada | 不详 | 多明戈会修士 | 恰帕斯州魔幻小镇帕伦克市 |
| 84 | 让–弗雷德里克·马克西米连 | Jean-Frédéric Maximilien Waldeck | 1766—1875年 | 法国探险家 | 恰帕斯州玛雅文化遗址帕伦克古城遗址 |
| 85 | 贝利萨里奥·多明格斯·帕伦西亚 | Belisario Domínguez Palencia | 1863—1913年 | 墨西哥革命时期政治家 | 恰帕斯州魔幻小镇科米坦·德·多明格斯市 |
| 86 | 维多里亚诺·韦尔塔 | José Victoriano Huerta Márquez | 1845—1916年 | 墨西哥总统 | 恰帕斯州魔幻小镇科米坦·德·多明格斯市 |

（续表）

| 序号 | 中译名 | 西班牙文 | 生卒年份 | 人物简介 | 名字首次出现的章节 |
|---|---|---|---|---|---|
| 87 | 罗德里戈·戈梅斯 | Rodrigo Gómez Gómez | 1897—1970年 | 墨西哥央行行长 | 新莱昂州拉博卡水库 |
| 88 | 胡安·鲁伊斯·德·阿拉尔孔 | Juan Ruiz de Alarcón y Mendoza | 1581—1639年 | 墨西哥戏剧作家 | 格雷罗州魔幻小镇塔斯科·德·阿拉尔孔市 |
| 89 | 何塞·德·拉·博尔达 | José de la Borda | 1700—1778年 | 墨西哥矿主 | 格雷罗州魔幻小镇塔斯科·德·阿拉尔孔市 |
| 90 | 威廉·斯帕拉特林 | William Spratilling | 1900—1967年 | 美国银工艺大师 | 格雷罗州魔幻小镇塔斯科·德·阿拉尔孔市 |
| 91 | 爱德华·詹姆斯 | Edward Frank Willis James | 1907—1984年 | 英国诗人、建筑师 | 圣路易斯波托西州爱德华·詹姆斯雕塑花园 |
| 92 | 萨尔瓦多·达利 | Salvador Domingo Felipe Jacinto Dalí i Doménech | 1904—1989年 | 西班牙超现实主义画家 | 圣路易斯波托西州爱德华·詹姆斯雕塑花园 |
| 93 | 梅尔乔尔·奥坎波·塔皮亚 | Melchor Ocampo Tapia | 1814—1861年 | 墨西哥科学家、政治家 | 米却肯州米却肯州 |
| 94 | 伊格纳西奥·洛佩斯·拉永 | José Ignacio Antonio López-Rayón y López-Aguado | 1773—1832年 | 米格尔·伊达尔戈的秘书、墨西哥独立运动将领 | 米却肯州特拉尔普哈瓦市 |
| 95 | 拉蒙·洛佩斯·拉永 | Ramón López-Rayón y López-Aguado | 1775—1839年 | 独立起义军将领、米却肯州州长 | 米却肯州魔幻小镇特拉尔普哈瓦市 |
| 96 | 奥古斯丁·德·伊图尔维德 | Agustín de Iturbide | 1783—1824年 | 墨西哥第一帝国皇帝奥古斯丁一世 | 米却肯州魔幻小镇特拉尔普哈瓦市 |
| 97 | 迪奥尼西奥·普利多 | Dionisio Pulido | 不详 | 见证帕里库廷火山诞生的印第安农民 | 米却肯州帕里库廷火山 |
| 98 | 詹姆·弗兰克 | Jaime Frank | 1650—1702年 | 德国军事工程师 | 坎佩切州坎佩切市 |
| 99 | 路易斯·布沙德·贝克尔 | Louis Bouchard de Becour | 不详 | 法国工程师 | 坎佩切州坎佩切市 |

（续表）

| 序号 | 中译名 | 西班牙文 | 生卒年份 | 人物简介 | 名字首次出现的章节 |
|---|---|---|---|---|---|
| 100 | 费尔南多·卡斯特罗 | Fernando Castro Pacheco | 1918—2013年 | 墨西哥画家 | 尤卡坦州梅里达市 |
| 101 | 弗朗西斯科·德·蒙德赫 | Francisco de Montejo | 1479—1553年 | 尤卡坦半岛首任总督 | 尤卡坦州梅里达市 |
| 102 | 乌基特·坎·雷克·托克 | Ukit Kan Le'k Tok | 不详 | 埃克·巴兰古城首领 | 尤卡坦州玛雅文化遗址埃克·巴兰古城遗址 |
| 103 | 乌基特·霍尔·阿库尔 | Ukit Jol Ahkul | 不详 | 埃克·巴兰古城首领 | 尤卡坦州玛雅文化遗址埃克·巴兰古城遗址 |
| 104 | 安德烈斯·金塔纳·罗奥 | Andrés Quintana Roo | 1787—1851年 | 墨西哥独立运动领导人、诗人 | 金塔纳罗奥州金塔纳罗奥州 |
| 105 | 阿亚龙·皮尼亚·莫拉 | Aarón Piña Mora | 1914—2009年 | 墨西哥壁画家 | 奇瓦瓦州奇瓦瓦市 |
| 106 | 胡安·安东尼奥·德·乌鲁蒂亚 | Juan Antonio de Urrutia y Arana Pérez Esnauriz | 1670—1743年 | 克雷塔罗市富豪 | 克雷塔罗州克雷塔罗市 |
| 107 | 米格尔·多明格斯 | Miguel Ramón Sebastián Domínguez Alemán | 1756—1830年 | 克雷塔罗市长 | 克雷塔罗州克雷塔罗市 |
| 108 | 何塞法·奥尔蒂斯 | María Josefa Crescencia y Ortiz Téllez-Girón | 1768—1829年 | 克雷塔罗市长夫人 | 克雷塔罗州克雷塔罗市 |
| 109 | 胡安·何塞·德·洛斯·雷耶斯 | Juan José de los Reyes Martínez Amaro（El Pípila） | 1782—1863年 | 独立起义军战士 | 瓜纳华托州瓜纳华托市 |
| 110 | 胡安·阿尔达马 | Juan José Marcos Gaspar Antonio de Aldama | 1764—1811年 | 墨西哥独立运动英雄 | 瓜纳华托州瓜纳华托市 |
| 111 | 伊格纳西奥·科蒙福特 | José Ignacio Gregorio Comonfort de los Ríos | 1812—1863年 | 墨西哥总统 | 瓜纳华托州魔幻小镇科蒙福特市 |
| 112 | 米格尔·安东尼奥·马丁内斯 | Miguel Antonio Martínez de Pocasangre | 不详 | 墨西哥壁画家 | 瓜纳华托州阿托托尼尔科镇 |
| 113 | 巴勃罗·冈萨雷斯 | Pablo González Garza | 1879—1950年 | 墨西哥革命时期立宪派将领 | 莫雷洛斯州奇纳梅卡庄园 |

（续表）

| 序号 | 中译名 | 西班牙文 | 生卒年份 | 人物简介 | 名字首次出现的章节 |
|---|---|---|---|---|---|
| 114 | 赫苏斯·瓜哈尔多 | Jesús Maria Guajardo Martinez | 1892—1920年 | 艾米里亚诺·萨帕塔的杀手 | 莫雷洛斯州奇纳梅卡庄园 |
| 115 | 弗朗西斯科·科尔特斯 | Francisco Cortés de San Buenaventura | 1500—1531年 | 埃尔南·科尔特斯的侄子 | 纳亚里特州特皮克市 |
| 116 | 埃内斯托·里奥斯 | Ernesto Ríos Rocha | 1968— | 墨西哥壁画家 | 锡那罗亚州马萨特兰市 |
| 117 | 韦伊·特拉托亚尼·科利莫特 | Huey Tlatoani Colímotl | 不详 | 科伊曼国王 | 科利马州 |
| 118 | 豪尔赫·查韦斯·卡里略 | Jorge Chávez Carrillo | 1921—2011年 | 墨西哥壁画家 | 科利马州科利马市 |
| 119 | 卡洛斯·佩伊塞尔 | Carlos Pellicer Cámara | 1897—1977年 | 墨西哥诗人 | 塔巴斯科州比亚埃尔莫萨市 |
| 120 | 何塞·瓜达卢佩·波萨达 | José Guadalupe Posada Aguilar | 1852—1913年 | 墨西哥版画家和漫画家 | 阿瓜斯卡连特斯州阿瓜斯卡连特斯市 |
| 121 | 奥斯瓦尔多·巴拉 | Oswaldo Barra Cunningham | 1922—1999年 | 智利画家 | 阿瓜斯卡连特斯州阿瓜斯卡连特斯市 |
| 122 | 加斯帕尔·贝尼托·拉拉尼亚加 | Gaspar Benito de Larrañaga | 1708—1750年 | 墨西哥矿主 | 阿瓜斯卡连特斯州魔幻小镇雷阿尔·德·阿仙托斯市 |
| 123 | 小西科腾卡特（西科腾卡特·阿萨亚卡钦） | Xicohténcatl el Joven（Xicohténcatl Axayacatzin） | 1484—1521年 | 蒂萨特兰国王、特拉斯卡拉王国军事首领 | 特拉斯卡拉州特拉斯卡拉市 |
| 124 | 德西德里奥·埃尔南德斯·索奇蒂奥钦 | Desiderio Hernández Xochitiotzin | 1922—2007年 | 墨西哥壁画家 | 特拉斯卡拉州特拉斯卡拉市 |
| 125 | 托克帕索丘 | Tocpaxochiu | 不详 | 奥托米人军事首领 | 特拉斯卡拉州魔幻小镇瓦曼特拉市 |

注：本表只包括本书所列的人物。

# 墨西哥印第安语译名表

| 序号 | 中译名 | 语言 | 语系 |
|---|---|---|---|
| 1 | 基卡普 | kickapoo | 阿尔希卡语系（Álgica） |
| 2 | 科拉 | cora | 尤托–纳瓦语系（Yuto-nahua） |
| 3 | 皮马 | pima | 尤托–纳瓦语系（Yuto-nahua） |
| 4 | 瓜里希奥 | guarijío | 尤托–纳瓦语系（Yuto-nahua） |
| 5 | 塔拉乌马拉 | tarahumara | 尤托–纳瓦语系（Yuto-nahua） |
| 6 | 维乔尔 | huichol | 尤托–纳瓦语系（Yuto-nahua） |
| 7 | 北部特佩瓦诺 | tepehuano del norte | 尤托–纳瓦语系（Yuto-nahua） |
| 8 | 马约 | mayo | 尤托–纳瓦语系（Yuto-nahua） |
| 9 | 南部特佩瓦诺 | tepehuano del sur | 尤托–纳瓦语系（Yuto-nahua） |
| 10 | 纳瓦 | náhuatl | 尤托–纳瓦语系（Yuto-nahua） |
| 11 | 亚基 | yaqui | 尤托–纳瓦语系（Yuto-nahua） |
| 12 | 帕帕戈 | pápago | 尤托–纳瓦语系（Yuto-nahua） |
| 13 | 库卡帕 | cucapá | 科奇米–尤马纳语系（Cochimí-yumana） |
| 14 | 基利瓦 | kiliwa | 科奇米–尤马纳语系（Cochimí-yumana） |
| 15 | 库米埃 | kumiai | 科奇米–尤马纳语系（Cochimí-yumana） |
| 16 | 库亚尔 | ku'ahl | 科奇米–尤马纳语系（Cochimí-yumana） |
| 17 | 派派 | paipai | 科奇米–尤马纳语系（Cochimí-yumana） |
| 18 | 塞里 | seri | 塞里语系（Seri） |
| 19 | 阿穆斯戈 | amuzgo | 奥托–曼格语系（Oto-mangue） |
| 20 | 伊斯卡特科 | ixcateco | 奥托–曼格语系（Oto-mangue） |
| 21 | 帕梅 | pame | 奥托–曼格语系（Oto-mangue） |
| 22 | 奎卡特科 | cuicateco | 奥托–曼格语系（Oto-mangue） |
| 23 | 马特拉钦卡 | matlatzinca | 奥托–曼格语系（Oto-mangue） |
| 24 | 波波洛卡 | popoloca | 奥托–曼格语系（Oto-mangue） |
| 25 | 查蒂诺 | chatino | 奥托–曼格语系（Oto-mangue） |
| 26 | 马萨瓦 | mazahua | 奥托–曼格语系（Oto-mangue） |
| 27 | 特拉维卡 | tlahuica | 奥托–曼格语系（Oto-mangue） |

（续表）

| 序号 | 中译名 | 语言 | 语系 |
|---|---|---|---|
| 28 | 奇奇梅科–霍纳斯 | chichimeco-jonaz | 奥托–曼格语系（Oto-mangue） |
| 29 | 马萨特科 | mazateco | 奥托–曼格语系（Oto-mangue） |
| 30 | 特拉帕内科 | tlapaneco | 奥托–曼格语系（Oto-mangue） |
| 31 | 奇南特科 | chinanteco | 奥托–曼格语系（Oto-mangue） |
| 32 | 米斯特科 | mixteco | 奥托–曼格语系（Oto-mangue） |
| 33 | 特里基 | triqui | 奥托–曼格语系（Oto-mangue） |
| 34 | 乔乔或乔乔尔特科 | chocho o chocholteco | 奥托–曼格语系（Oto-mangue） |
| 35 | 奥托米 | otomí | 奥托–曼格语系（Oto-mangue） |
| 36 | 萨波特科 | zapoteco | 奥托–曼格语系（Oto-mangue） |
| 37 | 阿卡特科 | akateko | 玛雅语系（Maya） |
| 38 | 哈卡尔特科 | jakalteko | 玛雅语系（Maya） |
| 39 | 坎霍瓦尔 | q'anjob'al | 玛雅语系（Maya） |
| 40 | 阿瓦卡特科 | awakateko | 玛雅语系（Maya） |
| 41 | 卡克奇克尔 | kakchiquel o kaqchikel | 玛雅语系（Maya） |
| 42 | 凯克奇 | q'eqchí' | 玛雅语系（Maya） |
| 43 | 塔巴斯科州琼塔尔 | chontal de Tabasco | 玛雅语系（Maya） |
| 44 | 基切 | kiche' | 玛雅语系（Maya） |
| 45 | 特科 | teko | 玛雅语系（Maya） |
| 46 | 丘克 | chuj | 玛雅语系（Maya） |
| 47 | 拉坎东 | lacandón | 玛雅语系（Maya） |
| 48 | 托霍拉瓦尔 | tojolabal | 玛雅语系（Maya） |
| 49 | 乔尔 | ch'ol | 玛雅语系（Maya） |
| 50 | 芒 | mam | 玛雅语系（Maya） |
| 51 | 泽尔塔尔 | tseltal | 玛雅语系（Maya） |
| 52 | 瓦斯特科 | huasteco | 玛雅语系（Maya） |
| 53 | 玛雅 | maya | 玛雅语系（Maya） |
| 54 | 措兹尔 | tsotsil | 玛雅语系（Maya） |
| 55 | 伊西尔 | ixil | 玛雅语系（Maya） |

（续表）

| 序号 | 中译名 | 语言 | 语系 |
|---|---|---|---|
| 56 | 卡托克 | qato'k | 玛雅语系（Maya） |
| 57 | 特佩瓦 | tepehua | 托托纳科–特佩瓦语系（Totonaco-tephua） |
| 58 | 托托纳科 | totonaco | 托托纳科–特佩瓦语系（Totonaco-tephua） |
| 59 | 塔拉斯科 | tarasco | 塔拉斯科语系（Tarasca） |
| 60 | 阿亚帕内科 | ayapaneco | 米塞–索克语系（Mixe - zoque） |
| 61 | 米塞 | mixe | 米塞–索克语系（Mixe - zoque） |
| 62 | 奥卢特科 | oluteco | 米塞–索克语系（Mixe - zoque） |
| 63 | 山脉波波卢卡 | popoluca de la Sierra | 米塞–索克语系（Mixe - zoque） |
| 64 | 萨尤尔特科 | sayulteco | 米塞–索克语系（Mixe - zoque） |
| 65 | 特西斯特佩克尼奥 | texistepequeño | 米塞–索克语系（Mixe - zoque） |
| 66 | 索克 | zoque | 米塞–索克语系（Mixe - zoque） |
| 67 | 瓦哈卡州琼塔尔 | chontal de Oaxaca | 瓦哈卡州琼塔尔语系（Chontal de Oaxaca） |
| 68 | 瓦维 | huave | 瓦韦语系（Huave） |